Welche Ausprägung findet der Dispositionsgrundsatz im Einzelnen?

Dispositionsgrundsatz

↳ ZPO I Rn. 2 ff., KK 3

Dispositionsgrundsatz ⟺ **Offizialgrundsatz**

Beginn des Verfahrens	Gegenstand des Verfahrens	Ende des Verfahrens
• Beginn des Verfahrens nur durch Klageerhebung • Rechtsmittel nur auf Antrag	• Maßgeblichkeit und Bindung der Gerichte an bestimmte Anträge • Möglichkeit der Klageänderung	durch Parteiverhalten: • Prozessvergleich • Klagerücknahme • übereinstimmende Erledigterklärung aufgrund von Beendigungsanträgen: • Anerkenntnis • Verzicht

Welche Ausnahmen vom Dispositionsgrundsatz sind zu beachten?

Dispositionsgrundsatz

↳ ZPO I Rn. 2 ff., KK 3

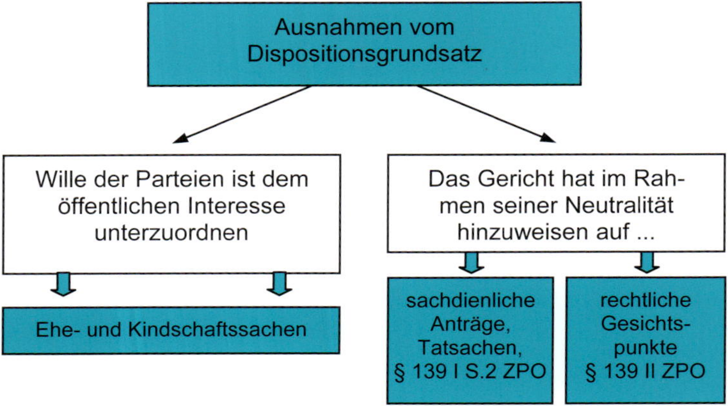

Was versteht man unter dem Verhandlungsgrundsatz?

Verhandlungsgrundsatz

↳ ZPO I Rn. 16 ff., KK 4

Untersuchungsgrundsatz

⇕

Verhandlungsgrundsatz

⇓

Vortrag und Beweis entscheidungserheblicher Tatsachen obliegen den Parteien

⇨ Gericht darf nur von den Parteien vorgetragene Tatsachen berücksichtigen (gilt aber nicht für Rechtsfragen!)

In welchem Spannungsverhältnis steht der Verhandlungsgrundsatz?

Verhandlungsgrundsatz

↳ ZPO I Rn. 23 ff., KK 5

Richterliche Hinweispflicht, § 139 I S.2 ZPO

Einfluss durch

Verhandlungsgrundsatz

Wahrheitspflicht der Parteien

Nach § 138 I ZPO besteht eine subj. Wahrheits- und Vollständigkeitspflicht der Parteien ⇨ Verbot von Angaben „ins Blaue hinein“
↳ jedoch keine Pflicht zur obj. Wahrheit und dazu, für den Gegner günstige Tatsachen vorzutragen

Was sind die Folgen des Vorbringens von bewusst falschen Tatsachen?

Verhandlungsgrundsatz

↳ ZPO I Rn. 27, KK 5

Verletzung der Wahrheitspflicht

Erkennbar unwahres Vorbringen hat das Gericht unberücksichtigt zu lassen
↳ Ein Versäumnisurteil kann mangels Schlüssigkeit nicht erlassen werden

↳ Strafbar wegen Prozessbetrug, § 263 StGB
↳ Schadenersatzpflicht nach §§ 823 II BGB i.V.m. 263 StGB, 826 BGB
↳ Durchbrechung der Rechtskraft, § 826 BGB

Was besagt der Grundsatz der Mündlichkeit? Welche Ausnahmen von diesem Grundsatz kennen Sie?

Mündlichkeit

↳ ZPO I Rn. 41, KK 6

Grundsatz der Mündlichkeit, vgl. § 128 I ZPO

↳ Grundlage der gerichtlichen Entscheidung kann nur sein, was Gegenstand der mündlichen Verhandlung gewesen ist

Einschränkung durch

- Kombination mit schriftlichen Elementen durch vorbereitende Schriftsätze und Bezugnahme auf diese in der mündlichen Verhandlung, §§ 272 II, 276, 129, 137 III, 297 II ZPO
- Entscheidung ohne mündliche Verhandlung, §§ 128 II, III, IV 495a, 307 II, 331 III, ZPO, (nicht aber §§ 251a I, 331a wegen § 251a II)

Was beinhalten die Grundsätze der Unmittelbarkeit und der Verfahrensbeschleunigung?
In welchem Spannungsverhältnis steht der Grundsatz der Verfahrensbeschleunigung?

Unmittelbarkeit/Verfahrensbeschleunigung

↳ ZPO I Rn. 45, KK 7

Grundsatz der Unmittelbarkeit

Verhandlung des gesamten Rechtsstreits muss vor dem erkennenden Gericht stattfinden, §§ 128 I, 355 S.1, 309 ZPO
↳ Arg.: Eigene Überzeugungsbildung des Gerichts

Grundsatz der Verfahrensbeschleunigung

Gericht soll eine zügige Verfahrenserledigung und damit die Funktionsfähigkeit der Zivilrechtspflege gewährleisten
↳ Prozessförderungspflicht, § 273 ZPO
↳ Bei Fristversäumnis Möglichkeit des Verlusts der Prozesshandlung, § 230 ZPO, Präklusion, § 296 ZPO, Versäumnisurteil, §§ 330 ff. ZPO ⇦⇨ Konflikt mit Anspruch auf rechtliches Gehör

Welche Klagearten sind zu unterscheiden?
In welchem Verhältnis stehen sie zueinander?

Klagearten

↳ ZPO I Rn. 62 ff., KK 8 f.

Leistungsklage

Grundsatz: Zur Durchsetzung materiell-rechtlicher Ansprüche ist die Leistungsklage vorrangig

Feststellungsklage

Ausnahme: Zur Feststellung des Bestehens oder Nichtbestehens eines Rechtsverhältnisses

§ 256 ZPO: Es muss sich um ein gegenwärtiges Rechtsverhältnis handeln, das sich aus einem konkreten Sachverhalt ergibt

Beachte: Vollstreckung des Urteils nur hinsichtlich der Kosten möglich

Gestaltungsklage, nur bei

- Auflösung einer OHG § 133 HGB, Ausschluss eines Gesellschafters § 140 I BGB
- Prozess-rechtl. §§ 323, 767 ZPO

Was sind die Voraussetzungen einer ordnungsgemäßen Klageerhebung?

Klageerhebung

↳ ZPO I Rn. 83 ff., KK 10

Ordnungsgemäße Klageerhebung, § 253 ZPO

1. Schriftliche Klageschrift, § 253 I, V ZPO

- Eigenhändige Unterschrift (bei Anwaltszwang eines RA, § 78 ZPO)
- Telegramm, Tele-/Computerfax sind zur Wahrung der Schriftform ausreichend, vgl. § 130 Nr. 6 ZPO (vgl. dazu Life&Law 11/2008)

⇩ ⇩ ⇩

2. Muss-Inhalt, § 253 II ZPO

- Bezeichnung der Parteien
- Bezeichnung des Gerichts
- Bestimmter Klageantrag, Angabe des Gegenstandes und Grundes des Anspruchs

Gibt es Ausnahmen von dem Erfordernis eines bestimmten Klageantrags?

Bestimmter Antrag

↳ ZPO I Rn. 86 ff., KK 10

Grundsatz:	(Zahlungs-)Klagen müssen genau beziffert werden

⇓ Ausnahmen ⇓

Stufenklage, § 254 ZPO	§§ 287 ZPO, 253 II BGB	§ 249 FamFG
Nötige Informationen zur Bezifferung fehlen: 1. Stufe: Klage auf Auskunft, §§ 259, 260 BGB 2. Stufe: (evtl.) Antrag auf Abgabe einer eidesstattlichen Versicherung 3. Stufe: Antrag auf Zahlung/Herausgabe (**noch** unbeziffert)	Gericht entscheidet durch Schätzung (§ 287 ZPO) oder nach billigem Ermessen (§ 253 II BGB), wenn dem Kläger Ermittlung der Höhe des Anspruchs unzumutbar ist	Nach § 1612a BGB kann ein minderjähriges Kind vom nicht im Haushalt lebenden Elternteil Unterhalt als Prozentsatz vom jew. Regelbetrag verlangen

Was ist der Unterschied zwischen Rechtshängigkeit und Anhängigkeit?

Rechtshängigkeit

↳ ZPO I Rn. 106 ff., KK 11

Anhängigkeit	Rechtshängigkeit
Zeitpunkt des Einreichens der Klageschrift bei Gericht	Zeitpunkt der Zustellung der Klageschrift an den Beklagten, §§ 261 I, 253 I ZPO

Zur Fristwahrung wird nach § 167 ZPO der Zeitpunkt der Rechtshängigkeit auf das Einreichen der Klageschrift vorverlagert, wenn die Zustellung „demnächst“ erfolgt ↳ Kläger darf nicht durch **eigenes** nachlässiges Verhalten zu einer Verzögerung (von ca. 2 Wochen) beigetragen haben

Welche Wirkungen hat der Eintritt der Rechtshängigkeit?

Rechtshängigkeit

↳ ZPO I Rn. 114 ff., KK 11

Materiell-rechtliche Wirkungen

- Hemmung der Verjährung, § 204 I BGB (§ 167 ZPO!)
- §§ 286 I S.2, 291 f., 818 IV, 864 I, 987 ff., 2023 BGB

Rechtshängigkeit

Prozessrechtliche Wirkungen

- Unzulässigkeit einer neuen Klage mit demselben Streitgegenstand, § 261 III Nr. 1 ZPO
- Das zuständige Gericht bleibt auch bei Änderung der Umstände nach Rechtshängigkeit zuständig, § 261 III Nr. 2 ZPO
- Klageänderung nur noch nach §§ 263, 264 ZPO

Wie bestimmt sich nach h.M. der Streitgegenstand?

Streitgegenstand

↳ ZPO I Rn. 120 ff., KK 13

Lebens-sachverhalt

Antrag

H.M.: Zweigliedriger SG-Begriff

SG bestimmt sich aus dem Klageantrag und dem zugrundeliegenden Lebenssachverhalt

A.A.: Eingliedriger SG-Begriff

Es kommt nur auf den Klageantrag an

Ⓟ Bei Zahlungsklagen kann der Antrag bei unterschiedlichem Rechtsgrund identisch sein.

Für welche Fragestellungen hat die Festlegung des Streitgegenstandes Relevanz?

Streitgegenstand

↳ ZPO I Rn. 119, KK 12

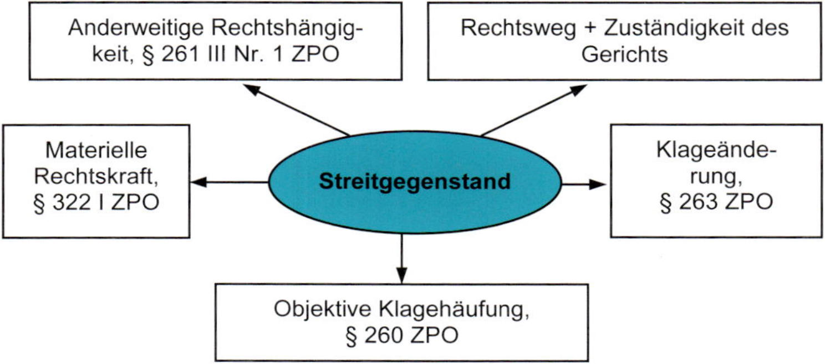

Welche Möglichkeiten zur Vorbereitung des Haupttermins bestehen für das Gericht?

Vorbereitung des Haupttermins

↳ ZPO I Rn. 126 ff., KK 14

Früher erster Termin, § 275 ZPO

- Sofortige Terminsbestimmung und Ladung des Beklagten
- Aufforderung zur Klageerwiderung bzw. Verteidigungsmittel vorzubringen, §§ 275 I S.1 bzw. 275 I S.2 ZPO

Ziel: ein Haupttermin, § 272 I ZPO ⇨ **Wahlmöglichkeit des Vorsitzenden, § 272 II ZPO**

Schriftliches Vorverfahren, § 276 ZPO

- Aufforderung an den Beklagten, die Verteidigungsbereitschaft binnen 2 Wochen anzuzeigen, § 276 I S.1 ZPO ↳ bei Versäumen der Anzeige kann nach § 331 III ZPO VU ergehen
- Gleichzeitig ergeht Aufforderung zur Klageerwiderung, § 276 I S.2 ZPO

In welche Kategorien lassen sich die Prozessvoraussetzungen einteilen?

Prozessvoraussetzungen

↳ ZPO I Rn. 138 ff., KK 16

Echte P-Voraussetzungen ⇔ **Unechte P-Voraussetzungen**

Echte P-Voraussetzungen

- Deutsche Gerichtsbarkeit
- Unterschrift unter Klageschrift (! § 78)
- Bestimmter Antrag, § 253 ZPO

↓

Wenn (-): Klageschrift wird nicht zugestellt, Termin wird nicht anberaumt
⇨ a-limine-Abweisung

Unechte P-Voraussetzungen

Alle übrigen Prozessvoraussetzungen
↳ Sachurteilsvoraussetzungen

↓

Wenn (-): Prozess wird durchgeführt, die Klage wird jedoch durch Prozessurteil als unzulässig abgewiesen, wenn bis Ende mündlicher Verhandlung nicht geheilt

Welche Sachurteilsvoraussetzungen sind regelmäßig zu prüfen?

Sachurteilsvoraussetzungen

↳ ZPO I Rn. 142 ff., KK 16

Sachurteils-voraussetzungen	• von Amts wegen zu prüfen • spätestens bei letzter mündlicher Verhandlung
3 x Z (gerichtsbezogen)	• Zivilrechtsweg • Sachliche Zuständigkeit • Örtliche Zuständigkeit
3 x P (parteibezogen)	• Parteifähigkeit, § 50 ZPO • Prozessfähigkeit/Prozessvertretung, § 51 f. ZPO • Prozessführungsbefugnis
3 x R (streitgegen-standsbezogen)	• Keine anderweitige Rechtshängigkeit • Keine entgegenstehende Rechtskraft • Rechtschutzbedürfnis

Worin besteht der Unterschied eines Prozesshindernisses zu einer Prozessvoraussetzung?

Prozesshindernisse

ZPO I Rn. 141, KK 16

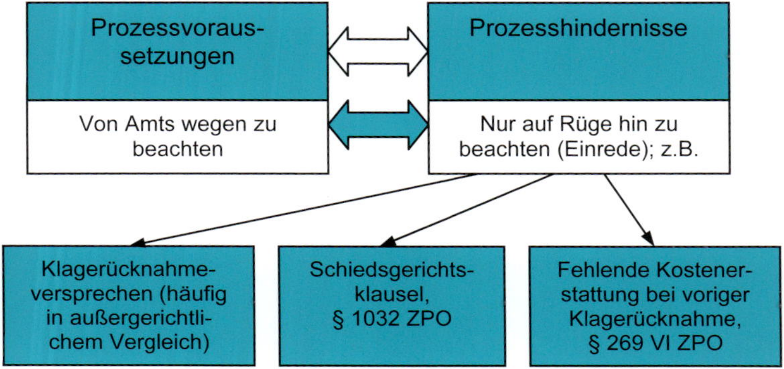

Was versteht man unter einer doppelt relevanten Tatsache?

Doppelt relevante Tatsache

↳ ZPO I Rn. 161

Doppelt relevante Tatsache
Eine Tatsache ist sowohl bei Prüfung der Zulässigkeit als auch der Begründetheit von Bedeutung ⇨ z.B. Vorliegen einer unerlaubten Handlung ist für die Zuständigkeit nach § 32 ZPO und einen materiellen Anspruch aus § 823 BGB entscheidend

①	Für die Frage der Zulässigkeit genügt das schlüssige Vortragen der zugrundeliegenden Tatsachen
②	In der Begründetheit wird das tatsächliche Vorliegen der Voraussetzung geprüft

Grenzen Sie sachliche, örtliche und funktionelle Zuständigkeit voneinander ab!

Zuständigkeit

↳ ZPO I Rn. 151 ff., KK 18 f.

Örtliche Zuständigkeit	Sachliche Zuständigkeit	Funktionelle Zuständigkeit
§§ 12-37 ZPO	§§ 1 ZPO, 23 f., 71 GVG	Gesetzl. nicht ausdrücklich geregelt
Welches Gericht erster Instanz hat wegen seines Sitzes den Rechtsstreit zu erledigen ↳ Gerichtsbezirk	Welches Gericht in erster Instanz hat den Rechtstreit zu erledigen ↳ AG oder LG	Welches Rechtspflegeorgan des Gerichts wird in der Sache tätig ↳ Vorsitzender, Kammer, Rechtspfleger oder Urkundsbeamter

Wie bestimmt sich die sachliche Zuständigkeit im Zivilrechtsweg?

Sachliche Zuständigkeit

↳ ZPO I Rn. 151 ff., KK 18

Grundsatz

Zuständigkeit des Landgerichts
§ 71 I GVG, § 1 ZPO

⇒

Ausnahme

Zuständigkeit des Amtsgerichts
§§ 23, 23a GVG, 1 ZPO
↳
- Streitwert bis € 5000,-
- Mietstreitigkeiten
- Familiensachen

⇐

Ausnahme

Ausschließliche Zuständigkeit des LG, § 71 II GVG
⇨ Amtshaftungsansprüche

Wie ist das Verhältnis allgemeiner besonderer und ausschließlicher Gerichtsstände bei der örtlichen Zuständigkeit?

Örtliche Zuständigkeit

↳ ZPO I Rn. 157 ff., KK 19

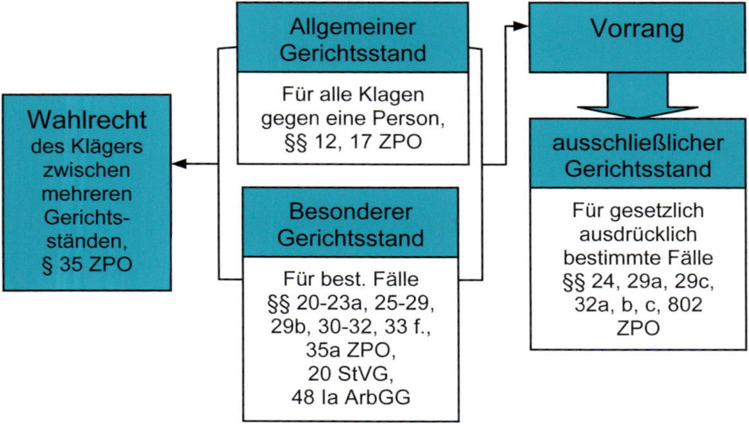

Was versteht man unter gewillkürter Zuständigkeit/Prorogation?

Gewillkürte Zuständigkeit

ZPO I Rn. 172 ff., KK 21

Gewillkürte Zuständigkeit

Bestimmung des Gerichts durch Parteivereinbarung, § 38 ZPO

- Unter Kaufleuten nach § 38 I ZPO zulässig
- Eine Partei hat im Inland keinen allg. Gerichtsstand, § 38 II

oder

- Ausdrücklich und schriftlich, § 38 III ZPO
- Abschluss nach Entstehen der Streitigkeit, 38 III Nr. 1 ZPO

und: nicht unzulässig	Bezug zu bestimmtem Rechtsverhältnis (§ 40 I), vermögensrechtl. Streitigkeit (§ 40 II S.1 Alt. 1), kein ausschließlicher Gerichtsstand (§ 40 II S.1 Alt. 2)

Unter welchen Voraussetzungen wird die Zuständigkeit durch rügeloses Einlassen begründet?

Rügeloses Einlassen

↳ ZPO I Rn. 175 ff., KK 21

Rügeloses Einlassen, § 39 ZPO

- Vermögensrechtliche Streitigkeit
- Kein ausschließlicher Gerichtsstand
  ↳ § 40 II S.2 i.V.m. S.1 ZPO
- Verhandeln zur Hauptsache ⇨ Erklärungen tatsächlichen oder rechtlichen Inhalts zum Streitgegenstand (Antragstellung)

Landgericht

Keine Belehrung erforderlich

Amtsgericht

Belehrung über Fiktion erforderlich, § 504 ZPO

Welche Möglichkeit besteht für den Kläger bei Unzuständigkeit des Gerichts?

Verweisung wegen Unzuständigkeit

↳ ZPO I Rn. 163 ff., KK 19

Örtliche oder sachliche Unzuständigkeit

Antrag auf Verweisung

Beschluss nach § 281 I ZPO
↳
Bindung des zuständigen Gerichts
↳
Fortwirken bisheriger Prozesshandlungen
↳
Fristwahrung

Kein Antrag

Kein Verweisungsbeschluss
↳
Abweisung der Klage als unzulässig (Prozessurteil)

Wonach bestimmt sich die Parteifähigkeit im Zivilprozess?

Parteifähigkeit

↳ ZPO I Rn. 181 ff., KK 23

Parteifähigkeit, § 50 ZPO

↳ Die Bestimmung der Parteien ist objektiv durch Auslegung der Angaben in der Klageschrift vorzunehmen (formeller Parteibegriff)

↓

Die Parteifähigkeit (= Fähigkeit im Rechtsstreit Partei zu sein) richtet sich nach der Rechtsfähigkeit der Partei, § 50 I ZPO

→ (-) →

Prozessurteil

↳

Abweisung der Klage als unzulässig

Welchen einzelnen Subjekten wird Parteifähigkeit zugestanden?

Parteifähigkeit

↳ ZPO I Rn. 181 ff., KK 23

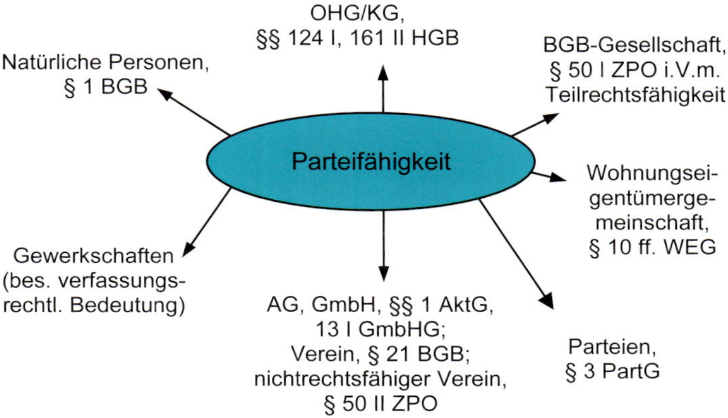

Was bedeutet Prozessfähigkeit?

Prozessfähigkeit

↳ ZPO I Rn. 111 ff., KK 24

Prozessfähigkeit, § 51 ZPO

↳ Fähigkeit im Prozess Handlungen selbst oder durch einen Vertreter vorzunehmen

Geschäftsfähigkeit

- Geschäftsunfähige Personen, § 104 ff. BGB
- Beschränkt Geschäftsfähige nur i.R.d. §§ 112 f. BGB
- Für den Streit über die Prozessfähigkeit ist die Partei als prozessfähig zu behandeln

⇨ es handelt der gesetzliche Vertreter ⇨ Eltern (§ 1629 BGB), Vormund (§ 1793 BGB), Vorstand/Geschäftsführer/Gesellschafter, §§ 78 AktG, 26 II BGB, 35 GmbHG, 125, 161 II HGB

Welche Fälle sind im Rahmen der Prozessführungsbefugnis zu unterscheiden?

Prozessführungsbefugnis

↳ ZPO I Rn. 199 ff., KK 25

Prozessführungsbefugnis

↳ Befugnis des Klägers, ein behauptetes Recht **im eigenen Namen** gerichtlich geltende zu machen

Grundsatz

→ Eigenes Recht in eigenem Namen

Ausnahme: Prozess-standschaft

→ Fremdes Recht in eigenem Namen

Was sind die wichtigsten Fälle der gesetzlichen Prozessstandschaft?

Gesetzliche Prozessstandschaft

↳ ZPO I Rn. 203 ff., KK 26

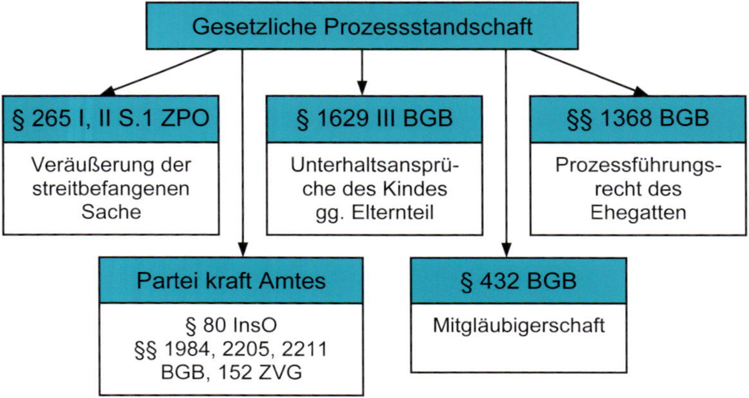

Was sind die Voraussetzungen der gewillkürten Prozessstandschaft?

Gewillkürte Prozessstandschaft

↳ ZPO I Rn. 220 ff., KK 27

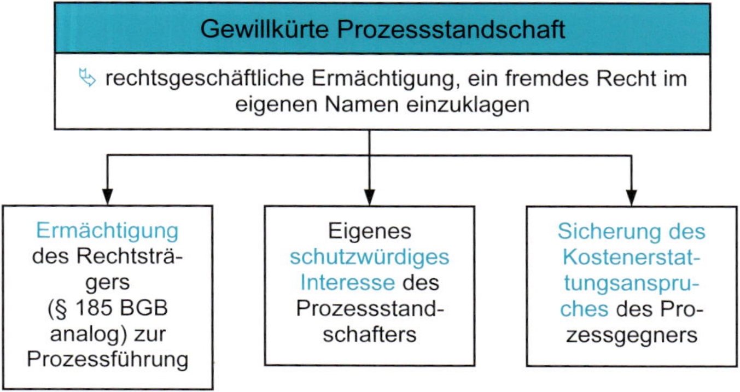

Was ist der wichtigste Fall der Postulationsfähigkeit? Was ist die Folge bei Fehlen der Postulationsfähigkeit?

Postulationsfähigkeit

↳ ZPO I Rn. 226 ff., KK 28

Postulationsfähigkeit

↳ Fähigkeit vor Gericht aufzutreten und wirksam Prozesshandlungen vorzunehmen

Differenziere:

⇨ Anwaltszwang ab Landgericht, 78 ZPO

⇨ FamR, § 114 FamFG

(-)

Kein Prozessurteil, da Postulationsfähigkeit nicht Prozessvoraussetzung, sondern nur Prozesshandlungsvoraussetzung

↳ Beachte vor LG Möglichkeit des VU, da der anwaltlich nicht Vertretene als säumig gilt; für FamR: § 130 FamFG

Wann fehlt dem Kläger das Rechtschutzbedürfnis? Welche Besonderheit ist bei der Feststellungsklage zu berücksichtigen?

Rechtsschutzbedürfnis

↳ ZPO I Rn. 236 ff., KK 30

Fehlt →

Allgemeines Rechtsschutzbedürfnis

- Kläger kann keinen schutzwürdigen Vorteil erlangen
- Einfacher/billigerer Weg zum Erreichen des Ziels (Vollstreckung aus vorhandenem Titel i.S.d. § 794 ZPO)

Besonderheit

Feststellungsklage, § 256 ZPO („rechtliches Interesse")

- Leistungsklage nicht möglich
- Tatsächliche Unsicherheit über das Rechtsverhältnis
- Geeignetheit des Urteils, Unsicherheit zu beseitigen

⇨ Bezifferung des Antrags nicht möglich (z.B. Spätschäden)

Welche Arten von Prozesshandlungen gibt es?

Bedingung von Prozesshandlungen

↪ ZPO I Rn. 251 ff., KK 31

Prozesshandlungen

Bewirkungs-/Erwirkungshandlung

- Erwirkungshandlung (Entscheidung des Gerichts wird begehrt): Anträge, Behauptungen, Beweisführung
- Bewirkungshandlung (unmittelbare prozessuale Wirkung): Klagerücknahme (§ 269)

Prozess-/Sachanträge

Antrag auf Erlass eines Versäumnisurteils / in der Klageschrift gestellter Antrag

Prozessverträge

Vereinbarungen zwischen den Prozessparteien z.B. Prozessvergleich, Gerichtsstandsvereinbarung

Was versteht man unter der Bedingungsfeindlichkeit von Prozesshandlungen? Unter welchen Voraussetzungen sind bedingte Anträge zulässig?

Bedingung von Prozesshandlungen

↳ ZPO I Rn. 251 ff., KK 31

Bedingungsfeindlichkeit von Prozesshandlungen

↳ Aus Rechtssicherheitsgründen können Prozesshandlungen nicht unter einer außerhalb des Verfahrens stehenden Bedingung vorgenommen werden

Ausnahme

Innerprozessuale Bedingung

↳ Hängt die Bedingung lediglich von einem innerprozessualen Vorgang ab, besteht keine Rechtsunsicherheit, da das Gericht den Eintritt der Bedingung selbst herbeiführt

⇨ Eventualklagehäufung (Haupt– und Hilfsantrag)

Was versteht man unter objektiver Klagehäufung?

Objektive Klagenhäufung

↳ ZPO I Rn. 316 ff., KK 41 f.

Objektive Klagenhäufung, § 260 ZPO

↳ dem Klagebegehren des Klägers liegen mehrere Anträge oder Lebenssachverhalte zugrunde

Streitgegenstände sind identisch bezüglich

① Kläger/Beklagter
② Prozessgericht

③ Prozessart
④ kein Verbindungsverbot

(-)

(-)

Es ergeht kein Prozessurteil
↳ Die Prozesse werden gemäß § 145 I ZPO getrennt, jedoch nicht als unzulässig abgewiesen

Welche beiden Arten der objektiven Klagehäufung sind zu unterscheiden?

Objektive Klagenhäufung

↳ ZPO I Rn. 316 ff., KK 41 f.

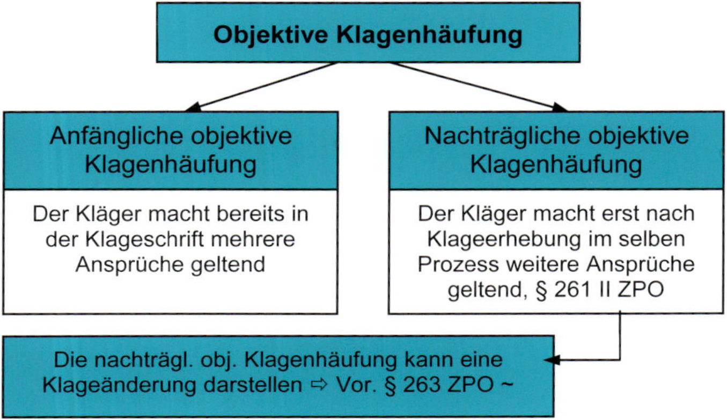

Wann spricht man von subjektiver Klagehäufung?

Subjektive Klagenhäufung

↳ ZPO I Rn. 440 ff., KK 63 ff.

Subjektive Klagenhäufung

Auf Kläger- oder Beklagtenseite stehen mehrere Personen
↳ Streitgenossenschaft

- Einfache Streitgenossenschaft → §§ 59, 60 ZPO
- Notwendige Streitgenossenschaft → § 62 ZPO

Welche Möglichkeiten der Beteiligung Mehrerer an einem Rechtsstreit gibt es?

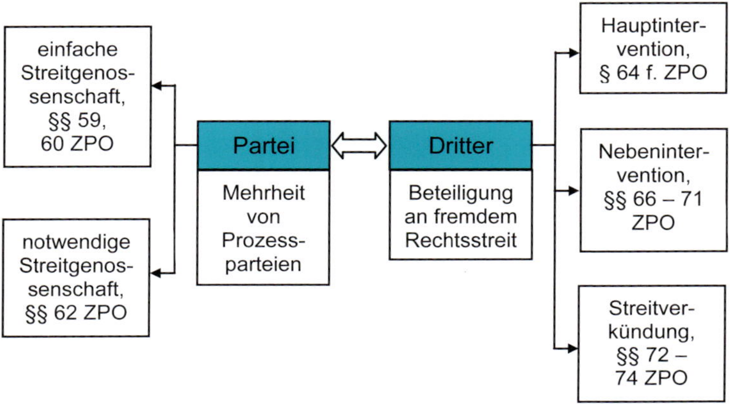
einfache Streitgenossenschaft, §§ 59, 60 ZPO
notwendige Streitgenossenschaft, §§ 62 ZPO
Partei
Mehrheit von Prozessparteien
Dritter
Beteiligung an fremdem Rechtsstreit
Hauptintervention, § 64 f. ZPO
Nebenintervention, §§ 66 – 71 ZPO
Streitverkündung, §§ 72 – 74 ZPO

Was sind die Voraussetzungen einfacher Streitgenossenschaft?

Einfache Streitgenossenschaft		
①	§ 59 Alt. 1 ZPO	Rechtsgemeinschaft ⇨ Gesamtschuld, Gesamtgläubiger, Miteigentum, Hauptschuldner - Bürge
oder	§ 59 Alt. 2 ZPO	Selber Grund ⇨ Gemeinsamer Vertrag, gemeinsame unerlaubte Handlung
oder	§ 60 ZPO	Gleichartigkeit der Streitgegenstände ⇨ Klage des Vermieters gegen mehrere Mieter

②	§ 260 ZPO	Objektive Klagenhäufung ⇨ jede subjektive Klagenhäufung ist wegen der Mehrheit der Streitgegenstände zugleich eine objektive Klagenhäufung

Was sind die Folgen einfacher Streitgenossenschaft?

Einfache Streitgenossenschaft

↬ ZPO I Rn. 448 ff., KK 64

Wirkungen der zulässigen einfachen Streitgenossenschaft

Verbindung der Prozesse ⇨ gemeinsame Verhandlung, § 145 I

aber

Selbständigkeit der einzelnen Prozessrechtsverhältnisse, § 61

• Ladung aller SG zu Terminen • Tatsachenvortrag /Beweisaufnahme einheitlich • Gemeinsames Endurteil möglich	• Prozessvoraussetzungen gesondert zu prüfen • Selbständige Entwicklung der Prozesse (Fristen, Anerkenntnis, Säumnis Rücknahme, Rechtskraft ...)

Worin unterscheidet sich die notwendige Streitgenossenschaft von der einfachen?

Notwendige Streitgenossenschaft

↳ ZPO I Rn. 452 ff., KK 66

Notwendige Streitgenossenschaft, § 62 ZPO

↳ Einheitliche Sachentscheidung gegenüber allen SG erforderlich

↳ Grundsatz der Selbständigkeit der Prozesse

Einschränkung

- § 62 I: Säumiger SG gilt durch nicht Säumigen vertreten ⇨ kein VU
- Anerkenntnis/Verzicht/Geständnis haben keine unmittelbare Auswirkung, sondern gelten nur als Indiz i.S.v. § 286 ZPO
- Klageänderung muss von allen SG vorgenommen werden
- Prozessbeendendes Verhalten eines SG zulässig (str.)

Ⓟ Klage nur durch alle SG zulässig (fehlende Prozessführungsbefugnis) ↳ Klage der Übrigen muss als unzulässig abgewiesen werden

Welche Arten notwendiger Streitgenossenschaft sind zu unterscheiden?

Notwendige Streitgenossenschaft

↳ ZPO I Rn. 452 ff., KK 65 f.

Notwendige Streitgenossenschaft

Sachentscheidung nur einheitlich möglich

Prozessrechtlich NSG § 62 I Alt. 1

Einzelklage zulässig, Streitgenosse alleine prozessführungsbefugt; wenn aber zusammen, dann notwend. SG

- Nur Fälle der Rechtskrafterstreckung (so BGH)
- Str.: Bei unteilbarem Streitgegenstand
  Nach Rspr. kein Fall der nSG

Materiellrechtlich NSG § 62 I Alt. 2

Einzelklage unzulässig, da nur gemeinsame Prozessführungsbefugnis

- Aktivprozesse von Gesamthandsgemeinschaften
  Achtung: GbR nach Rspr. selbst parteifähig, daher keine NSG
- Passivprozesse gegen die Gesamthand (nicht Gesamtschuld) ⇨ § 2059 II BGB
- Gemeinsame Gestaltungsklage (Gesellschafterausschluss)

Benennen Sie die Voraussetzungen der Nebenintervention!

Nebenintervention

↳ ZPO I Rn. 479 ff., KK 69

Nebenintervention, §§ 66 ff. ZPO

↳ Wer ein rechtliches Interesse an dem Ausgang eines Prozesses hat, kann Einfluss auf den Prozess nehmen, ohne Partei des Prozesses zu werden ⇔ Streitgenossenschaft

Voraussetzungen

- Rechtliches Interesse des Nebenintervenienten, § 66 I ⇨ Rechtsstellung würde sich durch ein ungünstiges Urteil verschlechtern bzw. durch ein günstiges Urteil verbessern
- Anhängiger Rechtsstreit zwischen anderen Personen
- Wirksame Erklärung des Beitritts, § 70 I, II ZPO
- Vorliegen der Prozesshandlungsvoraussetzungen des Nebenintervenienten (Prüfung von Amts wegen)

Was ist die wichtigste Folge der Nebenintervention?

Nebenintervention

ZPO I Rn. 482 ff., KK 70

!	Die Nebenintervention selbst hat keinen Einfluss auf den laufenden Prozess, sondern nur auf den Folgeprozess
§ 67 ZPO	Der Nebenintervenient kann im Ausgangsprozess alle Prozesshandlungen vornehmen, soweit sie nicht im Widerspruch zu der Prozessführung der Hauptpartei stehen ⇨ wichtig: Verhandeln des N. hindert Eintritt der Säumnis
§ 68 HS.1 ZPO	**Nebeninterventionswirkung im Folgeprozess** Wirkung aller tatsächlichen und rechtlichen Feststellungen **zuungunsten** des Nebenintervenienten **Ausnahme**: mangelnde Prozessführung der Hauptpartei, keine eigene Möglichkeit der Einflussnahme im Vorprozess

Erklären Sie das Zusammenspiel zwischen der Rechtsstellung des Nebenintervenienten im Vorprozess und der Interventionswirkung im Folgeprozess!

Nebenintervention

ZPO I Rn. 482 ff., KK 70

Rechtsstellung im Vorprozess		Nebeninterventionswirkung im Folgeprozess
§ 67 ZPO	**korrespondiert mit**	**§ 68 ZPO**

§ 67 ZPO

- Nebenintervenient stehen alle Angriffs- und Verteidigungsmittel zu, § 67 HS. 2
- Beschränkung der Rechtsstellung des NI:
  (a) Aufnahme in der Lage, in der er sich der Rechtsstreit befindet, § 67 S.1 HS.1
  (b) Widerspruch der Hauptpartei, § 67 HS. 3

§ 68 ZPO

- § 68 HS. 1: Urteil und tragende Feststellungen gelten als richtig
- Einwand mangelhafter Prozessführung nur (+),
  (a) vor dem Eintritt des NI
  (b) bei Widerspruch der Hauptpartei
  (c) bei absichtlich/grob fahrlässig mangelhafter Prozessführung

Inwiefern hängt die Streitverkündung mit der Nebenintervention zusammen?

Streitverkündung

↳ ZPO I Rn. 485 ff., KK 71

Streitverkündung, §§ 72 ff. ZPO

↳ Eine Partei, die glaubt, im Fall des Unterliegens Ansprüche gegen einen Dritten zu haben, kann diesem förmlich den Streit erklären

Beitritt

(+)

§ 74 I Nebenintervention

↳ § 74 I, 68 ZPO ⇨ Nebeninterventionswirkung unabhängig von der Wirksamkeit der Streitverkündung

(-)

§ 74 II Prozessfortführung

↳ § 74 III, 68 ZPO ⇨ gleichwohl Nebeninterventionswirkung, wenn Voraussetzungen der wirksamen Streitverkündung gegeben waren

↳ Nebeninterventionswirkung stets nur zugunsten des Streitverkünders

↳ wirksame Streitverkündung hemmt nach § 204 I Nr. 6 BGB die Verjährung

Was sind die Voraussetzungen einer wirksamen Klagerücknahme durch den Kläger?

Klagerücknahme

↳ ZPO I Rn. 255 ff., KK 32

Klagerücknahme, § 269 ZPO

① Eindeutige Rücknahmeerklärung des Klägers, § 269 II ZPO ⇨ in mündlicher Verhandlung oder durch Schriftsatz
⇨ von Rechtshängigkeit (Ausn: Abs. 3) bis Rechtskraft

② Wirksame Einwilligungserklärung des Beklagten
⇨ erforderlich erst ab Verhandlung zur Hauptsache durch Beklagten, § 269 I ZPO
⇨ widerspricht Beklagter der Klagerücknahme nicht innerhalb von 2 Wochen ⇨ Fiktion der Einwilligung, § 269 II S.4 ZPO

! Eine Klage kann auch nur teilweise zurückgenommen werden
⇨ privilegierte Klageänderung gemäß § 264 Nr. 2, Alt. 2 ZPO (Beachte: auch hier grds. Einwilligung des Beklagten notw., § 269 I ZPO)

Welche Wirkungen hat die wirksame Klagerücknahme?

Klagerücknahme

↳ ZPO I Rn. 268 ff., KK 33

Wirkungen der Klagerücknahme

§ 269 III S.1 ZPO ⇨ Rechtshängigkeit wird rückwirkend beseitigt
⇨ Bereits ergangenes (nicht rechtskr.) Urteil wird wirkungslos

Kläger trägt Kosten des Rechtsstreits, § 269 III S.2 ZPO
⇨ bei Erledigung vor Rechtshängigkeit Kostenlast des Beklagten möglich, § 269 III S.3 ZPO

§ 269 VI ZPO ⇨ Zulässigkeit einer neuen Klage mit gleichem Streitgegenstand
⇨ Beklagter hat Einrede der mangelnden Kostenerstattung

Was sind Voraussetzungen und Folgen des Anerkenntnisses?

Anerkenntnis

↳ ZPO I Rn. 273 ff., KK 34 f.

Auf Beklagtenseite

⇩

Anerkenntnis, § 307 ZPO

① Wirksame Erklärung des Anerkenntnisses durch Beklagten ↳ auch Teilanerkenntnis möglich
② Zulässigkeit der Klage (Anerkenntnis/Verzicht sind Sachurteil!)

↳ keine materielle Prüfung durch das Gericht

① Kostenpflicht des Beklagten, § 91 ⇨ Ausnahme, § 93 ZPO
② Rechtskraft wie streitiges Endurteil

Worin liegt der Unterschied von Verzicht zur Klagerücknahme?

Verzicht

↳ ZPO I Rn. 286 ff., KK 36

	Verzicht, § 306 ZPO ↳ prozessuales Gegenstück zum Anerkenntnis	Klagerücknahme, § 269 ZPO
Kosten	Immer Kläger, § 91 ZPO	Grundsätzlich Kläger, § 269 III S.2 ZPO Ausnahmen: §§ 269 III S.3, 93d ZPO
Rechtskraft	Rechtskraft des Urteils	Keine Rechtskraft des Urteils, erneute Klageerhebung möglich

Welche beiden Arten der Erledigterklärung sind zu unterscheiden?
Worin unterscheiden sich diese beiden Institute?

Erledigterklärung

↳ ZPO I Rn. 291 ff., KK 37

Erledigterklärung

einseitig

- Keine gesetzliche Regelung
- Prozessbeendigung durch Urteil
- Prüfung von Zulässigkeit und Begründetheit
- Prüfung eines erledigenden Ereignisses

übereinstimmend, § 91a ZPO

- Prozessbeendigung durch Parteihandlungen
- Entscheidung nur über die Kosten
- Keine Überprüfung von Zulässigkeit und Begründetheit und Erledigung

An welche Wirksamkeitsvoraussetzungen ist die übereinstimmende Erledigterklärung gebunden?

Übereinstimmende Erledigterklärung

↳ ZPO I Rn. 293 ff., KK 37

Voraussetzungen der übereinstimmenden Erledigterklärung

①	Form	§ 91a ZPO ⇨ in mündlicher Verhandlung bzw. zu Protokoll der Geschäftstelle (in diesem Fall gemäß § 78 III ZPO kein Anwaltszwang)
②	Zeitpunkt	Ab Anhängigkeit bis Rechtskraft des Urteils, auch zwischen den Instanzen
③	Allg. Prozess-voraussetzungen	Im Anwaltsprozess insbes. § 78 I ZPO beachten!

Welche Folgen hat eine wirksame übereinstimmende Erledigterklärung für den Prozess?

Übereinstimmende Erledigterklärung

↳ ZPO I Rn. 297 ff., KK 38

Übereinstimmende Erledigterklärung nach § 91a ZPO

→ Gerichtsbeschluss, wonach die „Hauptsache für erledigt erklärt wurde“
Achtung: Nicht „erledigt hat“ ⇨ das Gericht hat die tatsächliche Erledigung nicht geprüft

→ § 91a ZPO ⇨ Verteilung der Kosten nach billigem Ermessen ⇨ wie wäre der Rechtsstreit bei einer summarischen Prüfung der Rechtslage zu entscheiden gewesen

→ Beendigung des Rechtsstreits ⇨ str., ob erneute Klage zulässig ⇨ Keine Rechtskraft, aber u.U. Arglisteinrede gegen erneute Klage

Was ist nach h.M. die Rechtsnatur der einseitigen Erledigungserklärung?

Einseitige Erledigterklärung

↳ ZPO I Rn. 343 ff., KK 45

Einseitige Erledigterklärung

↳ keine unmittelbare gesetzliche Regelung

h.M. ⇨ Klageänderungstheorie

Klageänderung in Feststellungsklage ↳ Streitgegenstand ⇨ Feststellung, dass urspr. Klage durch ein bestimmtes Ereignis unzul. oder unbegr. wurde

↳ Nach § 264 Nr. 2 ZPO zulässig

a.A. ⇨ Rechtsinstitut sui generis

Begehren der Entscheidung, dass sich Hauptsache erledigt habe

Was prüft das Gericht im Fall der einseitigen Erledigterklärung?

! Einseitige Erledigterklärung

↳ ZPO I Rn. 348 ff., KK 46

Prüfung

① Wirksame Klageänderung in Feststellungsklage § 264 Nr. 2

② Zulässigkeit der Feststellungsklage
↳ Feststellungsinteresse ⇨ Vermeidung der Kostenpflicht

③ Tatsächliche Erledigung der Hauptsache nach Rechtshängigkeit
⇦⇨ (bei übereinstimmender Erledigterklärung nicht zu prüfen!)

④ Zulässigkeit und Begründetheit der ursprünglichen Klage zum Zeitpunkt des Eintritts des erledigenden Ereignisses

Wodurch kann die Erledigung der Hauptsache eintreten?

Einseitige Erledigterklärung

↳ ZPO I Rn. 353 f., KK 46

Erledigungsereignis

Prozessuale Erledigung ↳ ursprüngliche Klage wird unzulässig	Sachliche Erledigung ↳ ursprüngliche Klage wird unbegründet
• Verlust der Parteifähigkeit während des Prozesses • Wegfall des Feststellungsinteresses	• Erfüllung (bei Zahlung unter Vorbehalt (-), wenn nur zur Abwendung der ZwV; vgl. auch Life&Law 2014, 567 ff.) • Aufrechnung • Außergerichtlicher Vergleich

Wie ist zu entscheiden, wenn sich die Hauptsache zwischen Anhängigkeit und Rechtshängigkeit erledigt?

Einseitige Erledigterklärung

↳ ZPO I Rn. 352, KK 46

Erledigung zwischen An- und Rechtshängigkeit

↳ Ⓟ Die ursprüngliche Klage war bei Klageerhebung (Zeitpunkt der Zustellung) bereits unzulässig bzw. unbegründet, so dass an sich Feststellungsklage abzuweisen wäre
⇨ Behandlung früher streitig ⇨ heute zwei Möglichkeiten anerkannt, um von Kostentragung loszukommen

↓

§ 269 III S.3 ZPO	Neue Klage
Kläger nimmt Klage zurück und stellt Kostenantrag gem. § 269 III S.3. IV ZPO: ↳ Kostenentscheidung nach billigem Ermessen	Kläger nimmt Klage zurück und trägt Kosten: ↳ Hat er gg. Beklagten materiellrechtl. Erstattungsanspruch (z.B. Verzug), klagt er Kosten als Schaden ein (BGH, Life&Law 2013, 506)

Wie kann das Gericht im Fall der einseitigen Erledigungserklärung entscheiden?

Einseitige Erledigterklärung

↳ ZPO I Rn. 355 ff., KK 47

Erledigung Ursprüngliche Klage zulässig und begründet	Erledigung Ursprüngliche Klage **un**zulässig oder **un**begründet	**Keine** Erledigung Ursprüngliche Klage zulässig und be-gründet
⇓	⇓	⇓
Feststellungsklage begründet	Feststellungsklage **un**begründet	Feststellungsklage **un**begründet
⬇	⬇	⬇
Beklagter trägt Kosten	Kläger trägt Kosten	Kläger trägt Kosten; aber: Rückkehr zu alter Klage möglich!

Welches Problem besteht, wenn lediglich das Vorliegen eines erledigenden Ereignisses umstritten ist?
Wie kann der Kläger vorgehen?

Einseitige Erledigterklärung

↳ ZPO I Rn. 356, KK 47

Ursprüngliche Klage zulässig und begründet

aber

Vorliegen von Erledigung streitig

Bsp.: Unsicherheit, ob Zahlung tats. eingegangen ist

Problem: Verneint das Gericht das Vorliegen eines erledigenden Ereignisses, wird die (geänderte) (Feststellungs-) Klage abgewiesen

Lösung: Möglichkeit, ursprünglichen Leistungsantrag hilfsweise (für den Fall, dass Erledigungsantrag nicht stattgegeben wird) aufrecht zu erhalten

Welche Rechtsnatur hat der Prozessvergleich?

Prozessvergleich

↳ ZPO I Rn. 300 ff. KK 39

Rechtsnatur des Prozessvergleichs, § 794 I Nr. 1 ZPO

↓

Theorie der Doppelnatur (h.M.)

↳ Vergleich beinhaltet sowohl einen prozessualen wie materiell-rechtlichen Regelungsgehalt; beide sind aber untrennbar miteinander verbunden

↓

Mängel eines Teils berühren den Vergleich insgesamt

Welches sind die Voraussetzungen eines Prozessvergleichs?

Prozessvergleich

↳ ZPO I Rn. 300 ff. KK 39

Prozessvergleich

Materielle Voraussetzungen, § 779 BGB

- Beilegung eines Streits oder der Ungewissheit über ein disponibles Rechtsverhältnis
- Wirksame WE
- Gegenseitiges Nachgeben
- Kein Widerruf des V. (bei Widerrufsvorbehalt)

Prozessuale Voraussetzungen

- vor einem deutschen Gericht zwischen den Prozessparteien
- Streitgegenstand eines anhängigen Verfahrens
- Protokollierung, §§ 160 III Nr. 1, 162 („vorgelesen und genehmigt"), 163 ZPO oder schriftliche Annahme eines gerichtlichen Vergleichsvorschlags, § 278 VI ZPO
- Vorliegen Prozesshandlungsvoraussetzungen

Was sind die Folgen eines wirksamen bzw. unwirksamen Prozessvergleiches?

Prozessvergleich

↳ ZPO I Rn. 308 ff. KK 40

Prozessvergleich

wirksam

- Beseitigung der Rechtshängigkeit des Verfahrens
- Schaffung eines Vollstreckungstitels i.S.d. § 794 I Nr.1
- Neuordnung der Parteibeziehungen
- Keine Rechtskraft des Vergleiches

unwirksam

Prozessualer Mangel

- Prozessbeendigung und Vollstreckbarkeit entfallen
- wegen Doppelnatur entfällt grds. auch die Wirksamkeit materiellen Vergleichs
  ↳ u.U. Umdeutung in außergerichtlichen Vergleich, § 140 BGB

Materiell-rechtlicher Mangel

- Prozessbeendigung und materiell-rechtliche Wirkungen entfallen

In welchem Verfahren müssen Mängel des Prozessvergleichs geltend gemacht werden?

Prozessvergleich

↳ ZPO I Rn. 308 ff. KK 40

Problem → Der Prozessvergleich beendet die Rechtshängigkeit

Frage → Angriff auf Vergleich in Fortsetzung des alten Verfahrens oder durch Klage in einem neuen Verfahren?

Fortsetzung des alten Verfahrens	Klage in neuem Verfahren
• rechtshindernde Einreden, §§ 134, 138 BGB • prozessualer Formmangel • Anfechtung • § 779, da anfänglich unwirksam • Widerruf, soweit vorbehalten	• Rücktritt • nachträgl. Störung der GG • Aufhebung (nach BAG auch hier altes Verfahren fortzusetzen; Prozessökonomie)

In welchen Fällen liegt eine Klageänderung vor?

Klageänderung

↳ ZPO I Rn. 329 ff. KK 43

Klageänderung, § 263 ZPO

↳ Nachträgliche Änderung des Streitgegenstandes

(+) Anderer/zusätzlicher Klageantrag

z.B. Übergang von Feststellungsklage zu Leistungsklage, Zahlung in € auf andere Währung

(+) Anderer/zusätzlicher Lebenssachverhalt

Nur bei 2-gliedrigem Streitgegenstand, da ansonsten schon kein neuer Streitgegenstand vorliegt

(-) Präzisierung des Antrags

Kein neuer Streitgegenstand, nur evtl. geänderte Anspruchsgrundlage, anderer rechtlicher Gesichtpunkt, § 264 Nr. 1 ZPO

Was sind die Voraussetzungen einer wirksamen Klageänderung?

↳ ZPO I Rn. 329 ff. KK 43

Zulässigkeit der Klageänderung

→ zulässige Klageänderung, §§ 264 Nr. 2, 3 ZPO

↳ Beachte: Beschränkung des Antrags i.S.d. § 264 Nr. 2 ist als Teilerledigung bzw. Teilrücknahme i.S.v. § 269 ZPO auszulegen ⇨ Zustimmung des Beklagten

oder → Einwilligung des Beklagten ⇨ Beachte § 267 ZPO

oder → Sachdienlichkeit ⇨ objektiv im Hinblick auf Prozessökonomie zu beurteilen

(-) → Geänderte Klage ist ohne Sachprüfung durch Prozessurteil als unzulässig abzuweisen ⇨ über alte Klage ist nur zu entscheiden, wenn sie daneben aufrechterhalten wird

Wie ist nach h.M. ein gewillkürter Parteiwechsel zu behandeln?

Gewillkürter Parteiwechsel

↳ ZPO I Rn. 470 ff. KK 67

Parteiwechsel

- **BGH:** Klageänderung, §§ 263 ff. ZPO
- **Lit.:** Institut eigener Art, Rechtsgedanke, §§ 265 II S.2, 269

Nach § 269 ZPO analog ist stets die Zustimmung des alten Beklagten erforderlich, da dieser einen Anspruch auf eine Sachentscheidung hat, in 2. Instanz auch die Zustimmung des neuen, da er eine Tatsacheninstanz verliert

- Bindung der neuen Prozesspartei an bisherige Prozessergebnisse
- Bindung an bisherige Prozessergebnisse nur bei Zustimmung oder rügeloser Weiterführung

Wessen Zustimmung ist bei dem gewillkürten Parteiwechsel Zulässigkeitsvoraussetzung? Welche allgemeinen Grundsätze liegen dem zugrunde?

Gewillkürter Parteiwechsel

↳ ZPO I Rn. 470 ff. KK 67

① Antragsgrundsatz: Der Kläger bestimmt, gegen wen die Klage geführt wird

② Der Beklagte hat, gem. § 269 I ZPO Anspruch auf Sachentscheidung ⇨ Ausscheiden nur mit Zustimmung

aus ① und ② folgt:

Zustimmung erforderlich?	Klägerwechsel	Beklagtenwechsel
bisheriger Kläger	+ ①	+ ①
neuer Kläger	+, (Klageerhebung und Parteiwechselerklärung)	
bisheriger Beklagter	+ ②	+ ②
neuer Beklagter		grds. - / + in 2. Instanz

Wie sind Fälle der gewillkürten Parteierweiterung zu behandeln?

Gewillkürte Parteierweiterung

↳ ZPO I Rn. 475 ff.

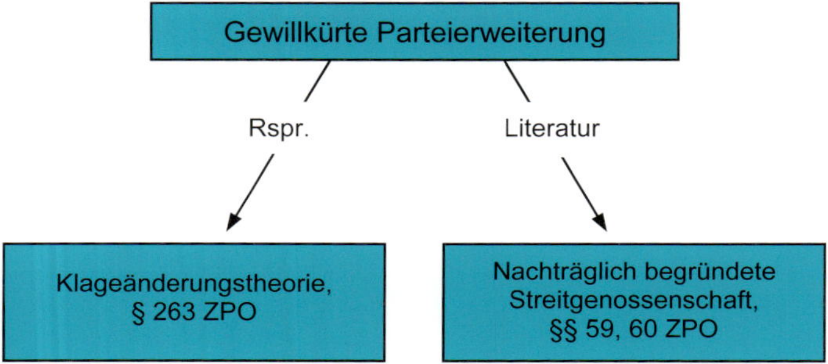

Was sind Fälle der gesetzlichen Parteiänderung?

Gesetzliche Parteiänderung

↳ ZPO I Rn. 478

Gesetzliche Parteiänderung

Parteibeitritt

- § 856 II ZPO

Parteiwechsel

- §§ 239 ff. ZPO
- § 265 II S.2 ZPO
- § 266 ZPO

Wirkungen:

- in jeder Instanz zulässig
- bisherige Prozessergebnisse werden übernommen

Was ist die Rechtsnatur der Prozessaufrechnung?

Prozessaufrechnung

↳ ZPO I Rn. 358 ff., KK 48

Prozessaufrechnung

↳ Der Rechtsnatur nach handelt es sich um einen Doppeltatbestand

Materiellrechtliche Aufrechnungserklärung

→ Voraussetzungen der §§ 387 ff. BGB

Prozesshandlung als Verteidigungsmittel

→ Vorliegen der Sachurteils- bzw. Prozesshandlungsvoraussetzungen

Was ist die Besonderheit einer Eventualaufrechnung? Aus welchem Grund wird sie vorgenommen?

Prozessaufrechnung

↳ ZPO I Rn. 361 f., KK 48

Prozessaufrechnung

↳ ist die Einführung der Aufrechnung in den Prozess prozessual unwirksam (z.B. wegen § 296 ZPO) oder kommt das Gericht zu der Ansicht, dass die Hauptforderung nicht besteht, so ist die materiellrechtliche Aufrechnungserklärung nicht automatisch unwirksam

Ⓟ Dies könnte wegen Erlöschen zum Verlust der Gegenforderung führen

Möglichkeit der Eventualaufrechnung (entgegen § 388 S. 2 BGB zulässige innerprozessuale Bedingung) ⇨ Aufrechnung wird unter einer doppelten Bedingung erklärt (Hauptforderung besteht und die Aufrechnungserklärung ist prozessual zulässig).
Nach a.A. ist § 139 BGB anzuwenden.

Was ist unter der Rechtskraftwirkung des § 322 II ZPO zu verstehen? Welche Auswirkung hat dies für die Voraussetzungen, die hinsichtlich der Gegenforderung erfüllt sein müssen?

Prozessaufrechnung

Rechtskraftwirkung gemäß § 322 II ZPO

Die Rechtskraftwirkung umfasst auch die geltend gemachte Gegenforderung, soweit über sie entschieden wurde ⇨ d.h. die Entscheidung, dass die Gegenforderung nicht oder auf Grund der Aufrechnung nicht mehr besteht ⇨ deswegen kann das Gericht den Bestand der Hauptforderung nicht unentschieden lassen

⇩

Wegen der Rechtskraftwirkung kann mit einer rechtswegfremden Forderung nur aufgerechnet werden, wenn diese rechtskräftig festgestellt oder anerkannt ist (§ 17 II S.1 GVG gilt nur für Vorfragen innerhalb eines Streitgegenstandes!) ⇨ das Verfahren ist nach § 148 ZPO auszusetzen ⇨ Arbeitsgerichte gelten im Verhältnis zu den ordentlichen Gerichten nicht als rechtswegfremd (sehr str.)

Der Kläger macht die Rückzahlung eines Darlehens geltend. Der Beklagte bestreitet, das Darlehen ausgezahlt bekommen zu haben. Hilfsweise rechnet er mit einer Kaufpreisforderung gegen den Klageanspruch auf.
Bei welcher Entscheidung des Gerichts ist § 322 II ZPO anwendbar?

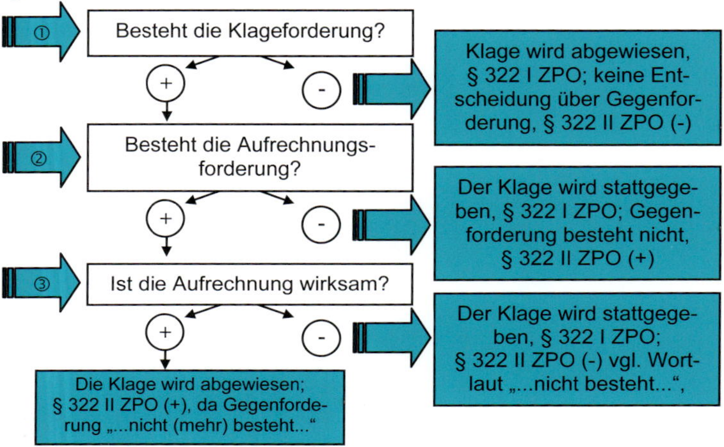
①
Besteht die Klageforderung?
+
-
Klage wird abgewiesen, § 322 I ZPO; keine Entscheidung über Gegenforderung, § 322 II ZPO (-)
②
Besteht die Aufrechnungsforderung?
+
-
Der Klage wird stattgegeben, § 322 I ZPO; Gegenforderung besteht nicht, § 322 II ZPO (+)
③
Ist die Aufrechnung wirksam?
+
-
Der Klage wird stattgegeben, § 322 I ZPO; § 322 II ZPO (-) vgl. Wortlaut „...nicht besteht...“,
Die Klage wird abgewiesen; § 322 II ZPO (+), da Gegenforderung „...nicht (mehr) besteht...“

Kann wegen der Gegenforderung, mit der aufgerechnet wird, eine weitere Klage erhoben werden?

Prozessaufrechnung

↳ ZPO I Rn. 363, KK 50

Prozess 1		Prozess 2
↳ Aufrechnung mit Gegenforderung	? →	↳ Klage wegen Gegenforderung
Ⓟ Wird die Gegenforderung selbst rechtshängig? ⇨ wegen § 261 III Nr. 1 ZPO wäre eine weitere Klage unzulässig	(-) →	↳ Aufrechnung ist nicht Klage, sondern Verteidigungsmittel ↳ keine Rechtshängigkeit durch Aufrechnung
↳ Dann könnte mit einer rechtshängigen Forderung nicht aufgerechnet werden		↳ Klage zulässig

Welche Vorteile bietet die Widerklage für den Anspruchsinhaber?

Widerklage

↳ ZPO I Rn. 368, KK 51

Vorteile der Widerklage, § 33 ZPO

① Nach § 33 ZPO besteht ein besonderer Gerichtsstand ⇨ gemeinsame Verhandlung

② Die Widerklage kann auch in der mündlichen Verhandlung erhoben werden, § 261 II ZPO

③ Die Widerklage kann ohne Gerichtskostenvorschuss erhoben werden, § 12 II Nr. 1 GKG

④ Widerklage kann unter den Voraussetzungen des § 533 I ZPO noch in der Berufungsinstanz erhoben werden

Welche Bedeutung hat § 33 ZPO?

Widerklage

↬ ZPO I Rn. 373, KK 52

§ 33 ZPO

↬ Zusammenhang zwischen Gegenstand der Klage und Gegenanspruch

Lit. ⇩

Besonderer Gerichtsstand

↬ § 33 ZPO begründet nur einen zusätzlichen Gerichtsstand ⇨ nur relevant, wenn die Zuständigkeit nicht schon nach §§ 12 ff. ZPO gegeben ist
Arg.: systematische Stellung, § 145 II ZPO setzt die Zulässigkeit nicht konnexer Klagen voraus

BGH ⇩

Bes. Gerichtsstand + Bes. Zulässigkeitsvoraussetzung

↬ Widerklage ist unzulässig, wenn zwischen den beiden Ansprüchen kein rechtlicher Zusammenhang besteht
Arg.: Ohne Konnexität der Widerklage macht die gemeinsame Verhandlung keinen Sinn

Was sind die weiteren Voraussetzungen einer zulässigen Widerklage?

Widerklage

↳ ZPO I Rn. 373, KK 52

Zulässigkeit der Widerklage
① Vorliegen der allgemeinen Zulässigkeitsvoraussetzungen
② Einführung eines neuen Streitgegenstandes ⇨ die bloße Negation der Klage erfüllt diese Voraussetzungen nicht
③ Hauptklage muss bereits bzw. noch rechtshängig sein (vgl. zur analogen Anwendung des § 167 ZPO, wenn Rücknahme vor Zustellung Widerklage Life&Law 2016, 244 ff.)
④ Für beide Klagen muss die gleiche Prozessart zulässig sein
⑤ Parteiidentität
⑥ Nach BGH: Konnexität, § 33 ZPO (str.)

Was ist die Besonderheit der Drittwiderklage?

Drittwiderklage

↳ ZPO I Rn. 385a, KK 53

Drittwiderklage

↳ Der Widerkläger verklagt (neben dem Kläger = Widerbeklagten) einen Dritten bisher am Prozess Unbeteiligten im Wege der Widerklage

BGH

- „echte" Widerklage muss sich **auch** gegen den Kläger richten (zur Ausnahme vgl. BGH, L/L 2007, 522)
- Voraussetzungen der nachträglichen Parteierweiterung, §§ 263 ff. ZPO analog
  ⇨ Zustimmung oder Sachdienlichkeit

Literatur

- Keine echte Widerklage
- Zulässigkeit richtet sich nach §§ 59 f. ZPO
- § 33 ZPO gilt nicht

Worin liegt der Unterschied zwischen einem echten und einem unechten Versäumnisurteil?

Versäumnisurteil

↳ ZPO I Rn. 405 f., KK 57

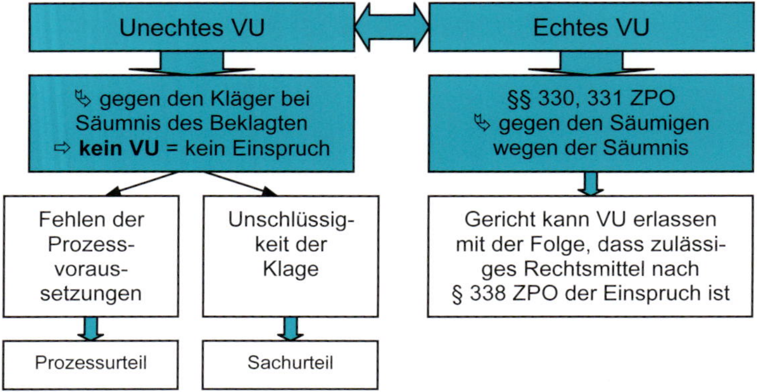

Was sind die Voraussetzungen zum Erlass eines echten Versäumnisurteils?

↳ ZPO I Rn. 389 ff., KK 55

Versäumnisurteil, §§ 330 f. ZPO

- Antrag auf Erlass eines VU durch anwesende Partei
- Säumnis des Klägers (§ 330 ZPO) bzw. Beklagten (§ 331 ZPO)
- Keine Erlasshindernisse, §§ 335, 337 ZPO
- Zulässigkeit der Klage
  ↳ sonst klageabweisendes Prozessurteil („unechtes“ VU)
- Schlüssigkeit der Klage, § 331 II ZPO (nur bei VU gegen den Beklagten zu prüfen!)
  ↳ sonst klageabweisendes Sachurteil („unechtes“ VU)

↓

VU durch das Gericht (nach § 313b I ZPO ohne TB und Gründe möglich)

Wann ist eine Partei als säumig anzusehen?

Versäumnisurteil

↳ ZPO I Rn. 390 ff., KK 55

Säumnis der Partei
Termin zur mündlichen Verhandlung (nicht Beweis- oder Gütetermin; beachte aber §§ 370 I, 279 I ZPO)
Form- und fristgerechte Ladung zum Termin, § 335 I Nr. 2 ZPO
Fristgerechte Mitteilung von Tatsachenvorbringen und Anträgen, §§ 335 I Nr. 3, 274 III ZPO (gilt nicht bei VU gegen den Kläger!)

Säumnis ① kann sich ergeben ② aus ③

① Nichterscheinen	② Nichtverhandeln	③ Nichtvertreten
↳ §§ 330, 331 I S.1 Partei erscheint nicht zum Termin	↳ § 333 keinerlei aktive gerichtliche Beteiligung	↳ § 78 trotz Anwaltszwang nicht vertreten
Ausnahme: § 337 ZPO		

Für welchen Fall der Säumnis ist die Schlüssigkeit der Klage zu prüfen? Wann ist eine Klage schlüssig?

Versäumnisurteil

↬ ZPO I Rn. 390 ff., KK 55

Schlüssigkeit der Klage

↬ nur im Fall der Säumnis des Beklagten zu prüfen ⇨ bei Säumnis des Klägers erfolgt ohne Schlüssigkeitsprüfung Klageabweisung durch VU (§ 330)

↓

Tatsachen, die der Kläger in der mündlichen Verhandlung vorträgt, sind als zugestanden anzunehmen, § 331 I S.1, und bedürfen keines weiteren Beweises ⇨ früheres Beklagtenvorbringen bleibt unberücksichtigt

↓

Bei Rechtfertigung des Anspruchs durch die vorgetragenen Tatsachen ist die Klage schlüssig und VU zu erlassen, § 331 II

Was ist der richtige Rechtsbehelf gegen ein Versäumnisurteil? Welche Voraussetzungen hat dieser?

Versäumnisurteil

↳ ZPO I Rn. 407 ff., KK 58

Versäumnisurteil, §§ 330, 331 ZPO

Richtiger Rechtsbehelf

Einspruch, § 338 ZPO

Voraussetzungen

Statthaftigkeit	Statthaft nur gegen echtes VU
Frist	Zwei Wochen ab Zustellung des VU § 339 I ZPO
Form	Schriftsatz § 340 I, mit Inhalt nach § 340 II, ⇨ Begründung nach § 340 III nicht obligatorisch, aber Gefahr der Präklusion

Was ist die Folge eines zulässigen Einspruchs?

Versäumnisurteil

↳ ZPO I Rn. 412 ff., KK 58

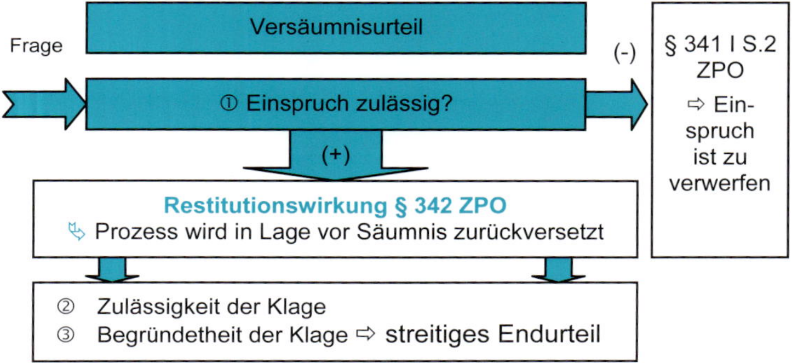

Achtung!: Es ist ein grober Fehler, die Begründetheit eines Einspruchs zu prüfen

Was geschieht im Fall erneuter Säumnis derselben Partei im Einspruchstermin?

Zweites Versäumnisurteil

ZPO I Rn. 417 ff., KK 59

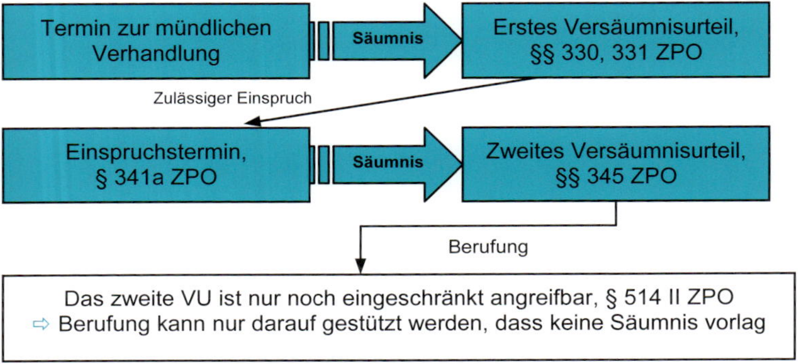

Prüft das Gericht vor Erlass des zweiten VU die Gesetzmäßigkeit des ersten VU?

Zweites Versäumnisurteil

↳ ZPO I Rn. 419 ff., KK 59

Einspruchstermin

↓ Erneute Säumnis ↓

Zweites Versäumnisurteil

↓ Voraussetzungen

Prüfung der Säumnis durch das Gericht

↓

Nach **Rspr.** des BGH prüft das Gericht vor Erlass des 2. VU **nicht** die **Gesetzmäßigkeit** (Zulässigkeit + Schlüssigkeit) des **1. VU**
Arg.: Umkehrschluss aus **§ 700 VI ZPO**, Gleichlauf mit § 514 II ZPO

Weswegen hat das Gericht vor Erlass eines zweiten VU nach einem Vollstreckungsbescheid Zulässigkeit und Begründetheit der Klage zu prüfen?

Zweites Versäumnisurteil

↳ ZPO I Rn. 419 ff., KK 59

Vollstreckungsbescheid § 699 ZPO

↳ Nach § 700 I ZPO steht dieser einem ersten Versäumnisurteil gleich, gegen das der Einspruch nach § 338 ZPO zulässig ist

Vor Erlass eines 2. VU hat das Gericht nach § 700 VI ZPO die Zulässigkeit und Schlüssigkeit der Klage zu überprüfen

Arg.: Da der VB auf einem Mahnbescheid beruht, wurde in diesem Fall anders als bei Erlass eines „echten" 1. VU die Zulässigkeit und Schlüssigkeit der Klage noch nicht geprüft (vgl. § 692 I Nr. 2 ZPO).

Wegen der Kongruenz des Prüfungsumfangs hat in der Berufung gegen ein 2. VU aus einem VB entgegen § 514 II ZPO die Prüfung von Zulässigkeit und Schlüssigkeit zu erfolgen

In welche Tatbestände lässt sich § 296 ZPO gliedern?

Präklusion § 296 ZPO

ZPO I Rn. 431 ff., KK 61 f.

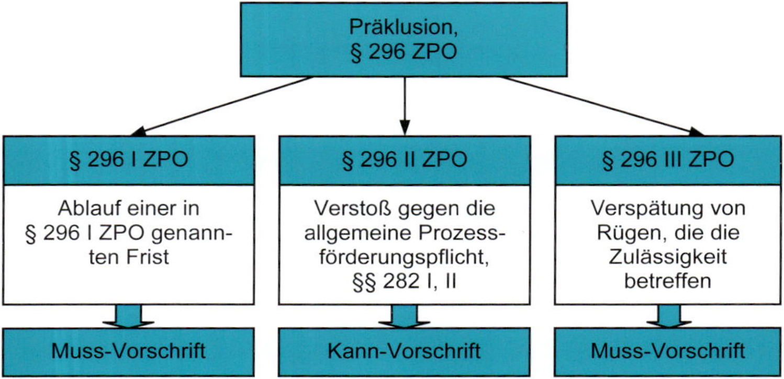

Was sind die Voraussetzungen einer Präklusion nach § 296 I ZPO?

Präklusion § 296 ZPO

↳ ZPO I Rn. 431 ff., KK 61 f.

Präklusion nach § 296 I ZPO

① Angriffs- oder Verteidigungsmittel ⇨ die Widerklage ist kein Angriffsmittel, sondern der Angriff selbst

② Ablauf einer in § 296 I ZPO genannten Frist

③ Verzögerung

④ Einfaches Verschulden ⇨ arg. e contr. § 296 II ZPO

Wie ist der Begriff der Verzögerung auszulegen?

Präklusion § 296 ZPO

↳ ZPO I Rn. 432 ff., KK 61

Verzögerung, § 296 ZPO

↓

Absoluter Verzögerungsbegriff

↳ Verzögerung ist gegeben, wenn der Rechtsstreit bei Zulassung des verspäteten Vorbringens länger dauern würde als bei Zurückweisung

Einschränkung

↓

Verzögerung liegt dann nicht vor, wenn sich aufdrängt, dass das verspätete Vorbringen nicht allein kausal für die Verspätung ist
↳ Verspätung wäre auch bei rechtzeitigem Vorbringen eingetreten

Was versteht man unter Flucht in die Säumnis bzw. Widerklage?

Präklusion § 296 ZPO

↳ ZPO I Rn. 432 ff., KK 61

Problem: Vorbringen wäre verspätet

Lösung:

① **Flucht in die Säumnis**

Die Partei nimmt ein VU entgegen und bringt die sonst präkludierten Tatsachen zusammen mit dem Einspruch vor, so dass diese im Einspruchstermin berücksichtigt werden können
⇨ wegen der Restitutionswirkung des § 342 ZPO tritt keine Verzögerung ein

② **Flucht in die Widerklage**

Die Partei kann an sich verspätete Tatsachen oder Beweismittel zusammen mit der Widerklage in den Prozess einführen, wenn diese Tatsachen gleichzeitig zur Begründung der Widerklage dienen
⇨ Tatsachen müssen insgesamt berücksichtigt werden

Wie ist die Darlegungs- und Beweislast im Zivilprozess geregelt?

Darlegungs- und Beweislast

↳ ZPO I Rn. 489 ff., KK 72

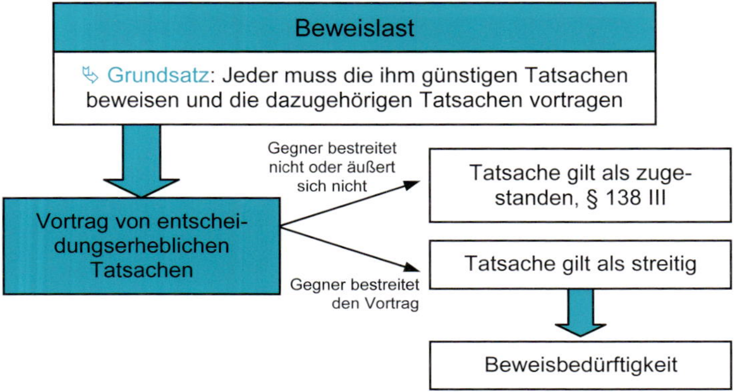

Was versteht man unter

a) Endurteil
b) Teilurteil
c) Zwischenurteil?

Urteilsarten

↬ ZPO I Rn. 518 ff., KK 76

1	(Voll)-Endurteil, § 300 ZPO	Ende der Instanz durch eine Entscheidung über den ganzen Streitgegenstand
2	Teilurteil, § 301 ZPO	Ebenfalls ein Endurteil, aber Entscheidung nur über einen abgrenzbaren Teil des Streitgegenstandes, der entscheidungsreif ist ⇨ endgültige Beendung durch Schlussurteil
3	Zwischenurteil, § 303 ZPO	Entscheidung über einen Zwischenstreit, insbesondere Verfahrensfragen ⇨ nicht selbständig, sondern nur mit Endurteil zusammen anfechtbar

Worin unterscheidet sich das Grundurteil vom Zwischenurteil?

Urteilsarten

↳ ZPO I Rn. 523, KK 77

Grundurteil

↳ Rechtsstreit, der auf Geld gerichtet ist, ist dem Grunde und der Höhe nach streitig, wobei nur der Streit bzgl. des Grundes entscheidungsreif ist

Für das Gericht nach § 318 ZPO bindend und selbständig mit Berufung oder Revision anfechtbar

Zwischenurteil

Auch für das Gericht nach § 318 ZPO bindend, aber nicht selbständig mit Berufung oder Revision anfechtbar

Worin liegen die Unterschiede zwischen Bindungswirkung und Rechtskraft?

Rechtskraft

↳ ZPO I Rn. 530 ff., KK 78

Rechtskraft, § 322 ZPO ⟷ **Bindungswirkung, § 318 ZPO**

Rechtskraft, § 322 ZPO	Bindungswirkung, § 318 ZPO
Endgültige Entscheidung über den Streitgegenstand	Endgültige Entscheidung über den Streitgegenstand
Bindung aller Gerichte an diese Entscheidung ⇨ keine Möglichkeit, anderweitig den Anspruch geltend zu machen	Bindung nur des erkennenden Gerichts an seine eigene Entscheidung ⇨ andere Gerichte sind nicht gebunden

Zwischen welchen Arten der Rechtskraft s: zu differenzieren?

Rechtskraft

↳ ZPO I Rn. 531 ff., KK 78

Rechtskraft

Formelle Rechtskraft

↳ Unanfechtbarkeit einer Entscheidung mit ordentlichen Rechtsmitteln (Beschwerde, Berufung, Revision) bzw. bei VU nicht mehr mit dem Einspruch

Materielle Rechtskraft

↳ Voraussetzung ist der Eintritt formeller Rechtskraft

↳ Feststellungswirkung bzgl. Streitgegenstand

↳ Bindungswirkung des Urteils für andere Gerichte desselben Rechtszugs

Was sind die wesentlichen Wirkungen der materiellen Rechtskraft?

Rechtskraft

↳ ZPO I Rn. 535 f., KK 78

Wirkungen der materiellen Rechtskraft

Feststellungswirkung: Jede neue Verhandlung und Entscheidung über die rechtskräftig festgestellte Rechtsfolge ist ausgeschlossen

entgegenstehende Rechtskraft	Vorgreiflichkeit
erneute Klage	erneute Klage
⇩	⇩
mit identischem Streitgegenstand	mit anderem Streitgegenstand
⇩	⇩
Klage unzulässig	rkr. Entscheidungsinhalt bindend

Was ist der objektive Umfang der materiellen Rechtskraft?

Materielle Rechtskraft

↳ ZPO I Rn. 537 ff., KK 79

Materielle Rechtskraft, § 322 I ZPO

↳ In Rechtskraft erwächst grundsätzlich nur der Entscheidungstenor, nicht die Entscheidungsgründe

↓

§ 322 I betrifft nicht die Feststellung über Rechtsnormen, Tatsachen, Einreden und Einwendungen

↓ Ausnahme

§ 322 II

↳ Im Fall der Prozessaufrechnung wird rechtskräftig über eine Einwendung, nämlich den Bestand der Gegenforderung entschieden

Was versteht man unter Rechtskraft des kontradiktorischen Gegenteils?

Materielle Rechtskraft

↳ ZPO I Rn. 540 ff., KK 79

Urteil

Tenor: „Es wird festgestellt, dass A Eigentümer ist“

⟷ Rechtskraft ⟷

Zweite Klage ist unzulässig

Kontradiktorisches Gegenteil

Antrag: „Es wird festgestellt, dass B Eigentümer ist“

↓

Nach ständiger Rechtsprechung steht die Rechtskraft einer negativen Feststellungsklage auch der Geltendmachung der Klageforderung im Wege der Leistungsklage entgegen

Welche Möglichkeit besteht, die Rechtskraftwirkung über den Tenor hinaus zu erweitern?

Materielle Rechtskraft

↳ ZPO I Rn. 547 ff., KK 80

Rechtskraft

↳ grundsätzlich nur Tenor, nicht Gründe

Erweiterung

Zwischenfeststellungsklage, § 256 II ZPO

↳ Durch die Zwischenfeststellungsklage kann die Rechtskraft auf einzelne Rechtsverhältnisse (Vorfragen) erweitert werden, die für das Urteil präjudiziell sind

Welche Problematik besteht im Fall der Rechtskraft bei Teilklagen?

Materielle Rechtskraft

↳ ZPO I Rn. 544 ff., KK 81

Rechtskraft der Teilklage

Offene Teilklage

↳ Der Kläger legt offen, dass er nur einen Teil des Anspruches einklagt

Verdeckte Teilklage

↳ Der Kläger klagt nur einen Teilanspruch ein, legt dies aber nicht offen, Teilklage ist auch nicht sonst erkennbar

Rechtskraft erstreckt sich immer nur auf den eingeklagten Teil

Offene Teilklage: Rechtskraft umfasst unstr. nur den eingeklagten Teil des Anspruchs, nicht den Restanspruch ⇨ Möglichkeit einer negativen FK

Verdeckte Teilklage: Gegner wird Möglichkeit einer negativen FK genommen, aber Rechtskraft reicht nach § 308 ZPO nur soweit wie der Antrag

Was ist hinsichtlich der subjektiven Grenzen der Rechtskraft zu beachten?

Materielle Rechtskraft

↳ ZPO I Rn. 550 ff., KK 82 ff.

Grundsatz, § 325 I Alt.1 ZPO

↳ Rechtskraft wirkt nur inter-partes

Es sei denn

Rechtskrafterstreckung

- Rechtsnachfolger der Partei, § 325 I Alt.2 ZPO (Einzel- oder Gesamtrechtsnachfolge)
  ⇨ Ausnahme, § 325 II bei doppelter Gutgläubigkeit (h.M.):
  ① hinsichtlich fehlender Rechtshängigkeit und
  ② hinsichtlich der materiellen Voraussetzungen
- Nacherben, § 326 ZPO
- Gesetzliche Prozessstandschaft, §§ 327, 265 II S.1 ZPO
- Gewillkürte Prozessstandschaft

Inwiefern ist die materielle Rechtskraft zeitlich begrenzt?

Materielle Rechtskraft

↳ ZPO I Rn. 567, KK 85

Zeitliche Grenze der Rechtskraft

↳ Das Urteil entscheidet über den Streitgegenstand, den die Parteien unter Berücksichtigung der §§ 296, 296a ZPO bis zum Zeitpunkt der letzten mündlichen Verhandlung vorgebracht haben

↓

Die Rechtskraft umfasst also solche Tatsachen, die die Partei gekannt hat und unterlassen hat, vorzubringen als auch die Tatsachen, von denen die Partei keine Kenntnis hatte

↓

Die Rechtskraft erstreckt sich lediglich nicht auf die Tatsachen, die erst nach Schluss der letzten mündlichen Verhandlung entstanden sind ⇨ Vollstreckungsgegenklage, § 767 ZPO

Welche Fälle der Rechtskraftdurchbrechung gibt es?

Durchbrechung der Rechtskraft

ZPO I Rn. 613 ff., KK 88

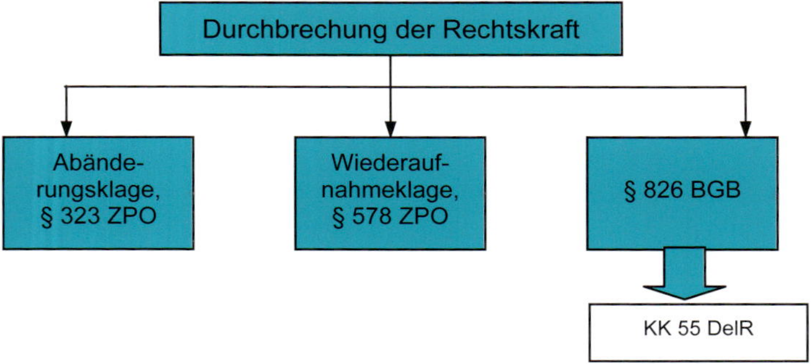

Was sind die Voraussetzungen einer Abänderungsklage nach § 323 ZPO?

Abänderungsklage § 323 ZPO

↳ ZPO I Rn. 614 ff., KK 86 f.

Abänderungsklage, § 323 (beachte § 238 FamFG als lex spez.)

Zulässigkeit

① Leistungsurteil mit künftig wiederkehrenden Leistungen

② Behauptung einer nachträglichen wesentlichen Veränderung der tatsächlichen Verhältnisse §§ 323 I, II ZPO

Begründung

① Wesentliche Veränderung der tatsächlichen Verhältnisse (10%)

② Nach Schluss der mündlichen Verhandlung § 323 II ZPO (Ausnahme: Schuldtitel nach § 323 IV ZPO)

Entscheidung

Aufhebung und Neuentscheidung für die Zeit nach Rechtshängigkeit der Klage nach § 323 ZPO, vgl. § 323 III ZPO

Welche verschiedenen Rechtsmittel sind zu unterscheiden?

Rechtsmittel

↳ ZPO I Rn. 569 ff., KK 89 ff.

Rechtsmittel
↳ Devolutiv- und Suspensiveffekt

Berufung

↳ Überprüfung der Entscheidung 1. Instanz in tatsächlicher (nur noch eingeschränkt, vgl. § 529 ZPO) und rechtlicher Hinsicht

Revision

↳ Überprüfung der Entscheidung 1. Instanz (Sprungrevision, § 566 ZPO) bzw. des Berufungsurteils (§ 542 ZPO) ausschließlich in rechtlicher Hinsicht

Beschwerde

↳ Sofortige Beschwerde (§ 567 ZPO) zur Überprüfung von Beschlüssen und Verfügungen

↳ sowie Rechtsbeschwerde zur Überprüfung von Beschwerdeentscheidungen (§ 574 ZPO)

Wie ist das Zwangsvollstreckungsrecht systematisch gegliedert? Zwischen welchen Vollstreckungsarten muss unterschieden werden?

! Systematik

↳ ZPO II Rn. 8, KK 1

Vollstreckungsgrund

↓

„wegen was"?

↓

Geldforderungen

↓

Zur Erwirkung der Herausgabe von Sachen und zur Erwirkung von Handlungen oder Unterlassungen

Vollstreckungsgegenstand

↓

„in was"?

↓

- bewegliches Vermögen
- unbewegliches Vermögen

An welche strengen Voraussetzungen ist die Zwangsvollstreckung grundsätzlich gebunden?

Allgemeine Vollstreckungsvoraussetzungen ZPO II 2

↳ ZPO II Rn. 9, KK 2

Allgemeine ZV-Voraussetzungen

①	Titel §§ 704, 794 ZPO	Urkunde, aus der sich der materielle Anspruch des Gläubigers ergibt
②	Klausel §§ 724 ff. ZPO	Bescheinigung, dass der Titel vollstreckbar ist
③	Antrag	Keine Vollstreckung ohne Antrag
④	Zustellung § 750 ZPO	Beurkundete Übergabe einer Ausfertigung des Titels als letzte Warnung vor der Vollstreckung

Welches sind die Organe der Zwangsvollstreckung?

Organe der Zwangsvollstreckung

↳ ZPO II Rn. 15 ff., KK 3

Organe der ZV

Gerichtsvollzieher, **§§ 753 I, 802a ff. ZPO**	Vollstreckungsgericht, **§§ 828 ff. ZPO, 1 ff. ZVG**	Prozessgericht, **§§ 887, 888 ZPO**	Grundbuchamt **§§ 830 I S.3, 857 VI, 866 ff. ZPO**
↳ soweit Vollstreckung nicht dem Gericht zugewiesen ist ⇨ wegen Geldforderungen in körperliche Sachen und Herausgabe eines bestimmten Gegenstandes	↳ soweit ausdrücklich im Gesetz bestimmt ⇨ Vollstreckung in Forderungen und in das unbewegliche Vermögen	↳ Vornahme von vertretbaren und unvertretbaren Handlungen, Erzwingung von Unterlassungen,	↳ Eintragung einer Zwangshypothek ⇨ Vollstreckung wegen einer Geldforderung in das unbewegliche Vermögen ↳ Hilfstätigkeiten

Welche Vollstreckungstitel gibt es?

Vollstreckungstitel

↳ ZPO II Rn. 33 ff.,

Endurteil, § 704 I ZPO	• Formell rechtskräftige Urteile • Vorläufig vollstreckbare Urteile
Wichtige Titel i.S.v. § 794 I ZPO	• § 794 I Nr. 1 ZPO ⇨ Vergleich • § 794 I Nr. 2 ZPO ⇨ Kostenfestsetzungsbeschluss • § 794 I Nr. 4 ZPO ⇨ Vollstreckungsbescheid • § 794 I Nr. 5 ZPO ⇨ vollstreckbare Urkunden • § 928 ZPO ⇨ Arrest • §§ 936, 928 ZPO ⇨ einstweilige Verfügung

Was muss ein Titel notwendig beinhalten?

Vollstreckungstitel

↳ ZPO II Rn. 33 ff.,

Vollstreckungstitel
↳ Das Vollstreckungsorgan muss aus dem Titel handeln können, ohne weitere eigene Prüfungen anzustellen

Inhalt des Titels

①	Umfang und **Höhe** der zu vollstreckenden Forderung
②	Vollstreckungs**gläubiger** und Vollstreckungs**schuldner**
③	Vollstreckungs**grund** („wegen was", Anspruchsgrundlage)

(-)	Vollstreckungs**gegenstand** („in was") ⇨ eigenständige Entscheidung des Organs bzw. (eingeschränkte) Weisung des Gläubigers

Welche Besonderheit ist bei der Vollstreckung in das Vermögen

a) einer BGB-Gesellschaft
b) OHG, KG
c) Bei der ehelichen Gütergemeinschaft

zu beachten?

Vollstreckungstitel

↳ ZPO II Rn. 56 ff., KK 5

GbR, § 736 ZPO	**Problem:** gem. § 736 ZPO ist zur Vollstreckung in das Vermögen einer GbR ein Titel gegen alle Gesellschafter erforderlich **Aber:** Nach neuer Rspr. des BGH steht einem Titel gegen alle Gesellschafter ein gegen die GbR gerichtetes Urteil gleich. ↳ Vollstreckung in das Gesellschaftsvermögen ist ① mit einem Titel gegen die GbR (jetzt parteifähig!) oder ② mit einem Titel gegen alle Gesellschafter (§ 736 ZPO) möglich
OHG, KG	↳ Vollstreckung in das Gesellschaftsvermögen nur aus einem Titel gegen die Gesellschaft, § 124 II HGB ↳ Keine Vollstreckung gegen die einzelnen Gesellschafter aus einem Titel gegen die Gesellschaft, § 129 IV HGB
Gütergemeinschaft	↳ zur Vollstreckung in das Gesamtgut ist ein Titel gegen den das Vermögen verwaltenden Ehegatten erforderlich, auch wenn die Sache beiden Ehegatten gemeinschaftlich gehört

Welche Bedeutung kommt der Vollstreckungsklausel zu?

Vollstreckungsklausel

↳ ZPO II Rn. 61 ff., KK 6

Vollstreckungsklausel, § 724 I ZPO

↳ wegen des formalisierten Verfahrens der ZV wird der materielle Inhalt eines Titels von den Vollstreckungsorganen nicht geprüft

↳ Die Vollstreckungsklausel ist amtliches Zeugnis der Vollstreckungsreife des Titels (vollstreckbare Ausfertigung des Urteils)

Ausnahmsweise ohne Klausel vollstreckbar:

- Kostenfestsetzungsbeschlüsse, § 795a i.V.m. § 105 ZPO
- Vollstreckungsbescheide, § 796 ZPO
- Arrest (§ 929 I ZPO) bzw. einstw. Verfügung (§§ 936, 929 I ZPO)

Was versteht man unter titelergänzenden Klauseln?

Vollstreckungsklausel

↳ ZPO II Rn. 66 ff., KK 7

Einfache Vollstreckungsklausel, § 725 ZPO

⇕

Titelergänzende Klausel, § 726 I ZPO

ZV hängt von Eintritt einer Bedingung oder Befristung ab
⇨ Gläubiger hat bei Klauselerteilung durch öffentliche Urkunden den Eintritt der Bedingung nachzuweisen

⇓

Ausnahme: Bedingte Klausel kann erteilt werden, wenn Feststellung des Eintritts der Bedingung durch Organ möglich ⇨ vorherige Sicherheitsleistung (§ 751 II), Befristung bis zu einem Kalendertag (§ 751 I), Zug-um-Zug Leistung (§§ 726 II, 756, 765)

Wann spricht man von titelübertagenden Klauseln?

Vollstreckungsklausel

↳ ZPO II Rn. 75 ff., KK 7

Titelübertragende bzw. titelumschreibende Klausel

↳ Die Vollstreckung soll gegen eine andere als im Titel bezeichnete Person erfolgen ⇨ Parteien der ZV müssen vor Beginn feststehen

§ 727 I ZPO	§ 728 I, II ZPO	§ 729 ZPO
Im Fall der Rechtskrafterstreckung nach § 325 ZPO kann die Klausel für bzw. gegen den Rechtsnachfolger erteilt werden	Im den Fällen der §§ 326, 327 ZPO kann die Klausel für den Nacherben bzw. Erben erteilt werden	Im Fall der Vermögens- bzw. Firmenübernahme muss die Klausel umgeschrieben werden

Welche Rechtsbehelfe des Schuldners sind im Zusammenhang mit der Klauselerteilung relevant?

Vollstreckungsklausel

↳ ZPO II Rn. 83 ff., KK 8

Rechtsbehelfe bei Klauselerteilung

Klauselerinnerung, § 732

Geltendmachung von formellen und materiellen Fehlern bei Klauselerteilung

Klauselgegenklage, § 768

Prozessuale Gestaltungsklage zur Geltendmachung der Unzulässigkeit der ZV bei materiellen Einwendungen i.S.v. § 768 ZPO

Zwischen Erinnerung und Klauselgegenklage besteht Wahlrecht, vgl. § 768 a.E. ZPO

Wie erfolgt die Zustellung im Rahmen der Zwangsvollstreckung?

Zustellung

↳ ZPO II Rn. 92 ff., KK 9

Zustellung, § 750 ZPO	
Entbehrlich bei	Einstw. Verfügung, Arrest, Vorpfändung wegen Vorläufigkeit nach § 845 I 3 ZPO
Inhalt	Grds. nur Titel, im Fall der §§ 750 II, III, 720a ZPO auch Klausel
Zeitpunkt	Spätestens bei Beginn der ZV § 750 I S.1
Adressat	Schuldner bzw. gesetzlicher Vertreter; nach §§ 172, 81 an Prozessbevollmächtigten

Parteizustellung § 191 ZPO	Von Amts wegen § 166 ff. ZPO

Was sind die Rechtsfolgen von Fehlern bei der Zustellung?

Zustellung

↳ ZPO II Rn. 97 ff., KK 9

Verletzung wesentlicher Verfahrensvorschriften

Grundsatz: Zustellung unwirksam

Ausnahme: Heilung nach § 189 ZPO, wenn tatsächlicher Zugang und Wille zum Zugang bzw. nachträglicher Zustellungsverzicht

Folge: Unwirksame Zustellung führt nicht zur Nichtigkeit, ZV ist aber mittels Erinnerung, § 766 ZPO, anfechtbar

Was sind die wichtigsten Vollstreckungshindernisse?

Vollstreckungshindernisse

↳ ZPO II Rn. 98, KK 10

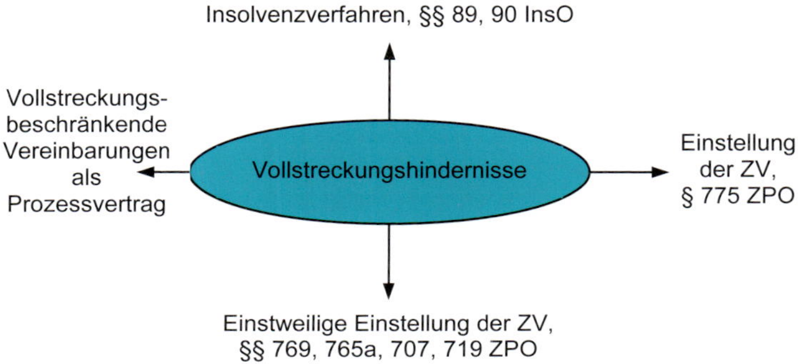

Welche Möglichkeiten umfasst die Vollstreckung wegen Geldforderungen in das bewegliche Vermögen?

ZV in bewegliches Vermögen §§ 803 ff. ZPO II 14

↳ ZPO II Rn. 99, KK 1

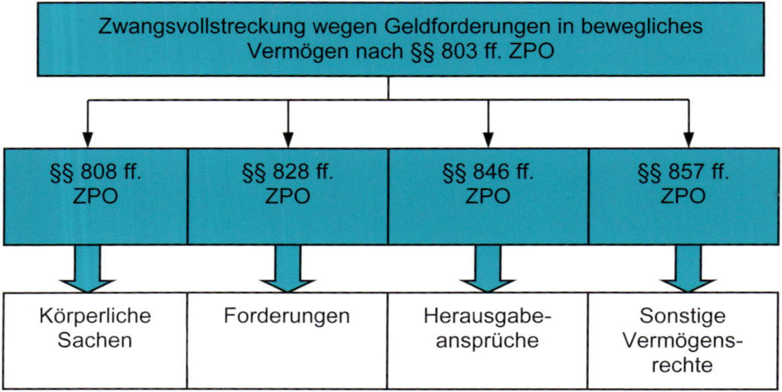

Welche Voraussetzungen hat die Zwangsvollstreckung nach §§ 808 ff. ZPO?

ZV in körperliche Sachen

↬ ZPO II Rn. 101 ff., KK 11 ff.

Zwangsvollstreckung nach §§ 808 ff. ZPO

Voraussetzungen

Körperliche Sachen gemäß §§ 90 ff. BGB

⇓

Gewahrsam des Schuldners

⇓

Kein Immobiliarhaftungsverband nach §§ 865 ZPO, 1120 BGB

⇓

Keine Pfändungsbeschränkung nach § 811 ZPO

Was ist unter Gewahrsam i.S.d. Zwangsvollstreckungsrechts zu verstehen?

Gewahrsam

↳ ZPO II Rn. 116 ff., KK 14

Gewahrsam

Tatsächliche Sachherrschaft über einen Gegenstand
⇨ Mittelbarer Besitz und Erbenbesitz sind nicht ausreichend

Wegen der Effektivität der Zwangsvollstreckung ist die Frage des Eigentums des Schuldners grundsätzlich nicht zu prüfen

Ausnahme:	Eigentum eines Dritten ist evident

Besonderheiten

- Mitgewahrsam, vgl. § 809 ZPO: „Dritten"
- Gewahrsam bei Ehegatten, § 739 ZPO

Wie kann der Gerichtsvollzieher bei Gewahrsam eines Dritten vorgehen?

Gewahrsam

↳ ZPO II Rn. 117 ff., KK 14

Gewahrsam eines Dritten | **Mitgewahrsam**

↓

§ 809 ZPO

↳ Die Pfändung ist nur möglich, wenn der Dritte den Gegenstand freiwillig herausgibt

Bei Widerspruch des Dritten

↓

Die Pfändung kann nur durch Pfändung des Herausgabeanspruchs des Schuldners gegen den Dritten nach §§ 846 f. ZPO bewirkt werden

➡ Bei Verstoß gegen § 809 ZPO ist die ZV nach § 766 ZPO im Wege der sog. Dritterinnerung anfechtbar

Welche Besonderheit ist bei der Vollstreckung gegen Ehegatten zu beachten?

Gewahrsam

↳ ZPO II Rn. 119 ff., KK 14

Vollstreckung gegen Ehegatten

Problem: Eigentumsvermutung des § 1362 BGB in der ZVS wirkungslos, da (Allein-)Gewahrsam maßgeblich ist, § 808 f. ZPO

§ 739 ZPO

Gewahrsamsfiktion (nicht bei nehel. LG, Life&Law 2007, 237)

↳ § 739 ZPO führt die Eigentumsfiktion des § 1362 BGB fort: Alleingewahrsam des Schuldners wird (unwiderleglich) vermutet

§ 809 ZPO findet keine Anwendung

Der Ehegatte, der nicht Schuldner ist, kann, wenn er ein Recht an der Sache hat, nach § 771 ZPO vorgehen.

Welche Problematik ergibt sich bei der Vollstreckung in bewegliche Sachen in Bezug auf den Immobiliarhaftungsverband?

Immobiliarhaftungsverband

↳ ZPO II Rn. 103 ff., KK 11

Mobiliarvollstreckung		Immobiliarvollstreckung
Zuständigkeit des Gerichtsvollziehers	⇔ Ⓟ	Zuständigkeit des Vollstreckungsgerichts bzw. Grundbuchamtes

↓ § 1120 BGB, § 865 ZPO ↓

Beschränkung der Zwangsvollstreckung im Hypothekenhaftungsverband zur Wahrung der wirtschaftlichen Einheit des Grundstücks

↓ gem. § 865 II ZPO keine Mobiliarvollstreckung in ↓

- Wesentliche Bestandteile (§ 93, 94 BGB), Zubehör (§ 865 II S.1 ZPO)
- Sonstige Bestandteile nach Beschlagnahme d. Grundstücks (§ 865 II S.2 ZPO)

Auf welche Art erfolgt die Pfändung körperlicher Gegenstände durch den Gerichtsvollzieher?

Pfändung

↳ ZPO II Rn. 113 ff., KK 13

Pfändung körperlicher Gegenstände

Ablauf

① Antrag des Gläubigers, § 753 I ZPO, evtl. mit Weisungen

② GV darf überall vollstrecken, wo Vermögen des Schuldners vermutet wird ⇨ Einschränkung § 758a ZPO

③ Durchführung der Pfändung

- § 808 II ZPO
  ↳ Kenntlichmachung der Pfändung („Kuckuck“); Sachen werden bei Schuldner belassen
- § 808 I, II ZPO
  ↳ Geld, Schmuck, Wertpapiere etc. werden vom GV in Besitz genommen

Welche Wirkungen treten durch die Pfändung ein?

Wirkung der Pfändung

↳ ZPO II Rn. 124 ff., KK 15 f.

Pfändung

Verstrickung

↳
Beschlagnahme der Sache und Entzug aus dem Verfügungsbereich des Schuldners
⇨ relatives Verfügungsverbot, §§ 136, 135 BGB

Pfändungspfandrecht

↳
Gläubiger erwirbt nach § 804 I ZPO ein Pfändungspfandrecht an der Sache, das einem Faustpfandrecht gleichsteht, § 804 II ZPO
⇨ Rangwahrung, § 804 III ZPO

Was sind die Voraussetzungen einer wirksamen Verstrickung?

Verstrickung

↳ ZPO II Rn. 126 ff., KK 15

Verstrickung

Grundsatz → Jede bewirkte Pfändung löst Verstrickung aus

Ausnahme → Verstöße (insb. auch Pfändung schuldnerfremder Sachen) führen nicht zur Unwirksamkeit, sondern nur zur Anfechtbarkeit
Schwere, evidente Verstöße führen zur Nichtigkeit der Vollstreckung

Erlöschen →

- Aufhebung der Verstrickung durch Vollstreckungsorgan
- Verwertung der Pfandsache
- Gutgläubiger Erwerb nach §§ 136, 135 II, 932 ff. BGB

Welche Theorien werden zur Entstehung des Pfändungspfandrechts vertreten?

Pfändungspfandrecht

↳ ZPO II Rn. 130 ff., KK 16

H.M.

Gemischt privat-/öffentlich-rechtliche Theorie

Trennung zwischen Verstrickung und Pfändungspfandrecht
⇨ Verstrickung entsteht aufgrund hoheitlichem Akt und ist Grundlage für die Verwertung
⇨ Pfandrecht (entscheidend für Behaltendürfen des Erlöses) entsteht nur bei wirksamer Pfändung; Vorauss. im Übrigen richten sich nach materiellem Recht

M.M.

Rein öffentlich-rechtliche Theorie

Rein hoheitliche Betrachtung ⇨ Jede Verstrickung führt ohne weitere Voraussetzungen zu einem Pfändungspfandrecht (früher Thomas/Putzo, aufgegeben in Aufl. 33, § 804, Rn. 2)

Ergeben sich Auswirkungen aus der Anwendung der unterschiedlichen Theorien zum Pfändungspfandrecht, wenn eine schuldnerfremde Sache gepfändet wird?

Pfändungspfandrecht

↳ ZPO II Rn. 135 ff., KK 17

In der Praxis haben die unterschiedlichen Theorien keine Auswirkung

Gemischt privat-/ öffentlich-rechtliche Theorie	Rein öffentlich-rechtliche Theorie
Es entsteht kein Pfändungspfandrecht, die Sache kann aber aufgrund wirksamer Verstrickung verwertet werden ⇨ mangels Pfändungspfandrecht besteht kein Rechtsgrund ⇨ Anspruch aus § 812 I S.1 Alt. 2	Durch die Verstrickung entsteht ein Pfändungspfandrecht an der Sache (form. Verwertungsrecht) ⇨ dennoch besteht kein mat. Befriedigungsrecht (kein Rechtsgrund zum Behaltendürfen) ⇨ Anspruch aus § 812 I S.1 Alt. 2

Wie erfolgt die Verwertung gepfändeter Sachen?

Verwertung

↳ ZPO II Rn. 143 ff., KK 18

Verwertung von

Geld

- Ablieferung an den Gläubiger, § 815 I ZPO ⇨ Eigentumserwerb kraft staatlichen Hoheitsakts
- Bei Anmeldung von Rechten Dritter ist das Geld zu hinterlegen, § 815 II ZPO
- Wegnahme bei Schuldner bewirkt Erfüllung, § 815 III ZPO (⇨Gefahrübergang)

Anderen Sachen

- Versteigerung, § 814
- Zuschlag, § 817 I: Kaufähnlicher Vertrag zwischen Ersteigerer und Staat entsteht; beachte § 806 ZPO
- Mit Ablieferung der Sache erwirbt der Ersteigerer kraft Gesetzes Eigentum, § 817 II ZPO
- Erlös tritt durch dingl. Surrogation nach § 1247 S.2 BGB an Stelle des gepfändeten Gegenstandes; mit Auskehrung erwirbt Gläubiger Eigentum am Erlös, § 819 ZPO

Welche Anforderungen sind an eine zu pfändende Geldforderung zu stellen?

Vollstreckung in Forderungen

↳ ZPO II Rn. 157 ff., KK 20

Pfändung einer Geldforderung, §§ 828 ff. ZPO

① Bestimmtheit der Forderung (und Bezeichnung im Antrag)
↳ ausreichend sind Angaben, aus denen ein Dritter oder das Vollstreckungsorgan die Forderung ermitteln können
↳ zukünftige Forderungen sind pfändbar, wenn die Forderung nach Rechtsgrund und Drittschuldner bestimmt ist

② Keine Unpfändbarkeit der Forderung: ↳ Unpfändbarkeit nach § 851 I ZPO, wenn gesetzliches Übertragungsverbot

(Beachte § 400 BGB ⇨ Nicht übertragbar, wenn unpfändbar)

③ Keine Pfändungsbeschränkung nach §§ 850 ff. ZPO, soweit Arbeitseinkommen des Schuldners betroffen sind.

Wie ist das Verfahren bei Pfändung einer Forderung?

Vollstreckung in Forderungen

↳ ZPO II Rn. 168 ff., KK 21

Voraussetzungen einer Forderungspfändung

① Antrag des Gläubigers beim Vollstreckungsgericht, § 828 I ZPO

② Prüfung der Zul. der ZV durch Rechtspfleger, § 20 Nr. 17 RPflG

③ Pfändungs- und Überweisungsbeschluss, (§§ 829 I bzw. 835 I)

④ Zustellung des Pfändungsbeschlusses durch Gerichtsvollzieher
- An Drittschuldner Wirksamkeitsvoraussetzung (§ 829 III)
- An Schuldner (e. contr. § 829 III ⇨ keine Wirksamkeitsvor.)

Welche Regelungen beinhaltet der Pfändungsbeschluss?

Vollstreckung in Forderungen

↳ ZPO II Rn. 172 ff., KK 21 f.

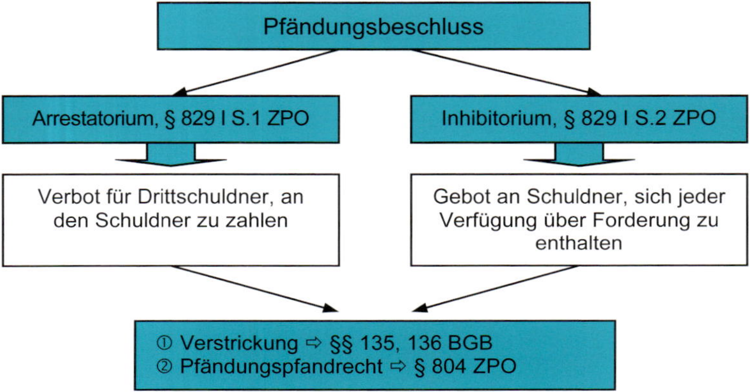

Welchen Umfang hat die Pfändung einer Forderung?

Vollstreckung in Forderungen

ZPO II Rn. 170 ff., KK 22

Umfang der Pfändung

Grundsatz

Gesamte Forderung inklusive Zinsen und Nebenforderungen i.S.d. § 401 BGB
Bei fortlaufenden Bezügen erstreckt sich die Pfändung nach §§ 832 f. ZPO auf später einlaufende Bezüge

Ausnahme

Der Pfändungsausspruch bestimmt nur eine Teilpfändung

Überpfändung

Gläubiger ist verpflichtet sich nur bis zur Höhe seiner Forderung zu befriedigen (§ 1282 I S.2 BGB entsprechend)

Was ist die Folge einer rechtsfehlerhaften Forderungspfändung?

Vollstreckung in Forderungen

↳ ZPO II Rn. 173 ff., KK 23

Fehlerbehaftete Pfändungen

Grundsatz → **Wirksam, aber anfechtbar**

Schwere, offenkundige Mängel → **Nichtigkeit**

- Die Pfändung einer nicht bestehenden oder schuldnerfremden Forderungen geht - anders als bei der Sachpfändung - ins Leere
  ⇨ mangels Publizität tritt schon keine Verstrickung ein
- Fehlerhafte Pfändung ist nicht nachträglich durch Genehmigung heilbar ⇨ § 185 II BGB findet keine Anwendung, da es angesichts der fehlenden Verstrickung an einer entsprechenden Grundlage fehlt

Wie erfolgt die Verwertung einer nach § 829 ZPO gepfändeten Forderung?

Vollstreckung in Forderungen

↳ ZPO II Rn. 176 ff., KK 24

Verwertung

⇓ erfolgt durch ⇓

Überweisungsbeschluss

Zur Einziehung, § 835 I Alt.1 ZPO

↳ Schuldner bleibt Forderungsinhaber, Gläubiger erhält jedoch gemäß § 836 I ZPO die Sachbefugnis

↳ ganz vorherrschende Art der Überweisung

An Zahlung Statt, § 835 I Alt.2 ZPO

① Abtretungswirkung: Forderung geht nach § 835 II ZPO auf den Gläubiger über

② Gläubiger gilt als befriedigt, soweit die Forderung besteht und nicht mit Einwendungen behaftet ist

↳ Liquiditätsrisiko beim Gläubiger

Wann wirkt sich die Wahl des Gläubigers bei der Verwertung praktisch aus?

Vollstreckung in Forderungen

↳ ZPO II Rn. 176 ff., KK 24

Problem ⇨ Forderung gegen Drittschuldner lässt sich z.B. wegen Zahlungsunfähigkeit des Drittschuldners nicht durchsetzen

§ 835 I Alt.1 ZPO

↳ Wirkung wie Annahme erfüllungshalber ⇨ Gläubiger macht Forderung lediglich als gesetzlicher Prozessstandschafter geltend ⇨ Bei Zahlungsunfähigkeit des DS besteht noch die Forderung gegen den S

§ 835 I Alt.2 ZPO

↳ Wirkung wie Annahme an Erfüllungs Statt ⇨ Gläubiger gilt mit Überweisung (wie Abtretung) nach § 835 II ZPO gegenüber dem S als befriedigt ⇨ Übergang der Gefahr der Zahlungsunfähigkeit auf den G

Welche Auswirkungen hat die Pfändung einer Forderung auf die Rechtstellung des Drittschuldners?

Vollstreckung in Forderungen

↳ ZPO II Rn. 178 ff., KK 25

Rechtsstellung des Drittschuldners nach Pfändung

① Leistung nur an Vollstreckungsgläubiger (G)

② Schutz des Drittschuldners

- Materiell-rechtliche Einwendungen bleiben gemäß §§ 412, 404 BGB erhalten
- Aufrechnungsmöglichkeit nach § 406 i.V.m. § 392 BGB
- Befreiende Wirkung bei Leistung an Vollstreckungsschuldner (S) nur bei Unkenntnis der Pfändung, § 407 BGB
- Befreiende Wirkung bei Leistung an G bei anfechtbarer Pfändung, § 836 II ZPO (sofern Forderung bestand)
- Vollstreckungsrechtliche Einwendungen bei rw Pfändung

Was versteht man unter der Drittschuldnererklärung? Welche materiell-rechtlichen Wirkungen sind mit ihr verbunden?

Vollstreckung in Forderungen

↳ ZPO II Rn. 186 ff., KK 26

Drittschuldnererklärung, § 840 I ZPO

↳ Aufforderung an den Drittschuldner, sich über den Bestand der Forderung, Inhalt und Durchsetzbarkeit der Forderung zu erklären

↳ Reine Wissenserklärung, kein Schuldanerkenntnis i.S.d. § 780 f. BGB

Materiell-rechtliche Wirkungen

- Neubeginn der Verjährung, § 212 BGB
- Beweislastumkehr hins. des Bestandes der Forderung (h.M.)
- Schadenersatzpflicht bei Nichterfüllung der Auskunftspflicht (Auskunft nicht, unrichtig oder verspätet erteilt) gem. § 840 II S.2 ZPO
- Keine Anfechtbarkeit

Welche Besonderheit ist bei der Vollstreckung in hypothekarisch gesicherte Forderung zu beachten?

Vollstreckung in Forderungen

↳ ZPO II Rn. 192 ff., KK 28

Hypothekarisch gesicherte Forderung

§ 1153 II BGB

Forderung kann nicht ohne Hypothek übertragen werden

§ 830 I ZPO

- ↳ Übergabe des Hypothekenbriefs erforderlich (bzw. Eintrag der Pfändung in das Grundbuch bei Buchhypothek)
- ↳ Hilfspfändung auf Herausgabe des Hypothekenbriefs erfolgt nach §§ 883 ff. ZPO
- ↳ Zustellung des Pfändungsbeschlusses an den Drittschuldner ist kein Wirksamkeitserfordernis, sondern wird durch die Briefübergabe ersetzt

Wie erfolgt die Pfändung von Herausgabeansprüchen bei beweglichen bzw. unbeweglichen Sachen?

Pfändung von Herausgabeansprüchen

↳ ZPO II Rn. 195 ff., KK 29

Zwangsvollstreckung (wegen Geldforderung) in Herausgabeansprüche §§ 846 i.V.m. 829 ff. ZPO

① Schuldrechtliche und dingliche Herausgabeansprüche

② Verfahren grds. wie bei Forderungspfändung (§ 829 ff. ZPO)
⇨ Beachte: § 849 ZPO, keine Überweisung an Erfüllungs statt

Unbewegliche Sachen

- ↳ DS hat Sache an Sequester herauszugeben, § 848 I ZPO
- ↳ Sequester vertritt S bei dessen Eigentumserwerb, § 848 II
- ↳ Verwertung nach den Vorschriften über unbewegliche Sachen, §§ 848 III, 866 I ZPO

Bewegliche Sachen

- ↳ DS hat Sache an den GV herauszugeben, § 847 ZPO
- ↳ Verwertung wie bei Sachpfändung, § 847 II ZPO ⇨ §§ 814 ff. ZPO

Wie erfolgt die Pfändung von Anwartschaftsrechten?

Pfändung von Anwartschaftsrechten

↬ ZPO II Rn. 198 ff., KK 30

Theorie der reinen Rechtspfändung, §§ 857 i.V.m. 829 ff. ZPO

Ⓟ AR setzt sich nach § 1287 BGB bei Bedingungseintritt am Eigentum fort, ohne dass dies nach außen hin erkennbar ist (Publizität (-)!)

↑

h.M. – Theorie der Doppelpfändung

Anwartschaftsrecht wird als sonstiges Vermögensrecht nach § 857 I i.V.m. § 829 I ZPO gepfändet, die Sache zugleich selbst nach §§ 808 ff. ZPO, §§ 267 I (+), 267 II BGB (-): WidersprR gleich „mitgepfändet“

↓

Theorie der reinen Sachpfändung, §§ 808 ff. ZPO

Ⓟ Vorbehaltsverkäufer (Eigentümer) kann Klage nach § 771 ZPO erheben und die Zahlung des G nach § 267 II BGB bei Widerspruch ablehnen

Was sind weitere wichtige Fälle der Vollstreckung in sonstige Vermögensrechte?

Pfändung von sonstigen Vermögensrechten ZPO II 38

↳ ZPO II Rn. 196 ff., KK 31

Sonstige Vermögensrechte, § 857 ZPO

Miteigentumsanteile

§§ 857, 829 ZPO
⇨ Zur Befriedigung ist Auseinandersetzung der Bruchteilsgemeinschaft erforderlich

GbR-Anteile

§§ 859, 829 ZPO
⇨ Verwertung durch Kündigung und Auseinandersetzung (§ 725 I BGB) bzw. Rechte nach § 725 II BGB

Grundschuld

§§ 857 IV, 830, 837 ZPO,
⇨ Behandlung wie hypothekarisch gesicherte Forderung

Welche Vollstreckungsmaßnahmen stehen bei der Vollstreckung in unbewegliches Vermögen zur Verfügung?

Vollstreckung in unbewegliches Vermögen **ZPO II 39**

↳ ZPO II Rn. 206 ff., KK 33 ff.

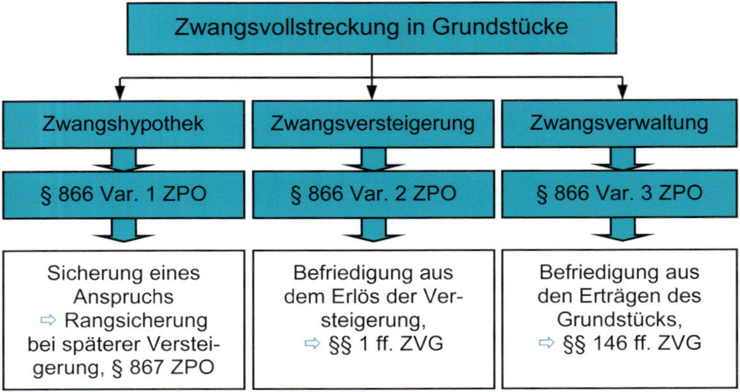

Wie erfolgt die Herausgabevollstreckung bei beweglichen bzw. unbeweglichen Sachen?

Vollstreckung der Herausgabe

↳ ZPO II Rn. 221 ff., KK 39 f.

Vollstreckung zur Erwirkung der Herausgabe (= Vollstreckung aus Herausgabetitel), vgl. Problemaufsatz Life&Law 09/2012

Unbewegliche Sachen

⇨ GV setzt Schuldner aus dem Besitz und weist Gläubiger in Besitz ein, § 885 ZPO

⇨ Bei Gewahrsam mehrerer Personen ist ein Titel gegen alle Gewahrsamsinhaber erforderlich

⇨ Besonderheiten bei Mietverhältnissen über Wohnraum (§§ 721 I S.1, 765a ZPO)

Bewegliche Sachen

⇨ Sachen im Alleingewahrsam des Schuldners hat der GV wegzunehmen und dem Gläubiger zu übergeben, § 883 ZPO

⇨ Wird eine Sache nicht vorgefunden, hat der Schuldner auf Antrag eine eidesstattliche Versicherung abzugeben

Zwischen welchen Arten der Handlungsvollstreckung ist zu unterscheiden?

Handlungsvollstreckung

↳ ZPO II Rn. 225 ff., KK 41

Handlungsvollstreckung

Vertretbare Handlung

§ 887 I ZPO
⇨ Gläubiger wird von Prozessgericht per Beschluss ermächtigt, die Handlung auf Kosten des Schuldners durch einen Dritten vornehmen zu lassen (Ersatzvornahme)

Unvertretbare Handlung

§ 888 I ZPO
⇨ Gläubiger wird von Prozessgericht durch Zwangsgeld bzw. Zwangshaft angehalten, die Handlung vorzunehmen
⇨ § 888 III ZPO: Keine ZV bei Diensten aus Dienstvertrag

Welche Reihenfolge ist bei der Vollstreckung von Duldungs- oder Unterlassungsansprüchen einzuhalten?

Duldungs-/Unterlassungsvollstreckung

↳ ZPO II Rn. 229 f., KK 41

Duldungs-/Unterlassungsvollstreckung

① Androhung

Androhung von Ordnungsgeld oder Ordnungshaft durch das Prozessgericht, § 890 II ZPO
↳ erfolgt in der Regel schon im Urteil

② Vollstreckung

Für *schuldhaftes* Zuwiderhandeln wird Schuldner auf Antrag des Gläubigers zu Ordnungsgeld oder Ordnungshaft verurteilt, § 890 I S.1 ZPO, das von Amts wegen beigetrieben wird

Was ist der praktisch wichtigste Fall der Vollstreckung einer nicht vertretbaren Handlung?

Ersetzung einer Willenserklärung

↳ ZPO II Rn. 231, KK 41

Vornahme einer unvertretbaren Handlung

Abgabe einer Willenserklärung, § 894 ZPO

Voraussetzungen

Mit Eintritt formeller Rechtskraft wird die Willenserklärung durch das Urteil des Gerichts fingiert (vorläufige Vollstreckbarkeit ist nicht ausreichend)

Zur Übereignung einer Sache kann auch die WE zur dinglichen Einigung nach § 894 ZPO ersetzt werden (nach § 898 ZPO ist Gutglaubenserwerb möglich)

⇨ Übergabe kann im Anschluss nach § 883 ZPO vollstreckt werden

Stellen Sie überblicksartig dar, welche Mängel in der Zwangsvollstreckung auftreten können!

Rechtsbehelfe (Einleitung)

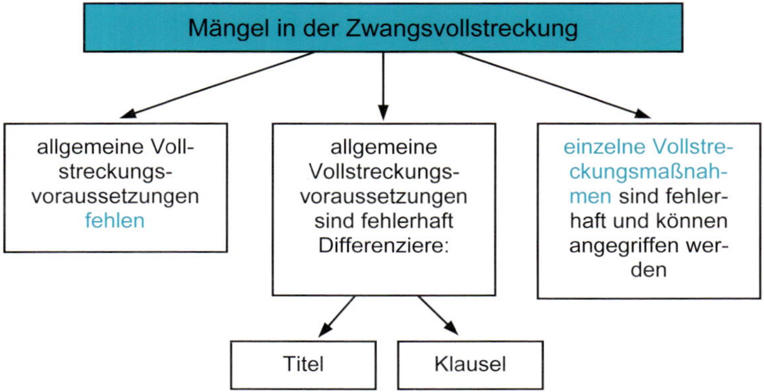

Entfallen

Rechtsbehelfe (Überblick I)

Karte entfallen

Welche Rechtsbehelfe stehen dem Schuldner gegen einen Vollstreckungstitel zu?
Wie sind die Rechtsbehelfe zueinander abzugrenzen?

Rechtsbehelfe (Überblick II)

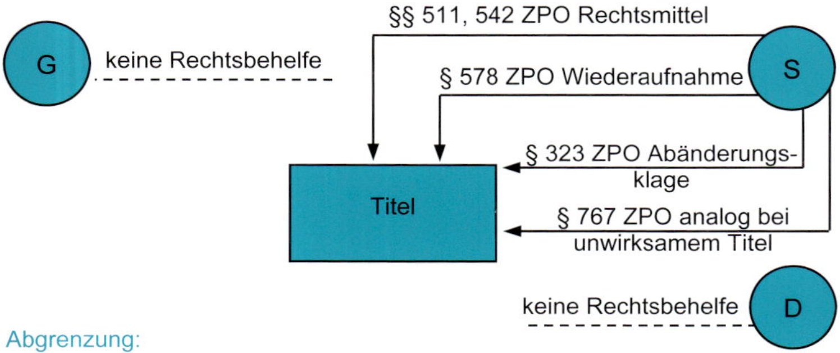

Abgrenzung:

- Rechtsmittel: Angriff gegen einen noch nicht rechtskräftigen Titel
- Wiederaufnahme: Beseitigung des rechtskräftigen Titels
- Abänderungsklage: Änderung des Titels für die Zukunft
- Vollstreckungsabwehrklage: Beseitigung der Vollstreckbarkeit

Welche Rechtsbehelfe stehen Gläubiger und Schuldner im Zusammenhang mit der Vollstreckungsklausel zu?
Wie sind die Rechtsbehelfe zueinander abzugrenzen?

Rechtsbehelfe (Überblick III)

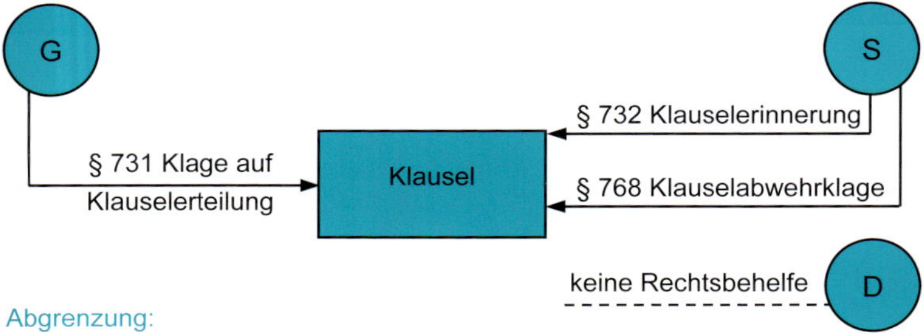

Abgrenzung:

- Klauselerinnerung, § 732: Geltendmachung materieller und formeller Verstöße bei der Klauselerteilung.
- Klauselabwehrklage, § 768: materielle Verstöße und mat.-rechtl. Einwendungen.
  ↳ Schuldner hat die Wahl zwischen den Rechtsbehelfen, § 768 a.E.
- Klage auf Klauselerteilung, § 731: Gläubiger kann z.B. Vorauss. der Titelumschreibung, § 727, nicht mittels öffentlicher Urkunden nachweisen.

Nennen Sie die Rechtsbehelfe, die dem Gläubiger, dem Schuldner und Dritten gegen Einzelmaßnahmen innerhalb der Zwangsvollstreckung zustehen?

Rechtsbehelfe (Überblick IV)

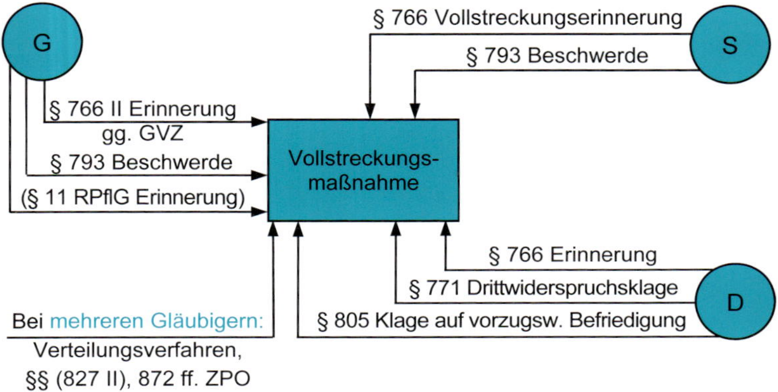

Fassen Sie kurz zusammen, wogegen die zentralen Rechtsbehelfe der §§ 766, 767, 771, 805 ZPO gerichtet sind?

Rechtsbehelfe

↳ ZPO II Rn. 234 ff., KK 43

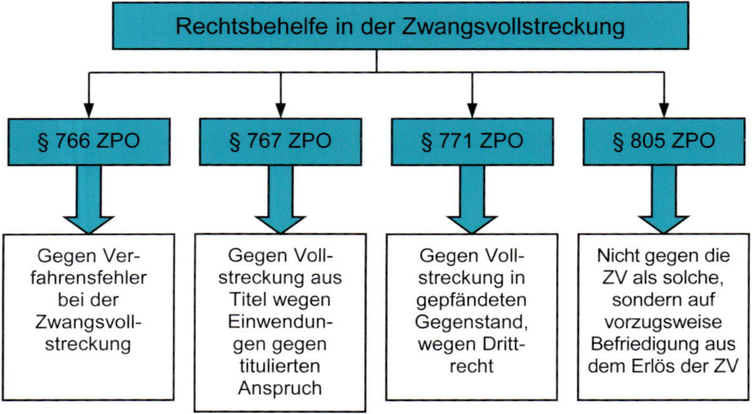

Welches sind die Zulässigkeitsvoraussetzungen einer Vollstreckungsgegenklage nach § 767 ZPO?

Vollstreckungsgegenklage

↳ ZPO II Rn. 234 ff., KK 45

Vollstreckungsgegenklage, § 767 ZPO

Zulässigkeit

① **Statthaftigkeit**
↳ materiell-rechtliche Einwendungen des Schuldners gegen den titulierten Anspruch

② **Zuständigkeit ⇨ nach § 802 ZPO ausschließlich**
↳ sachlich und örtlich Prozessgericht erster Instanz
↳ bei vollstreckbaren Urkunden § 797 V, bei VB § 796 III

③ **Rechtsschutzbedürfnis**
↳ ab Vorliegen eines zur ZV geeigneten Titels bis Beendigung der ZV (Ausschüttung des Erlöses an den Gläubiger)

Welche Einwendungen berechtigen den Schuldner zur Vollstreckungsgegenklage?

Vollstreckungsgegenklage

↳ ZPO II Rn. 248 ff., KK 46

Begründetheit

Eine Klage nach § 767 ZPO ist begründet, wenn eine materiell-rechtliche Einwendung gegen den titulierten Anspruch besteht ...

... und der Schuldner nicht nach § 767 II ZPO präkludiert ist, d.h. die Klage nicht auf Einwendungen beruht, die bis zum Schluss der mündlichen Verhandlung entstanden sind, aber nicht vorgebracht wurden

Besonderheiten

- **Bei vollstreckbaren Urkunden gibt es wegen § 797 IV ZPO überhaupt keine Präklusion**
- **Bei VU bzw. VB gem. §§ 767 II Alt. 2 bzw. 796 II nach Ablauf der Einspruchsfrist**

Auf welchen Zeitpunkt wird bei Prüfen des „Entstehens“ einer Einwendung generell und insbesondere bei Gestaltungsrechten abgestellt?

Vollstreckungsgegenklage

↳ ZPO II Rn. 248 ff., KK 46

Ausschluss von Einwendungen nach § 767 II ZPO

↳ es kommt lediglich auf den Zeitpunkt der objektiven Entstehung an, unabhängig davon, ob der Schuldner von der Einwendung Kenntnis hatte

Bei Gestaltungsrechten

↳ Bei Gestaltungsrechten (Anfechtung, Aufrechnung, Rücktritt) kommt es darauf an, wann das Gestaltungsrecht ohne Rücksicht auf die Kenntnis des Schuldners entstanden ist, nicht wann er es ausgeübt hat bzw. ausüben konnte (st. Rspr.)

↳ umstr., ob Geltung auch für verbraucherschützende Widerrufsrechte: bei diesen sei der Zeitpunkt der Ausübung maßgeblich

Arg.: **Keine Aushöhlung der Rechtskraft!**

In welchem Verhältnis steht die Drittwiderspruchsklage nach § 771 ZPO zu dem Anspruch aus § 985 BGB und der Erinnerung gem. § 766 ZPO?

Drittwiderspruchsklage

↳ ZPO II Rn. 256, KK 48

Drittwiderspruchsklage, § 771 ZPO

§ 985 BGB

- ↳ Eine Klage nach § 985 BGB gegen den Gläubiger ist nach Beginn der ZV unzulässig, da § 771 ZPO insoweit spezieller ist
- ↳ Gegen den Schuldner kann daneben aus § 985 BGB vorgegangen werden (⇨ Streitgenossenschaft)

§ 766 ZPO

- ↳ Bei Verletzung drittschützender Verfahrensnormen, ist § 766 ZPO kumulativ anwendbar

Was sind die Zulässigkeitsvoraussetzungen einer Drittwiderspruchsklage?

Drittwiderspruchsklage

↳ ZPO II Rn. 256, KK 48

Zulässigkeit der Drittwiderspruchsklage, § 771 ZPO

⇓

Statthaftigkeit

⇨ Dritter muss ein „die Veräußerung hinderndes Recht" **behaupten**

⇓

Zuständigkeit

⇨ sachlich nach den allg. Vorschriften (§ 802 ZPO gilt nicht!); auf § 6 ZPO achten!
⇨ örtlich ausschließlich das Gericht, in dessen Bezirk die ZV erfolgt

⇓

Rechtsschutzbedürfnis (ab drittbelastender Vollstreckungsmaßnahme – i.d.R. Pfändung - bis Verwertung)

Was ist unter einem „die Veräußerung hindernden Recht“ zu verstehen?

Drittwiderspruchsklage

↳ ZPO II Rn. 265, KK 50

„Veräußerung hinderndes Recht“

↳ ein echtes die Veräußerung hinderndes Recht gibt es nicht, selbst das Eigentum hindert Veräußerung nicht (vgl. §§ 932 ff. BGB)

Auslegung

Ein solches Recht i.S.d. § 771 ZPO liegt dann vor, wenn (Fiktion:) die Veräußerung des Vollstreckungsgegenstandes **durch den Schuldner** oder Gläubiger zivilrechtswidrig wäre, weil sie in den Rechtskreis des Dritten eingreifen würde

Ist auch das Sicherungseigentum ein die Veräußerung hinderndes Recht i.S.d. § 771 ZPO?

Drittwiderspruchsklage

↳ ZPO II Rn. 266, KK 51

Sicherungseigentum

Veräußerung hinderndes Recht?

(+)

h.M.: § 771 ZPO

- Sicherungseigentum ist Volleigentum
- Verwertungsrecht des SiN wäre gefährdet, da Gläubiger über Zeitpunkt der Verwertung entscheiden könnte; SiN hat Interesse an Nutzung durch SiG, nur so Rückzahlung möglich

(-)

a.A.: § 805 ZPO

- SiN ist nur formeller Inhaber des Eigentums, vergleichbar mit einem besitzlosen Pfandrecht
- In der Insolvenz besteht nur ein Absonderungsrecht (§ 51 Nr. 1 InsO)

Was sind weitere Rechte i.S.d. § 771 ZPO?

Drittwiderspruchsklage

↳ ZPO II Rn. 267a, KK 50

Veräußerung hindernde Rechte

Anwartschaftsrecht

↳ § 161 I S.2 BGB betrifft nur rechtsgeschäftliche Verfügungen

Grundpfandrechte

↳ soweit Grundschuld und Hypothek durch ZV beeinträchtigt werden

(-) Besitz (str.)

↳ keine Aussage über Vermögenszugehörigkeit

Obligatorische Ansprüche

↳ Herausgabeansprüche (z.B. Miete. Leihe); nicht: Verschaffungsansprüche, z.B. § 433 I S.1

Forderungen

↳ auch wenn Forderungspfändung unwirksam

Kann der Gläubiger gegen die Klage aus § 771 ZPO materiell-rechtliche Einwendungen geltend machen?

Drittwiderspruchsklage

↳ ZPO II Rn. 272, KK 52

Bestand eines Rechtes i.S.d. § 771 ZPO

Dennoch Duldungspflicht (§ 242 BGB), wenn

Materiell-rechtliche Einwendung des Gläubigers

- Vorrangiges vertragliches Pfandrecht des G
- Erwerb des Rechtes des Klägers ist nach InsO anfechtbar
- Haftung nach § 128 HGB (trotz Einwand nach § 129 IV HGB)
- Mitverpflichtung des Klägers, z.B. § 1357 BGB o. Schuldbeitritt

Nach früherer Ansicht war eine auf einen Duldungstitel gerichtete Widerklage erforderlich, was jedoch heute als bloßer Formalismus abgelehnt wird

Welche Ansprüche kommen in Betracht, wenn ein Dritter wegen seines Eigentums nach Versteigerung und Auskehrung des Erlöses gegen den Gläubiger vorgehen will?

Drittwiderspruchsklage

↳ ZPO II Rn. 276, KK 54 ff.

① § 771 ZPO ⇨ (-), da Zwangsvollstreckung beendet ist

② § 816 I S.1 BGB ⇨ (-), da keine rechtsgeschäftliche Verfügung

③ §§ 280 I, 823 I BGB ⇨ (+), sofern Gläubiger schuldhaft Verwertung nicht verhindert (z.B. bei Kenntnis von Dritteigentum)

④ § 812 I S.1 Alt. 2 BGB ⇨ (+)

- G hat etwas erlangt (Eigentum am Erlös; hoheitliche Zuweisung)
- „auf Kosten“ des Dritten ⇨ Eingriff in den Zuweisungsgehalt (Eigentum setzt sich an Erlös aufgrund dinglicher Surrogation fort, § 1247 S.2 BGB und stand daher Drittem zu)
- ohne Rechtsgrund, da kein Pfändungspfandrecht (vgl. KK 24)

Wann ist eine Klage auf vorzugsweise Befriedigung nach § 805 ZPO zulässig und begründet?

Vorzugsweise Befriedigung

↬ ZPO II Rn. 283 ff., KK 57

Zulässigkeit

- Ausschließliche (§ 802 ZPO) sachliche und örtliche Zuständigkeit gemäß § 805 II ZPO
- ZV wg. Geldforderung in körperliche Sachen

Begründetheit

Drittem steht ein besitzloses Pfand- oder Vorzugsrecht an der Sache zu, das dem Pfändungspfandrecht des Gläubigers vorgeht, z.B. § 562 BGB

Folge

Zwangsvollstreckung wird fortgesetzt, der Dritte bei der Verteilung des Erlöses jedoch vorrangig berücksichtigt

Welche Rechtsbehelfe sind bei Vorliegen von Verfahrensfehlern durch das Gericht in der Zwangsvollstreckung vor allem zu prüfen?

Vollstreckungserinnerung

↬ ZPO II Rn. 286 ff., KK 58 ff.

Rechtsbehelfe wegen Verfahrensfehlern durch das Gericht

Vollstreckungserinnerung	⇔	Sofortige Beschwerde
§ 766 ZPO	⇔	§ 793 ZPO

Beachte: Diese Unterscheidung gilt nur für Maßnahmen des Gerichts in der ZV ⇨ Für Maßnahmen des Gerichtsvollziehers ist immer die Vollstreckungserinnerung nach § 766 ZPO der richtige Rechtsbehelf

Wonach richtet sich, ob Vollstreckungserinnerung oder sofortige Beschwerde der richtige Rechtsbehelf ist?

Vollstreckungserinnerung

↳ ZPO II Rn. 291 ff., KK 58 ff.

Vollstreckungserinnerung

⇕ ⇕

Sofortige Beschwerde

⇓ **anwendbar** ⇓

Bei Entscheidungen durch das Vollstreckungs- oder Prozessgericht

- Das Vorliegen einer Entscheidung beurteilt sich nach rein formalen Gesichtspunkten
- Entscheidung (+), wenn ein Beschluss des Gerichts nach Anhörung der Parteien ergangen ist bzw. ein Antrag in der Sache abgelehnt wurde (auch ohne Anhörung der anderen Partei)

Worin unterscheiden sich Arrest und einstweilige Verfügung?

Einstweiliger Rechtsschutz

↳ ZPO II Rn. 306 ff., KK 63 f.

Einstweiliger Rechtsschutz, § 916 ff. ZPO

Arrest, §§ 916 ff. ZPO	Einstw. Verfügung, §§ 935 ff. ZPO
Sicherung der ZV eines auf Geld gerichteten Anspruchs	Sicherung der ZV wegen aller anderen Ansprüche

Voraussetzungen

① ⇨ Zuständigkeit des Gerichts der Hauptsache (Bei Arrest auch das AG, in dessen Bezirk sich der belegene Gegenstand befindet)
② ⇨ Arrestanspruch/Verfügungsanspruch (mat.-rechtl. Anspruch des G)
③ ⇨ Arrestgrund/Verfügungsgrund (Dringlichkeit)

Zweites Wiederholen ("kleine S[illegible]

Beschäftigen Sie sich am Tag [illegible] Stufe 2 mit [illegible] "unvollständig Gelernten". In der Klausur wäre der S[illegible] nicht ab[illegible] Machen Sie sich bewusst, warum der Problemkreis [illegible] errscht wi[illegible] n Sie gezielt noch mal in unseren Produkten nach[illegible] ffen Sie sich hierdurch die Basis zum Verstehen.

Machen Sie sich kurze Notiz[illegible]

- ✔ **Nach der zweiten W[illegible] olung wird d[illegible] arte zurück auf Stufe zwei einsortiert [illegible] dort am n[illegible] n Tag nochmals einer Kontrolle. Durch di[illegible] e den Problemkreisen, die Sie nicht auf Anhie[illegible] ng an mehr Zeit. So kommen sie über de[illegible] al Stufe 2 zu Stufe 4.**

Haben Sie sich an das Gelernte umfänglich erinnert?

✔ Der Stoff ist nun einen Schritt näher auf dem Weg zum Langzeitgedächtnis. Bestimmte Problemkreise haben Sie nun abgespeichert. Es darf daher Stufe 3 übersprungen werden.
Sortieren Sie die Karteikarte unter 4. (fundiertes Wissen) ein.

✘ Haben Sie sich nur teilweise oder gar nicht an das Gelernte erinnert, so muss der Lernstoff noch mal vertieft werden. Bleiben Sie am Ball: Es gilt am nächsten Tag Stufe 3.
Sortieren Sie die Karteikarte unter Schritt drei "2. Wiederholen" ein.

Verstehen

Bevor Sie beginnen, schaffen Sie sich eine geeignete Lernatmosphäre (Mood: Einstimmen). Lesen sie die Karteikarte zunächst dahingehend, dass Sie sie verstehen. „Kartenfresserei" rentiert sich nicht. Wachstum als Jurist heißt Auseinandersetzung mit Problemfeldern. So lernt nur derjenige richtig, der Gehörtes oder Gelesenes auch verstanden hat. Schaffen Sie sich Verständnis, indem sie zunächst das Problem definieren (Problem erkannt, Gefahr gebannt). Fragen Sie sich auch, was der Grund für eine Regelung ist.

Machen Sie sich bewusst, dass das Kurzzeitgedächtnis nur 7-9 Sinneseinheiten abspeichert. Über die Strukturierung der Karteikarte gelingt es Ihnen, mehr abzuspeichern.

✔ **Sie haben sich jetzt bemüht, den gelesenen Stoff zu verstehen und damit den ersten wesentlichen Schritt des Lernens gemeistert.**
Sortieren Sie jetzt die Karteikarte unter Stufe 2 Wiederholen ein.

Gefahr Vergessen: In der Regel wird das Gelernte innerhalb 24 Stunden bis zu 70 % wieder vergessen. Daher ist es wichtig, das Gelernte auf Stufe 2 am nächsten Tag zu wiederholen, bevor Sie sich neue Karteikarten vornehmen.

So lernen Sie richtig mit der Hemmer-Box:

1. Verstehen: Haben Sie den gelesenen Stoff verstanden, wandert die Karte auf Stufe 2., Wiederholen am nächsten Tag.

2. Wiederholen: Haben Sie den Stoff behalten, wandert er von Stufe 2. zu Stufe 4.

3. kleine Strafrunde: Konnten Sie den Inhalt von 2. nicht exakt wiedergeben, arbeiten Sie die Themen bitte noch einmal durch.

4. fundiertes Wissen: Wiederholen Sie die hier einsortierten Karten nach 1 Woche noch einmal. Konnten Sie alles wiedergeben? Dann können Sie vorrücken zu Stufe 5.

5. Langzeitgedächtnis: Wiederholen Sie auf dieser Stufe das Gelernte im Schnelldurchlauf nach einem Monat. Sollten noch Fragen offen bleiben, gehen sie bitte eine Stufe zurück.

Worin bestehen die Besonderheiten des kaufmännischen Rechtsverkehrs?

↳ HandelsR, Rn. 4; Karteikarte 2

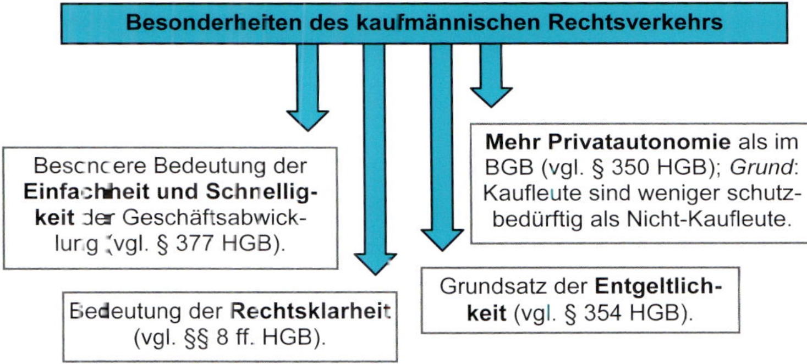

Welche Kaufmannsbegriffe enthält das HGB?

Der Kaufmann

↳ HandelsR, Rn. 6; Karteikarte 3

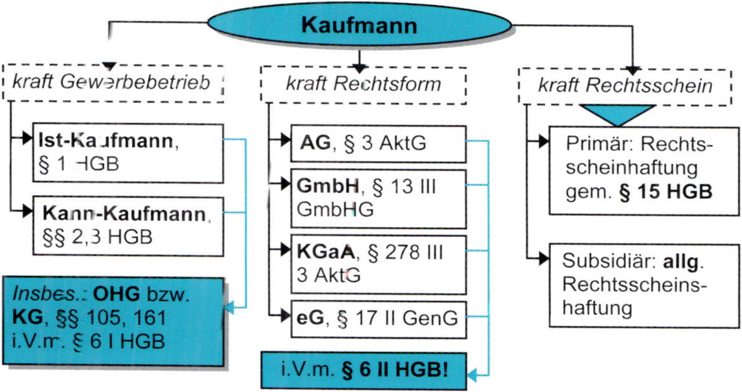

Was ist ein Gewerbe i.S.d. § 1 I, II HGB?

↳ HandelsR, Rn. 9; Karteikarte 3

Gewerbe

Jede offene, planmäßige, selbständige, erlaubte, von der Absicht dauernder Gewinnerzielung getragene Tätigkeit, mit Ausnahme *freiberufl.*, *wissenschaftl.* und *künstlerischer* Tätigkeit.

- **Offen**: wenn für Dritte erkennbar.
- **Planmäßig**: wenn auf gewisse Dauer angelegt.
- **Erlaubt**: wenn nicht gesetzes- oder sittenwidrig, §§ 134, 138 BGB.
- **Absicht dauernder Gewinnerzielung**: *tatsächl.* Gewinnerwirtschaftung unerheblich!
- **Selbständig**: wenn nicht weisungsgebunden (⇔ *Arbeitnehmer*!); entscheidend ist hierbei die *rechtl.*, nicht die *wirtschaftl.* Selbständigkeit!

Welche der folgenden Personen kann Betreiberin eines Gewerbes sein bzw. die Kaufmannseigenschaft innehaben:

a) Kapitalgesellschaft bzw. ihr Vorstand/Geschäftsführer,
b) Personenhandelsgesellschaft bzw. deren Gesellschafter bzw. ihr Prokurist

HandelsR, Rn. 24; Karteikarte 5; GesellschaftsR, Rn. 50

Betreiberin des Gewerbes ist grds. jene Person, in deren Namen die zum Gewerbe gehörenden Rechtsgeschäfte abgeschlossen werden.

Kaufleute sind daher:

Kapitalgesellschaft (AG, GmbH) **(+)**, §§ 3 AktG, 13 III GmbHG
→ Vorstand bzw. Geschäftsführer **(-)**

Personenhandelsgesellschaft (OHG, KG) **(+)**, §§ 124 I, 161 II HGB
→ **Pers. haftender Gesellschafter (+)** (**hM.**); *arg.:* pers. Haftungsrisiko
→ Kommanditist **(-)**
→ Prokurist **(-)**

Unter welchen Voraussetzungen ist ein Gewerbe ein Handelsgewerbe i.S.d. § 1 I, II HGB?

↳ HandelsR, Rn. 27; Karteikarten 6, 8

Handelsgewerbe → Wenn das gewerbetreibende Unternehmen einen nach Art und Umfang in kaufmännischer Weise eingerichteten Geschäftsbetrieb erfordert, § 1 II HGB.

„Kaufmännische Einrichtungen" → Alle Einrichtungen, die eine ordentl. und übersichtl. Geschäftsführung sicherstellen, z.B. Buchführung, Bilanzierung.

„Art" des Betriebs → Entscheidend ist, ob lediglich einfache und leicht überschaubare (i.d.R. bar abgewickelte) Geschäfte getätigt werden oder nicht.

„Umfang" des Betriebs → Entscheidend sind v.a. Umsatzvolumen, Mitarbeiterzahl, Anzahl der Betriebsstätten.

Sonderfall: Was ist bei einem Inhaber mehrerer Unternehmen hinsichtlich der Kaufmannseigenschaft zu beachten?

HandelsR, Rn. 40; Karteikarten 6, 7

Wenn eine Person gleichzeitig **mehrere**, von einander getrennte Unternehmen betreibt:

Die Kaufmannseigenschaft ist für jedes Unternehmen **gesondert** gem. §§ 1 ff. HGB zu beurteilen!

Folge:

Eine und dieselbe Person kann hinsichtlich *eines* Unternehmens Kaufmann [weil § 1 II HGB **(+)**] und hinsichtlich *eines anderen* Unternehmens Nicht-Kaufmann [weil sowohl § 1 II HGB **(-)** als auch Eintragung i.S.d. § 2 S.1 HGB **(-)**] sein!

Welche Auswirkung hat die Eintragung der Firma des Unternehmens in das Handelsregister auf die Eigenschaft als Kaufmann?

↪ HandelsR, Karteikarte 6

Eintragung

Wenn das Unternehmen ein Handelsgewerbe i.S.d. § 1 II HGB betreibt (*Ist-Kaufmann*):

Die Eintragung hat nur **deklaratorische** Bedeutung bzgl. der Kaufmannseigenschaft; Verpflichtung zur Eintragung gem. § 29 HGB.

Wenn das Unternehmen **kein** Handelsgewerbe i.S.d. § 1 II HGB betreibt (*Kann-Kaufmann*):

Eintragung = *Voraussetzung* für die Erlangung der Kaufmannseigenschaft, § 2 HGB ⇨ Sie ist daher **konstitutiv**!

Unter welchen Voraussetzungen wird die Kaufmannseigenschaft gem. § 2 HGB erworben?

↳ HandelsR, Rn. 42; Karteikarte 8

Eigenschaft als Kaufmann gem. § 2 HGB (⇨ Kann-Kaufmann)

Voraussetzungen

(1) Betrieb eines **Gewerbes** (vgl. Karte 3)

(2) **Kein Handelsgewerbe gem. § 1 II HGB**, d.h. das betriebene Gewerbe darf nicht nach seiner Art und seinem Umfang einen in kaufmännischer Weise eingerichteten Geschäftsbetrieb erfordern (vgl. Karte 5).

(3) **Eintragung** der Firma des Unternehmens in das Hreg.

Kann nach erfolgter Eintragung der Firma diese auch wieder gelöscht werden?

↳ HandelsR, Rn. 48; Karteikarte 9

Ist-Kaufmann

Der Ist-Kaufmann ist zur (*deklaratorischen*) Eintragung verpflichtet, § 29 HGB ⇨ eine Löschung ist daher grds. nicht möglich!

Ausnahme: wenn der Gewerbebetrieb sich nach der Eintragung so gewandelt hat, dass er nicht mehr die Voraussetzungen des § 1 II HGB erfüllt ⇨ Löschung möglich

Kann-Kaufmann

Der Kann-Kaufmann kann seine Firma nach der Eintragung wieder löschen lassen, § 2 S.3 Hs.1 HGB.

Ausnahme: wenn das Unternehmen nach der Eintragung so gewachsen ist, dass § 1 II HGB nunmehr erfüllt ist, § 2 S.3 Hs.2 HGB ⇨ Löschung wg. § 29 HGB nicht mehr möglich.

Was ist bzgl. der Kaufmannseigenschaft bei land- und forstwirtschaftlichen Betrieben zu beachten?

Was ist Land- und Forstwirtschaft i.S.d. § 3 HGB?

Unter welchen Voraussetzungen kann der gewerbetreibende Land- bzw. Forstwirt die Firma löschen lassen?

↳ HandelsR, Rn. 49; Karteikarte 10

Land- und Forstwirte

Abweichend von der Grundregel des § 1 II HGB ist ein Land-/Forstwirt erst dann Kaufmann iSd. HGB, wenn seine Firma **eingetragen** ist, selbst wenn die Voraussetzungen des § 1 II HGB erfüllt sind, § 3 I, II HGB.

Land- und Forstwirtschaft i.S.d. § 3 HGB: Kennzeichnend ist die Gewinnung pflanzl. und tierischer Rohstoffe durch Bodennutzung (vgl. § 585 I S.2 BGB!)

Löschung der Firma: gem. § 3 II Hs.2 HGB kann die Firma nur dann gelöscht werden, wenn nach Art oder Umfang ein in kaufmännischer Weise eingerichteter Geschäftsbetrieb nicht erforderlich ist (vgl. Karte 9).

Was ist ein Nebenbetrieb i.S.d. § 3 III HGB?

Was ist hinsichtlich der Kaufmannseigenschaft bei Nebenbetrieben zu land- und forstwirtschaftlichen Betrieben zu beachten?

↳ HandelsR, Rn. 54; Karteikarte 10

Nebenbetrieb ⇒ **Kaufmannseigenschaft**

Nebenbetrieb = Selbständiges Unternehmen, das mit dem land- bzw. forstwirtschaftl. Betrieb nicht identisch ist, aber mit ihm in wirtschaftl. Zusammenhang steht
⇨ **Beachte**: Die Land- bzw. Forstwirtschaft muss ihrer Bedeutung nach insgesamt überwiegen!

Bsp.: Sägewerk, Molkerei.

Grds.: Für einen Nebenbetrieb zu einem land- bzw. forstwirtschaftl. Betrieb gilt dasselbe wie für den Hauptbetrieb, § 3 III HGB, d.h. zur Erlangung der Kaufmannseigenschaft ist die Eintragung erforderlich!

Ausnahme: Wenn der Inhaber des Nebenbetriebs Formkaufmann ist, vgl. § 6 II HGB.

Was ist die Rechtsnatur des § 5 HGB?

Unter welchen Voraussetzungen ist § 5 HGB anwendbar?

Was sind die Rechtsfolgen des § 5 HGB?

HandelsR, Rn. 56; Karteikarte 11

§ 5 HGB

Gesetzl. Fiktion, **nicht:** Rechtsscheinshaftung! ⇨ Etwaige Gutgläubigkeit eines Dritten ist i.R.d. § 5 unerheblich! Wegen § 2 nach h.M. überflüssig.

Voraussetzungen

(1) **Eintragung** einer Firma im HReg

(2) **Betrieb** eines **Gewerbes**

Rechtsfolgen

Es kann **nicht** einwendet werden, es liege kein *Handels*gewerbe gem. § 1 II HGB vor.

Die Einwendung, es liege **kein Gewerbe** vor bzw. der **Betrieb** sei noch nicht aufgenommen bzw. schon wieder eingestellt worden, wird jedoch *nicht* durch § 5 HGB abgeschnitten!

Exkurs: Worin besteht der strukturelle Unterschied zwischen § 5 HGB und § 15 HGB?

↳ HandelsR, Rn. 56; Karteikarte 11

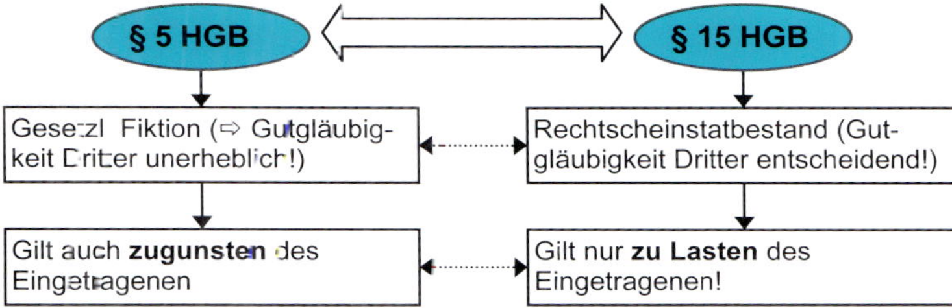

Beachte: Zwar kann § 5 HGB nicht fingieren, dass ein *Gewerbe* (noch nicht bzw. nicht mehr) tatsächl. betrieben wird (vgl. Karte 12). Allerdings kann insoweit ein *Rechtsscheinstatbestand* (z.B. nach § 15 HGB) greifen!

Unter welchen Voraussetzungen ist das Vorliegen eines Rechtsscheinskaufmanns zu bejahen?

↳ HandelsR, Rn. 61; Karteikarte 12

Rechtsscheinskaufmann

(1) Rechtsscheinstatbestand	Eine Person muss (ausdrückl. oder konkl.) den Rechtsschein gesetzt haben, Kaufmann zu sein.
(2) Zurechenbarkeit des Rechtsscheins	Veranlassung durch den Scheinkaufmann ⇨ *Verschulden* grds. nicht erforderl., aber *volle Geschäftsfähigkeit*!
(3) Schutzbedürftigkeit	Der Dritte muss *gutgläubig* sein! ⇨ **(-)**, wenn dieser pos. Kenntnis bzw. grob fahrlässige Unkenntnis vom wahren Sachverhalt hatte.
(4) Kausalität	Der Dritte muss in Kenntnis des Rechtsscheins und im Vertrauen auf dessen Richtigkeit gehandelt haben ⇨ Haftung im *reinen Unrechtsverkehr* **(-)**!

Was ist Rechtsfolge der Annahme eines Rechtsscheinskaufmanns?

Was ist zu beachten, wenn durch die Anwendung der Grundsätze der Rechtsscheinshaftung zwingende Schutzvorschriften zugunsten von Nichtkaufleuten ausgehebelt würden (z.B. durch die Anwendung des § 350 HGB entgegen § 766 BGB)?

↳ HandelsR, Rn. 70; Karteikarte 13

Rechtsfolgen

Grundsatz: Der Rechtsscheinskaufmann muss sich gemäß dem veranlassten Rechtsschein (⇨ wie ein Kaufmann!) behandeln lassen.

Beachte: Der Rechtsschein wirkt *nicht zu Lasten* des gutgl. Dritten! ⇨ dieser kann **wählen**, ob er *Rechtsschein* oder *wahre Rechtslage* gelten lassen will.

Problem: Anwendung der Grundsätze der Rechtsscheinshaftung auch entgegen zwingenden Schutzvorschriften zugunsten von Nichtkaufleuten?

h.M.: Grundsätze der Rechtsscheinshaftung gelten auch hier uneingeschränkt.

a.A.: Grundsätze der Rechtsscheinshaftung gelten hier nur für nicht eingetragene, aber *eintragungsfähige Kannkaufleute*.

Kann der Rechtsschein der Kaufmannseigenschaft angefochten werden?

Was ist zu beachten, wenn der Rechtsschein einer Gesellschaft hervorgerufen wird?

↳ HandelsR, Rn. 64; Karteikarte 12

Anfechtung des Rechtsscheins? ⇨ Das Setzen eines Rechtsscheins ist ein **Realakt**, keine Willenserklärung ⇨ eine Anfechtung ist daher **nicht** möglich!

Scheingesellschaft ⇨ Es **entsteht** tatsächl. **keine** Gesellschaft! (⇔ anders bei der sog. *fehlerhaften Gesellschaft*) ⇨ Die Scheingesellschaft dient lediglich als **Zurechnungsfigur** für Haftung der Gesellschafter.

In welchem Verhältnis steht die auf den vorigen Karten erläuterte Lehre vom Scheinkaufmann zu § 5 HGB und § 15 HGB?

↳ HandelsR, Rn 74

§ 5 HGB

§ 5 HGB stellt gesetzl. Fiktion dar ⇨ § 5 HGB gilt auch zugunsten des Eingetragenen und zugunsten Bösgläubiger!

Lehre vom Scheinkaufmann

Die Lehre vom Scheinkaufmann gründet auf einem *Rechtsschein*, nicht auf einer *Fiktion*; **Beachten**: Wg. der weitergehenden Rechtsfolgen geht § 5 HGB grds. vor!

§ 15 HGB geht den allg. Grundsätzen der Lehre vom Scheinkaufmann vor, weil er insoweit lex specialis ist.

§ 15 HGB

§ 15 HGB regelt einen *Spezialfall* i.R.d. Lehre vom Scheinkaufmann!

Sind Personen- und Kapitalgesellschaften auch Kaufleute? Werden die Vorschriften, welche Einzelkaufleute betreffen, auch auf sie angewendet?

↳ HandelsR, Rn. 80; Karteikarte 15; GesellschaftsR, Rn. 49, 384

§ 6 I HGB ⇒ Die die Einzelkaufleute betreffenden Vorschriften sind auch auf **Handelsgesellschaften** anwendbar!

Personengesellschaften:

Eine Personen**handels**gesellschaft (**OHG/KG**) liegt nur dann vor, wenn ein *Handelsgewerbe* i.S.d. § 1 II HGB betrieben wird oder eine *Eintragung* gem. § 2 HGB erfolgt ist, §§ 105 II, 123 II (i.V.m. § 161 II) HGB; sind diese Voraussetzungen nicht erfüllt, liegt lediglich eine **GbR** vor! **Beachte**: § 6 II HGB gilt nur für *Körperschaften*!

Körperschaften:

Jede GmbH, AG, KGaA und eG ist eine **Handelsgesellschaft** (§§ 3, 278 AktG, 13 III GmbHG, 17 II GenG) und ist damit sog. **Formkaufmann** ⇨ Gem. § 6 II HGB gilt dies auch dann, wenn sie kein *Gewerbe* bzw. kein *Handelsgewerbe* i.S.d. § 1 II HGB betreibt!

Wie wird ein Kaufmann vertreten?

Welche Voraussetzungen sind an eine wirksame Prokuraerteilung zu stellen?

↳ HandelsR, Rn. 83; Karteikarte 16

Grds.: i.R.d. Handelsrechts sind die §§ 164 ff. BGB anwendbar, Art. 2 I EGHGB. Allerdings sind im HGB **zwei Sonderformen** rechtsgeschäftl. Vertretungsmacht geregelt:

Prokura, § 48 HGB

- Erteilung nur durch einen **Kaufmann**
- **Ausdrückl.** Erteilung
- Erteilung **persönlich** oder durch **gesetzl.** (**nicht:** durch **rechtsgeschäftl.**) **Vertreter**
- Erteilung durch Erklärung ggü. dem Prokuristen, ggü. Dritten oder durch öffentl. Kundgabe

Handlungsvollmacht, § 54 HGB

- Näheres siehe Karte 28

Was folgt aus dem Ausdrücklichkeitserfordernis gem. § 48 I HGB (vgl. vorige Karte)?

Ist die Eintragung ins Handelsregister für die Wirksamkeit der Prokura erforderlich?

↳ HandelsR, Rn. 86; Karteikarte 16; vgl. Hauptkurs Fall 3

Ausdrücklich, § 48 I HGB

Grds.: Es gibt keine *konkl. Prokuraerteilung* bzw. *Duldungsprokura* ⇨ eine Duldung kann allerdings als konkl. Erteilung einer *Handlungsvollmacht* (§ 54 HGB) ausgelegt werden.

Ausnahme: Eine *Anscheinsprokura* kann aus *Verkehrsschutzgründen* anzunehmen sein.

Eintragung ins HReg

Die Eintragung ist nach § 53 I HGB erforderlich. Sie ist aber **nicht konstitutiv**, sondern hat nur **deklaratorischen** Charakter!

Beachte: Auch bei fehlender Voreintragung der Prokura gelten bei ihrem Erlöschen die §§ 15 I, 53 II HGB!

Wie weit reicht grds. der Umfang der Vertretungsmacht des Prokuristen?

↳ HandelsR, Rn. 90; Karteikarte 17

§ 49 I HGB

Grds.: Die Vertretungsmacht umfasst alle gerichtl. und außergerichtl. Geschäfte und Rechtshandlungen, die zum Betrieb eines Handelsgewerbes gehören.

"Betrieb" ⇨ nicht von der Vertretungsmacht umfasst sind Handlungen, die auf die **Einstellung des Betriebes** gerichtet sind und **Grundlagengeschäfte.**

"*eines*" = "*irgendeines*" ⇨ entscheidend ist, nicht ob das Geschäft zum Betrieb des **konkreten**, sondern **irgendeines** Handelsgewerbes gehört!

Hierzu gehören auch **außergewöhnl.** Geschäfte (arg. e contrario § 54 I i.V.m. § 49 I HGB).

Inwiefern ist der Umfang der Vertretungsmacht des Prokuristen gesetzlich beschränkt?

Kann die Prokura rechtsgeschäftlich beschränkt werden?

↳ HandelsR, Rn. 91; Karteikarte 17

Gesetzl. Einschränkungen der Vertretungsmacht des Prokuristen:

§ 49 II HGB
Keine Vertretungsmacht zur **Veräußerung** und **Belastung** von Grundstücken (*nicht*: **Erwerb**!) ⇨ § 49 II HGB gilt analog auch für entspr. Verpflichtungsgeschäfte!

§ 48 I HGB
Ein Prokurist ist **rechtsgeschäftl.** Vertreter ⇨ er kann daher selbst keine Prokura **erteilen.**

§ 52 II HGB
Der Prokurist kann seine Prokura nicht **übertragen.**

Beachte: Gem. § 50 I HGB ist eine Beschränkung des Umfanges der Prokura **Dritten gegenüber** unwirksam (vgl. aber folgende Karte!)

Inwieweit kann eine Prokura entgegen dem Grundsatz aus § 50 I HGB rechtsgeschäftlich beschränkt werden?

⇘ HandelsR, Rn. 93; Karteikarte 18; GesellschaftsR, Rn. 95

Möglich: **Persönliche** Beschränkungen der Vertretungsmacht ⇨ u.U. ist der Prokurist also an die *Mitwirkung einer anderen Person* gebunden:

Möglich:

(1) Gesamtprokura, § 48 II HGB

(2) Bindung an einer **organschaftl. Vertreter** (vgl. § 125 III HGB) (begrenzt aber durch den *Grundsatz der Selbstorganschaft!*)

Nicht möglich:

(1) Bindung an die Zustimmung einer **selbst nicht vertretungsberechtigten Person** (z.B. Kommanditist) ⇨ *Ansonsten*: Umgehung des § 50 I HGB!

(2) Bindung an die Zustimmung eines **Handlungsbevollmächtigten.**

(3) Bindung an die Mitwirkung des **Alleininhabers eines Unternehmens** ⇨ *Ansonsten*: Umgehung des § 50 HGB!

Was ist eine Gesamtprokura? Was ist im Gegensatz hierzu der Inhalt einer gemischten Gesamtprokura bzw. einer halbseitigen Gesamtprokura?

Was ist i.R.d. Gesamtprokura bei der Passivvertretung zu beachten?

➯ HandelsR, Rn. 98; Karteikarte 18; vgl. Hauptkurs Fall 12

Gesamtprokura i.S.d. § 48 I HGB: Mehrere Prokuristen können nur zusammen handeln (⇨ Fall der Gesamtvertretung)

Gemischte Gesamtprokura

Der Prokurist ist an die Mitwirkung eines Organs bzw. organschaftl. Vertreters gebunden, vgl. §§ 125 III HGB, 78 III AktG.

Halbseitige Gesamtprokura

Der Prokurist ist an die Mitwirkung eines anderen Vertreters (z.B. ein anderer Prokurist bzw. ein Komplementär) gebunden, während dieser *alleine* vertretungsberechtigt bleibt.

Bei der **Passivvertretung** bleibt jeder Gesamtprokurist gem. der §§ 26 II S.2 BGB, 125 I S.3 HGB, 35 II S.3 GmbHG analog **allein vertretungsberechtigt.**

Welches Problem kann auftauchen, wenn die Vertretungsmacht eines Prokuristen im Innenverhältnis beschränkt wird, während die Beschränkung im Außenverhältnis z.B. gem. §§ 49 I, 50 I HGB nicht wirksam ist?

HandelsR, Rn. 106; Karteikarte 19

Die allg. zivilrechtl. Figur des Missbrauchs der Vertretungsmacht

Voraussetzungen

(1) Das rechtl. Können im Außenverhältnis ist weiter als das rechtl. Dürfen im Innenverhältnis (§ 50 I HGB!)

(2) entweder Evidenz oder Kollusion (bewusstes Zusammenwirken zum Nachteil des Vertretenen)

(3) **beachte bei Evidenz:** nicht erforderl.: Bewusstes Handeln z. Nacht. des Vertretenen

Rechtsfolgen

h.L.: §§ 177 ff. BGB analog; im Fall der *Kollusion*: § 138 I BGB

BGH: § 242 BGB unter Berücksichtigung der Ratio des § 254 BGB; bei *Kollusion*: § 138 I BGB

Wann erlischt die Prokura?

HandelsR, Rn. 107

Erlöschen der Prokura

- durch **Widerruf**, § 52 I HGB (insoweit ist § 168 S.1 BGB zu berücksichtigen!)
  → **Beachte**: Wenn einem Kommanditisten ges.-vertragl. die Stellung eines Prokuristen eingeräumt wurde, *darf* ein Widerruf nur bei Vorliegen eines **wichtigen Grundes** erfolgen, §§ 117, 127 HGB analog (BGHZ 17, 394; gilt nur im Innenverh.).
- durch **Löschung der Firma** aus dem HReg durch einen Kannkaufmann, § 2 S.3 HGB.
  → **Beachte**: §§ 53 II, 15 I HGB!

Kann ein Gesellschafter einer Personenhandelsgesellschaft gleichzeitig Prokurist der Gesellschaft sein?

↳ HandelsR, Rn. 109

Ausgangspunkt: Ein organschaftl. Vertreter kann nicht gleichzeitig rechtsgeschäftl. Gesellschafter sein und umgekehrt.

OHG

Ein OHG-Gesellschafter kann nur Prokurist sein, wenn ihm gem. § 127 HGB die Vertretungsmacht entzogen ist.

KG

Grds. kann nur der Kommanditist Prokurist sein.

Was ist eine Handlungsvollmacht?

Welche Arten der Handlungsvollmacht gibt es?

↳ HandelsR, Rn. 112, Karteikarte 20

§ 54 HGB

Handlungsvollmacht (HV) = Vollmacht, die zur Vornahme bestimmter zu einem Handelsgewerbe gehöriger Geschäfte ermächtigt und nicht Prokura ist.

Beachte: Eine HV beinhaltet (anders als beim Prokuristen) keine Vertretungsmacht bzgl. aller Geschäfte *irgendeines* Kaufmanns, sondern nur bzgl. *branchentypischer* Geschäfte.

- **General-HV**, § 54 I Alt. 1 HGB ⇨ Betrieb eines Handelsgewerbes
- **Art-HV**, § 54 I Alt. 2 HGB ⇨ bestimmte Art von Geschäften
- **Spezial-HV**, § 54 I Alt. 3 HGB ⇨ einzelne Geschäfte

Wie weit reicht der Umfang der Handlungsvollmacht?

HandelsR, Rn. 113, Karteikarte 20

Der **Umfang** hängt in erster Linie von der **Art** der HV ab (vgl. vorige Karte)

Beschränkungen des Umfangs

Gesetzl. Beschränkung des Umfangs: Die HV erstreckt sich nicht auf die in **§ 54 II HGB** genannten Geschäfte.

Rechtsgeschäftl. Beschränkung des Umfangs: Eine solche Beschränkung ist gem. **§ 54 III HGB** im Außenverhältnis bei Gutgläubigkeit des Geschäftsgegners grds. unwirksam.

Wie wird die Handlungsvollmacht erteilt?

☞ HandelsR, Rn. 115, Karteikarte 20

Eine HV muss nicht ausdrücklich erteilt werden!

Möglich: *konkludente* Erteilung der HV

Beachte: Ist eine Prokuraerteilung unwirksam, kann gem. § 140 BGB eine (General-)HV in Betracht kommen

Möglich: Duldungs- bzw. Anscheins-(handlungs-)Vollmacht; **Str.**: kann der Geschäftsgegner wählen, ob er den *Vertretenen* (aufgrund der Duldungs- bzw. Anscheinsvollmacht) oder den *Vertreter* (gem. § 179 I BGB) in Anspruch nehmen kann? **H.M.:** Wahlrecht **(-)** ⇨ Der Geschäftspartner kann sich nur an den Vertretenen wenden, weil für die Anwendung des § 179 I BGB kein Schutzbedürfnis besteht!

Wie werden die Tatbestandsmerkmale des § 56 HGB ausgelegt?

↳ HandelsR, Rn. 117, Karteikarte 21

§ 56 HGB

„Laden"/„Warenlager"	Jeder dem Publikum zugängl. Verkaufsraum
„Anstellung"	Jedes Tätigwerden mit Wissen und Wollen des Kaufmanns
„Verkäufe"	Verkäufe und damit einhergehende dingl. Geschäfte; auch Werk- und Werklieferungsverträge; **nicht**: *An*käufe!
„Empfangnahme"	Willenserklärungen und sonstige rechtl. erhebl. Erklärungen in Zusammenhang mit Verkaufsgeschäften; auch Rechtsgeschäfte bzgl. der Gegenleistung (z.B. Erfüllung, §§ 362 I, 164 ff. BGB, 56 HGB)

Wie ist § 56 HGB dogmatisch einzuordnen?

Welche Folgen ergeben sich aus den unterschiedlichen Ansichten zur dogmatischen Einordnung des § 56 HGB?

↳ HandelsR, Rn. 118, Karteikarte 21

§ 56 HGB

e.A.: § 56 HGB = Gesetzl. Fiktion bzw. unwiderlegbare Vermutung

§ 56 HGB ist *direkt* i.R.d. § 54 HGB anzuwenden (auch auf § 54 III HGB!) ⇨ Wenn § 56 HGB zu bejahen ist, ist das Tatbestandsmerkmal "Ermächtigung" i.S.d. § 54 I HGB erfüllt

a.A.: § 56 HGB = Rechtsscheinstatbestand

§ 56 HGB ist erst nach Verneinung einer "Ermächtigung" i.S.d. § 54 HGB anwendbar. § 54 III HGB ist nur *analog* anwendbar!

Beachte: die unterschiedl. dogmatische Einordnung führt *letztlich* nicht zu unterschiedl. Ergebnissen in der praktischen Anwendung des § 56 HGB!

Was ist ein Handelsregister? Welchen Zweck hat es?

Welche Publizitätswirkungen werden im HGB angeordnet?

↳ HandelsR, Rn. 120, Karteikarte 22; vgl. Hauptkurs Fall 2

HReg

HReg = Ein bei den Amtsgerichten geführtes öffentl. Verzeichnis von handelsrechtl. Rechtstatsachen, §§ 8 ff. HGB

Zweck = Herstellung der für die Sicherheit und Leichtigkeit der Geschäftsabwicklung im Handelsverkehr erforderl. Publizität bzgl. aller eintragungsfähigen Tatsachen

§ 15 HGB schützt den *abstrakten* guten Glauben an die (Nicht-)Eintragungen ins HReg!

§ 15 I HGB ⇨ *negative Publizität*: Geschützt wird das Vertrauen auf das Nichtvorliegen *nicht* eingetragener bzw. *nicht* bekanntgemachter eintragungspflichtiger Tatsachen ⇨ „das Schweigen des HReg"!

§ 15 III HGB ⇨ *positive Publizität*: Geschützt wird das Vertrauen auf die Richtigkeit eingetragener Tatsachen

Unter welchen Voraussetzungen entfaltet sich der Schutz des § 15 I HGB?

↬ HandelsR, Rn. 126, Karteikarte 23

§ 15 I HGB

Tatsachen	Wirklich geschehene Vorgänge
Eintragungspflichtigkeit	Die Eintragungspflichtigkeit ergibt sich *i.d.R.* aus dem Gesetz; **beachte**: Eintragungs*fähigkeit* reicht nicht aus!
Nichteintragung bzw. Nichtbekanntmachung	Unerhebl. ist, ob die Nichteintragung bzw. Nichtbekanntmachung **zurechenbar** ist ⇨ Mangel an Verschulden oder Geschäftsfähigkeit irrelevant!
Gutgläubigkeit	Bei **pos. Kenntnis** entfällt der Schutz des § 15 I HGB; unerhebl. ist, ob das HReg tatsächl. eingesehen wurde oder nicht ⇨ Schutz **abstrakten** Vertrauens!

Ist § 15 I HGB anwendbar, wenn eine Tatsache, die ursprünglich nicht eingetragen wurde, nachträglich weggefallen ist, ohne dass dieser Wegfall seinerseits eingetragen wurde (Bsp.: Erteilung und Widerruf einer Prokura)?

Was folgt daraus, dass § 15 I HGB den abstrakten guten Glauben schützt?

↳ HandelsR, Rn. 129, Karteikarten 23, 24

Problem: *Eintragungspflichtigkeit* des Wegfalls der urspr. nicht eingetragenen Tatsache?

⇨ **h.M.:** Eintragungspflichtigkeit **(+)**, **arg.:** Vor dem Wegfall der Tatsache kann der Handelsverkehr von ihrem Vorliegen auch ohne Voreintragung Kenntnis genommen haben ⇨ Schutzbedürftigkeit des Rechtsverkehrs insoweit **(+)** ⇨ § 15 I HGB anwendbar!

§ 15 I HGB setzt voraus, dass der Gläubiger *überhaupt* **abstrakt**, d.h. "typisiert" auf die Richtigkeit des HReg vertraut haben konnte

⇩

§ 15 I HGB daher **(-)** im ***reiner*** Unrechtsverkehr (z.B. rein deliktische Schädigung)

⇨ **Reiner** Unrechtsverkehr i.d.S. aber **(-)**, wenn ein Zusammenhang zu rechtsgeschäftl. Verhalten des Kaufmanns besteht (z.B. Betrug bei Vertragsverhandlungen)

Was ist die Rechtsfolge des § 15 I HGB?

Welche Bedeutung hat § 15 II S.2 HGB i.R.d. Rechtsfolgen des § 15 I HGB?

↳ HandelsR, Rn. 135, Karteikarte 25

Rechtsfolgen

Negative Publizität

Eine eintragungspflichtige, aber tatsächl. *nicht* eingetragene bzw. *nicht* bekanntgemachte Tatsache kann einem Dritten nicht entgegengehalten werden!

Keine positive Publizität!

Ein Dritter kann sich *nicht* gem. § 15 I HGB auf die Richtigkeit von eingetragenen bzw. bekanntgemachten Tatsachen berufen! ⇨ Dies ist nur gem. § 15 III HGB möglich!

§ 15 II S.2 HGB

Gem. § 15 II S.2 HGB kann sich die Wirkung des § 15 I HGB um 15 Tage über den Zeitpunkt der Bekanntmachung hinaus verlängern.

Zu wessen Lasten wirkt die negative Publizität des Handelsregisters gem. § 15 I HGB?

↳ HandelsR, Rn. 138, Karteikarte 26

§ 15 I HGB wirkt zu Lasten...

... desjenigen, in dessen Angelegenheiten die Tatsache einzutragen war (v.a. derjenige, der gesetzl. zur Anmeldung verpflichtet war) ⇨ **z.B.** §§ 31, 29 HGB, § 53 HGB

... desjenigen, der durch die einzutragende Tatsache in seiner Rechtsstellung entlastet würde ⇨ **z.B.** der ausgeschiedene Gesellschafter, der entgegen §§ 128 S.1, 160 I HGB mangels Eintragung auch für Neuverbindlichkeiten haftet, §§ 128 S.1, 15 I, 143 II HGB

Achtung

§ 15 I HGB will Dritte schützen und wirkt daher *keinesfalls* **zugunsten des Eintragungspflichtigen**!

Kann ein Dritter sich entgegen der Registerlage i.S.d. § 15 I HGB auch auf die wahre Rechtslage berufen?

Wie weit reicht das grundsätzliche Wahlrecht des Dritten?

HandelsR, Rn. 140, Karteikarten 27, 28; vgl. Hauptkurs Fall 1

Der Dritte hat grds. ein **Wahlrecht**, sich entweder auf den *Rechtsschein* des § 15 I HGB oder auf die *wahre Rechtslage* zu berufen! **Arg.:** § 15 I HGB soll nur zugunsten Dritter wirken!

„Rosinentheorie“

BGH:

Das Wahlrecht kann **bzgl. derselben Tatsache** i.S.d. § 15 I HGB innerhalb eines zusammenhängenden Sachverhalts *unterschiedl.* ausgeübt werden

Lit.:

Wahlrecht **bzgl. derselben Tatsache (-)**, **Arg.:** § 15 I HGB schützt nicht ein solches widersprüchl. Verhalten, sondern das Vertrauen Dritter in die Richtigkeit der Registerlage

Beachte: § 15 HGB bezweckt aber nicht eine *bessere Stellung* als jene, die bei *Richtigkeit* des Rechtsscheins bestünde!

Was schützt § 15 III HGB?

Was bedeutet „unrichtige Bekanntmachung“ i.S.d. § 15 III HGB?

HandelsR, Rn. 142, Karteikarte 29

Positive Publizität → Schutz des guten Glaubens an die Richtigkeit von gem. § 10 HGB bekanntgemachten, eintragungspflichtigen Tatsachen

„unrichtig bekanntgemacht“

- **(+)** bei einer unrichtigen Bekanntmachung richtig eingetragener Tatsachen
- **h.M.: (+)** bei unrichtiger Eintragung und unrichtiger Bekanntmachung, **arg.:** entscheidend sei die Diskrepanz zw. wahrer Rechtslage und Bekanntmachung!
- **(-)** bei unrichtiger Eintragung und richtiger bzw. nicht erfolgter Bekanntmachung

Welches ungeschriebene Tatbestandsmerkmal ist (im Gegensatz zu § 15 I HGB) Voraussetzung für die Anwendung des § 15 III HGB?

↳ HandelsR, Rn. 147, Karteikarte 29

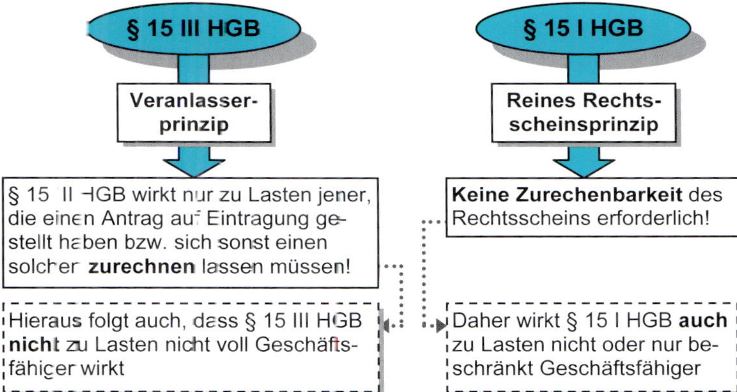

Welche (ungeschriebenen) Rechtsscheinstatbestände existieren neben jenen i.S.d. § 15 HGB?

Was sind die Voraussetzungen für die allgemeine Rechtsscheinshaftung?

⇘ HandelsR, Rn. 150, Karteikarte 30

Die nach allg. Rechtsgrundsätzen anerkannte **allg. Rechtsscheinshaftung** gilt, wenn auch subsidiär zu § 15 HGB, auch im Handelsrecht:

Voraussetzungen

(1) Setzung eines Rechtsscheins

(2) Zurechenbarkeit (⇨ volle Geschäftsfähigkeit!)

(3) Schutzwürdigkeit (⇨ v.a. Gutgläubigkeit des Dritten!)

(4) Kausalität zw. Vertrauen auf die Richtigkeit des Rechtsscheins und Handeln des Dritten

Ein solcher Rechtsschein liegt grds. in jeder **unrichtigen Eintragung** im **HReg**!

Was regelt § 15 II S.1 HGB?

In welchem Verhältnis steht § 15 II S.1 HGB zu anderen Rechtsscheinstatbeständen?

⇨ HandelsR, Rn. 152, Karteikarte 31

§ 15 II S.1 HGB

Grds. müssen sich Dritte alle Tatsachen, die in das HReg eingetragen und bekanntgemacht worden sind, entgegenhalten lassen

Nicht nur **eintragungspflichtige** Tatsachen!

Nur **richtige** Tatsachen!

Spezielle Rechtsscheinstatbestände gehen dem § 15 II S.1 HGB grds. vor ⇨ Wer einen Rechtsschein veranlasst oder duldet, der **stärker** ist, als die Publizität des HReg, muss sich an ihm festhalten lassen!

Was ist eine Firma?

Wer kann Inhaber einer Firma sein?

Ist eine Firma übertragbar?

↳ HandelsR, Rn. 157, Karteikarte 32

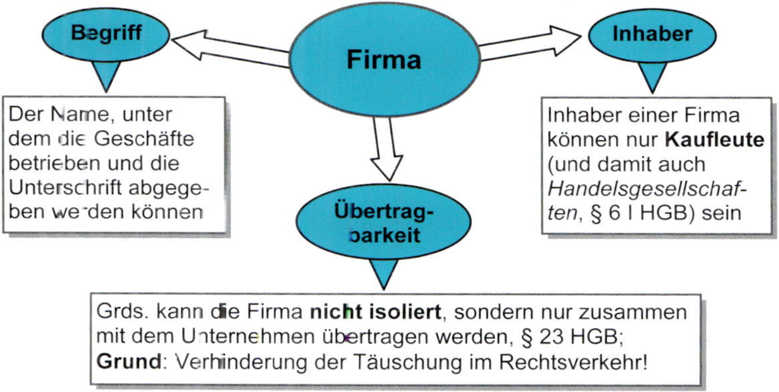

Welche Grundsätze beherrschen das Firmenrecht?

Die Firma

↳ HandelsR, Rn. 162, Karteikarte 33

Firmenausschließlichkeit

Neue Firmen müssen sich von bereits bestehenden deutlich unterscheiden, § 30 HGB

Firmenöffentlichkeit

Die Firma, ihre Änderung und ihr Erlöschen müssen eingetragen werden, vgl. § 31 HGB

Firmenbeständigkeit

Eine Firma darf auch dann fortgeführt werden, wenn der Unternehmensträger wechselt oder seinen Namen ändert, vgl. §§ 21, 22, 24 HGB

Firmenwahrheit

Die Firma darf die Öffentlichkeit nicht irreführen, vgl. §§ 13 I, II, 19 HGB

Firmeneinheit

Ein Kaufmann darf für *ein* Unternehmen auch nur *eine* Firma verwenden

Wie wird die Firma rechtlich geschützt?

↳ HandelsR, Rn. 167

Recht an der Firma → **Absolutes Recht** mit persönlichkeits- und vermögensrechtl. Zügen

- **Unterlassung**
  - **Handelsrechtl. Firmenschutz** gem. § 37 II HGB
  - **Quasi-negatorischer Unterlassungsanspruch** aus §§ 12, 862, 1004 BGB analog
  - **Namensrechtl. Schutz** gem. § 12 BGB
- **Schadenersatz**
  - **Deliktischer Schutz** gem. § 823 I BGB bzw. § 823 II BGB i.V.m. § 37 II HGB
- **Bereicherung**
  - **Eingriffskondiktion** gem. § 812 I S.1 Alt. 2 BGB

Was ist ein Unternehmen?

Ist ein Unternehmen rechtsfähig?

Kann ein Unternehmen Gegenstand von Rechtsgeschäften sein?

↳ HandelsR, Rn. 167; Karteikarte 34

Unter-nehmen = Organisatorisch-ökonomische Einheit aus personellen und sachlichen Mitteln, inkl. der immateriellen Werte, der Angestellten und der ausgeübten Tätigkeiten

Rechtsfähigkeit

Ein Unternehmen als solches ist **nicht** rechtsfähig! ⇨ Rechtsfähig ist nur der **Inhaber** des Unternehmens, also der Kaufmann

Gegenstand von Rechten

Ein Unternehmen kann als solches Gegenstand eines **Verpflichtungsgeschäfts** (zB. Kauf, § 433 BGB) sein

Ein Unternehmen als Gesamtheit von Sachen und Rechten kann *nicht als solches* Gegenstand eines einheitl. **Verfügungsgeschäfts** sein

Wo sind die Rechtsfolgen bzgl. der Haftung in den Fällen des Wechsels des Unternehmensträgers geregelt?

↬ HandelsR, Rn. 169, 197; Karteikarten 35, 41; vgl. Hauptkurs Fall 4

Wechsel des Unternehmensträgers

§ 25 HGB

Grundfall: Der ursprüngl. Unternehmensträger überträgt das Unternehmen *rechtsgeschäftl.* auf den neuen Träger

§ 27 HGB

Sonderfall: Der ursprüngl. Unternehmensträger *verstirbt*, und das Unternehmen wird durch dessen *Erben* weitergeführt

§ 28 HGB

Sonderfall: Das Unternehmen wird nun durch eine neu gegründete Personengesellschaft weitergeführt, in der der ursprüngl. Unternehmensträger Gesellschafter ist

Was stellt die Rechtsfolge des § 25 I S.1 HGB dogmatisch dar?

Welche Gegenrechte hat der Erwerber gegenüber dem Gläubiger im Fall des § 25 I S.1 HGB?

↳ HandelsR, Rn. 170; Karteikarte 35

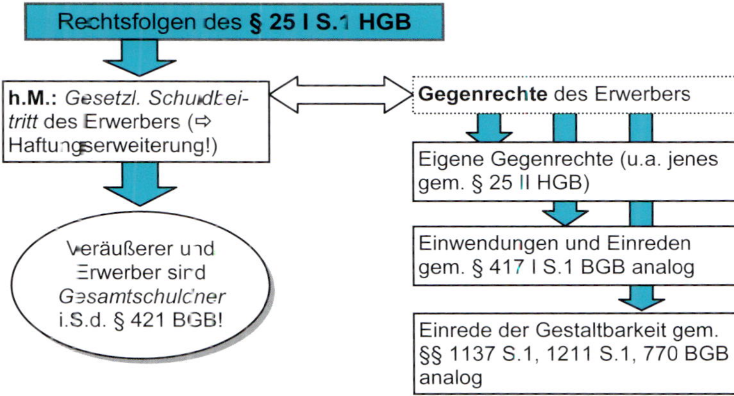

Wie kann die Haftungserweiterung des § 25 I HGB wieder eingeschränkt werden?

↳ HandelsR, Rn. 173; Karteikarte 36

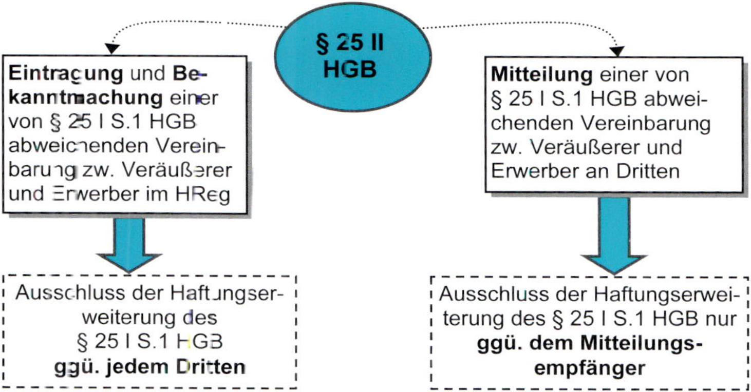

Was ist Sinn und Zweck des § 25 HGB?

↳ HandelsR, Rn. 175; Karteikarte 37

Bzgl. des Zwecks des § 25 HGB besteht **Streit**:

Rechtsscheinstheorie

Durch die Fortführung der Firma wird der Rechtsschein erweckt, der vormalige Inhaber führe das Unternehmen fort

Erklärungstheorie

§ 25 I HGB enthält eine gesetzliche Auslegungsregel dahin gehend, dass in dem Verhalten des Übernehmers eine Schuldmitübernahme zu sehen sei

Haftungsfondstheorie

Mit den Aktiva eines Übernehmens müssen notwendigerweise auch die Passiva übergehen

Vermittelnde Theorie:

Eine *Fortführung des Handelsgeschäfts* spricht für eine *Unternehmenskontinuität*, so dass der neue Inhaber einstandspflichtig für Altverbindlichkeiten ist

Welche Kritikpunkte werden zu den drei erstgenannten Meinungen bzgl. des Zwecks des § 25 HGB (vgl. vorige Karte) angebracht?

↳ HandelsR, Rn. 175; Karteikarte 37

Kritik

Kritik	Theorie
Auch die pos. Kenntnis Dritter von der Übertragung des Unternehmens bzw. vom Fehlen einer rechtsgeschäftl. Schuldübernahme ändert nichts an der Haftung i.S.d. § 25 HGB	**Rechtsscheinstheorie**
Die Erklärungstheorie geht von einer bloßen Fiktion aus ⇨ somit verwischen die Unterschiede zw. gesetzl. und vertragl. Haftung	**Erklärungstheorie**
Gem. § 25 II HGB ist die Haftung abdingbar	**Haftungsfondstheorie**

Welche Tatbestandsvoraussetzungen normiert § 25 I S.1 HGB?

↳ HandelsR, Rn. 181; Karteikarte 38

Voraussetzungen des § 25 I S.1 HGB

1. Gegenstand des Erwerbs = ***kaufmännisches* Unternehmen**;
Arg.: § 25 I S.1 HGB spricht von der Fortführung der „Firma“ ⇨ eine solche kann gem. § 17 I HGB nur ein **Kaufmann** haben!

2. **Erwerb** des Handelsgeschäfts **unter Lebenden**

3. **Fortführung** des **Handelsgeschäfts** und der **Firma**

4. Begründung der in Frage stehenden Verbindlichkeit im **Betrieb des Geschäfts**

Wann liegt ein Erwerb unter Lebenden i.S.d. § 25 I S.1 HGB vor?

Ist hierfür die Wirksamkeit des der Übertragung zugrunde liegenden Vertrages erforderlich?

Exkurs: Was gilt im Falle des Erwerbs von Todes wegen?

↳ HandelsR, Rn. 182; Karteikarte 38

„Erwerb unter Lebenden" ⇔ **Übergang von Todes wegen**

Jede Form der Überlassung bzw. Übertragung, so z.B. Kauf, Schenkung, Pacht, Nießbrauch (vgl. § 22 II HGB)

Beachte

Entscheidend ist **nur** der **tatsächl. Übergang** des Unternehmens ⇒ die Wirksamkeit eines Vertrages ist unerheblich; **Arg.**: Zweck des § 25 I S.1 HGB!

Hierfür gilt nicht § 25 I 1 HGB, sondern **§ 27 HGB** (vgl. Karten 62 ff.)

Wann gilt das Erfordernis der Firmenfortführung i.S.d. § 25 I S.1 HGB als erfüllt?

Wann gilt eine Verbindlichkeit als „im Betriebe des Geschäfts“ begründet i.S.d. § 25 I S.1 HGB?

HandelsR, Rn. 183; Karteikarte 38

Firmenfortführung

Die neue Firma muss nicht mit der alten Firma **identisch** sein ⇨ Es reicht insofern, wenn **Ähnlichkeit** besteht und der alte Firmenkern erhalten bleibt

Ein **Nachfolgezusatz** ist unschädlich, vgl. Wortlaut des § 25 I S.1 HGB

Geschäftsverbindlichkeit

Die Haftung umfasst alle Verbindlichkeiten aus Handelsgeschäften i.S.d. §§ 343 I, 344 HGB

Bei Dauerschuldverhältnissen nur, soweit bis Übergang begründet, danach nur ausnahmsweise, vgl. § 613a BGB

Was stellt § 25 I S.2 HGB dogmatisch dar?

Was sind die Tatbestandsvoraussetzungen des § 25 I S.2 HGB?

↬ HandelsR, Rn. 187; Karteikarte 39

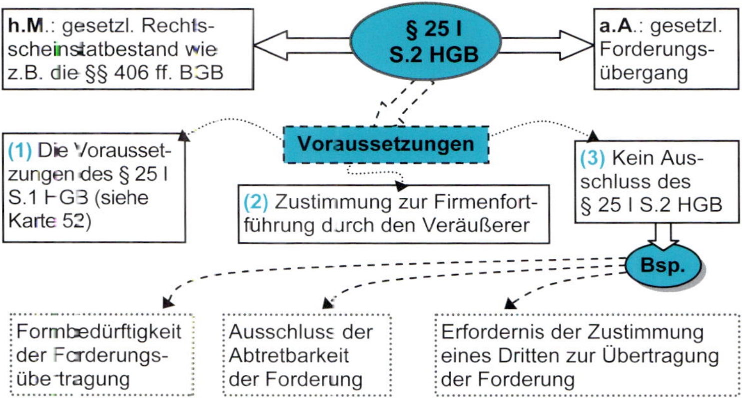

Was ist die Rechtsfolge des § 25 I S.2 HGB?

Zu wessen Gunsten wirkt § 25 I S.2 HGB?

Wie wird der Veräußerer vor der für ihn ungünstigen Folge des § 25 I S.2 HGB geschützt?

HandelsR, Rn. 191; Karteikarte 39

Rechtsfolgen

Der Schuldner kann durch Leistung an den *Erwerber* **schuldbefreiend erfüllen,** auch wenn Veräußerer und Erwerber die Übernahme der Forderungen *nicht* vereinbart haben!

Gem. **§ 816 II BGB** kann der Veräußerer („Berechtigter") gegen den Erwerber („Nichtberechtigter") vorgehen

§ 25 I S.2 HGB wirkt nur **zugunsten des Schuldners!**

Der **Erwerber** kann sich *nicht* auf § 25 I S.2 HGB berufen!

h.M.: Wenn der Veräußerer tatsächl. noch Inhaber der Forderung ist, dann kann der Schuldner auch an den *Veräußerer* schuldbefreiend leisten

Wonach bestimmt sich die Haftung des früheren Geschäftsinhabers, wenn der Erwerber nach § 25 I S.1 HGB haftet?

Was ist bzgl. § 26 I HGB dogmatisch zu beachten?

In welchen Fällen kann die Haftungsbegrenzung gem. § 26 I HGB entfallen?

HandelsR, Rn. 194: Karteikarte 40

Grds. Haftung (nach den allg. Regeln) für **vor** dem Geschäftsübergang begründete Verbindlichkeiten ⇨ Modifizierung dieser Nachhaftung nach **§ 26 HGB!**

Der Veräußerer haftet grds. nicht für **nach** dem Geschäftsübergang begründete Verbindlichkeiten

Zeitliche Begrenzung der Nachhaftung unter den Voraussetzungen des § 26 HGB

Achtung: § 26 HGB normiert *keine Verjährung*, sondern das *Erlöschen* eines Anspruches!

es sei denn...

- Fehlende Eintragung des Inhaberwechsels (§§ 31 I, 15 I HGB!)
- Fehlende Eintragung des neuen Inhabers (§ 25 I S.2 HGB!)
- Allg. Rechtsscheinshaftung

Worin besteht der tatbestandliche Unterschied zwischen § 28 I und § 25 I HGB?

Welche Rechtsfolgen regelt § 28 I S.1 HGB?

↳ HandelsR, Rn 197; Karteikarte 41; vgl. Hauptkurs HandelsR Fall 4

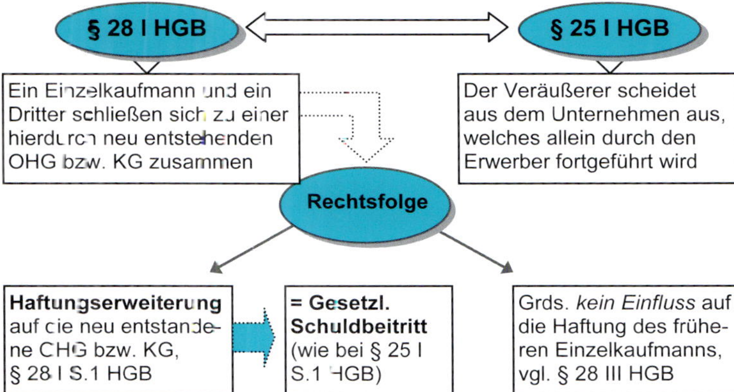

Welche Voraussetzungen regelt
§ 28 I S.1 HGB?

↳ HandelsR, Rn. 198; Karteikarten 41 ff.

Voraussetzungen des **§ 28 I S.1 HGB**

1 Gründung einer **neuen Personenhandelsgesellschaft** durch einen **Einzelkaufmann** und einen/mehrere Dritte(n)

- **h.L.**: kann auch eine jur. Person (z.B. **GmbH**) sein
- **Nicht** Eintritt in eine **bereits bestehende** Gesellschaft!
- **OHG** oder **KG**; **nicht** aber z.B. eine GmbH oder eine GbR!

2 Der Einzelkaufmann bringt sein Unternehmen als Einlage in die Gesellschaft ein

3 Firmenfortführung ist **nicht** vorausgesetzt!

Was regelt § 28 I S.2 HGB?

Was normiert § 28 II HGB?

↳ HandelsR, Rn. 211

§ 28 I S.2 HGB

§ 28 I S.2 HGB entspricht **§ 25 I S.2 HGB**

Vgl. daher bzgl. des Regelungsgehalts des § 28 I S.2 HGB die Ausführungen zu § 25 I S.2 HGB auf den Karten 55 und 56

§ 28 II HGB

§ 28 II HGB ist **§ 25 II HGB** nachgebildet

Bzgl. des Inhalts des § 28 II HGB sei somit auf die Ausführungen zu § 25 II HGB auf Karte 49 verwiesen

Wie haften die Gesellschafter im Falle des § 28 I S.1 HGB?

↳ HandelsR, Rn. 212; vgl. Karteikarte 42

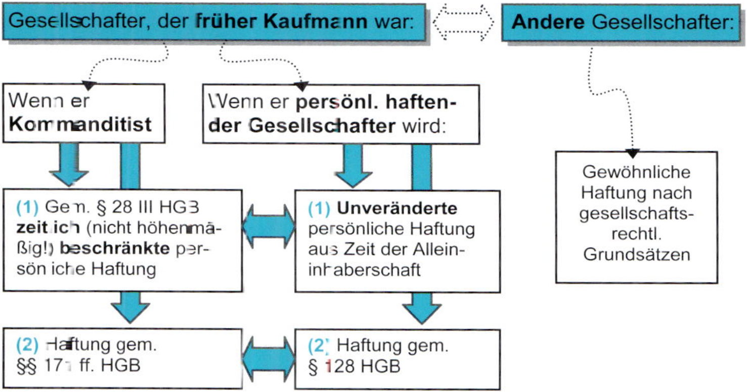

Was ist der Grundgedanke des § 27 HGB?

Welche Rechtsfolge regelt § 27 HGB?

↳ HandelsR, Rn.213; Karteikarte 45

§ 27 HGB

Haftungskontinuität aufgrund der Fortführung des Handelsgeschäfts und der Firma (vgl. § 25 I S.1 HGB)

Rechtsfolge

Haftungserweiterung: die Erben trifft eine *persönliche, handelsrechtliche* Haftung entsprechend **§ 25 I S.1 HGB**! (vgl. Karten 48 ff.)

Daneben bleibt die *erbrechtliche* Haftung gem. §§ 1967 ff. BGB bestehen (⇨ Beachte insbes. die Möglichkeit der **Haftungsbeschränkung** auf den Nachlass gem. §§ 1975 ff. BGB)!

Was sind die Voraussetzungen für die Haftungserweiterung gem. § 27 I i.V.m. § 25 HGB?

⤷ HandelsR, Rn.215; Karteikarte 45

Voraussetzungen

(1) Gegenstand des Erwerbs muss ein **Handelsgeschäft** sein

(2) Erwerb durch **Vererbung** ⇒ Annahme der Erbschaft durch den (bzw. mindestens einen der) Erben ist erforderl. ⇨ Haftung bei Ausschlagung also **(-)**, § 1953 I BGB!

(3) **Fortführung** des Handelsgeschäfts ⇒ Das Handelsgeschäft darf nicht binnen der Frist des § 27 II S.1 HGB (frei- oder unfreiwillig) eingestellt werden

(4) **h.M**: Fortführung der **Firma**

Warum ist nach h.M. die Fortführung der Firma Voraussetzung i.R.d. § 27 HGB?

Ist ebenfalls von einer Haftungserweiterung gem. §§ 27 I i.V.m. § 25 I S.1 HGB auszugehen, wenn die Firma zunächst weitergeführt wird, aber innerhalb der Frist des § 27 II HGB geändert wird?

⇨ HandelsR, Rn.218, Karteikarten 45, 46

Firmenfortführung i.R.d. § 27 HGB

Die Verweisung auf § 25 I S.1 HGB könnte als *reiner Rechtsfolgenverweis* ausgelegt werden ⇨ Insoweit folgt hieraus *noch nicht zwingend* das Erfordernis der Firmenfortführung i.R.d. § 27 HGB

In § 28 I S.1 HGB wurde *im Gegensatz zu § 27 HGB* gesondert geregelt, dass dort die Firmenfortführung nicht erforderl. sei

Stellung des § 27 HGB im 3. Abschnitt des HGB („Handelsfirma") ⇨ Spricht für das Erfordernis der Firmenfortführung

Änderung der Firma innerhalb der Frist des § 27 II HGB

⇨ **h.M.**: Haftung **(+)**, weil ein Haftungsausschluss ein vollständige Trennung vom gesetzl. Rechtsschein erfordere

Ist auch die Veräußerung des Handelsgeschäfts innerhalb der Frist des § 27 II HGB als „Einstellung" i.d.S. zu betrachten?

↳ HandelsR, Rn.220; Karteikarte 46

Veräußerung = Einstellung i.S.d. § 27 II S.1 HGB? **Str.:**

h.M.: Einstellung **(-)** ⇨ Haftungserweiterung gem. § 27 I i.V.m. § 25 I S.1 HGB

Arg.: die Einstellung müsse den durch die Fortführung von Firma und Handelsgeschäft geschaffenen Rechtsschein deutlich nach außen hin zerstören ⇨ eine Veräußerung reiche insoweit *nicht* aus!

a.A.: Einstellung **(+)** ⇨ Haftungserweiterung gem. § 27 I i.V.m. § 25 I S.1 HGB **(-)**

Arg.: Die Fortführung bzw. Einstellung sei lediglich an *den/die Erben* geknüpft ⇨ *diese* stellten jedoch Firma und Unternehmen durch eine Veräußerung durchaus ein; *außerdem*: Altgläubiger seien aufgrund § 25 I S.1 HGB, der gg. den Erwerber gilt, geschützt!

Kann die handelsrechtliche Erbenhaftung i.S.d. § 27 I HGB i.V.m. § 25 I S.1 HGB ausgeschlossen werden?

↳ HandelsR, Rn.221; Karteikarte 47

Denkbar: Ausschluss nach § 27 I HGB i.V.m. **§ 25 II HGB** durch Mitteilung bzw. Eintragung im HReg → **Str.!**

e.A.: Ausschluss nicht möglich

Arg.:

§ 25 II HGB setze eine rechtsgeschäftl. Vereinbarung zw. den Parteien der Übernahme des Handelsgeschäfts voraus ⇨ Zw. Erblasser und Erben gibt es aber i.d.R. keine solche Vereinbarung!

h.M.: Ausschluss möglich

Arg.:

(1) Wortlaut des § 27 I HGB („§ 25"), insbes. im Vergleich zu § 27 **II** HGB („§ 25 *Abs. 1*"); **(2)** Schutzwürdigkeit der Erben (*Ansonsten*: Wahl zw. unwägbarem Haftungsrisiko und voller Einstellung des Unternehmens); **(3)** vgl. Wertung des § 139 HGB

Was ist ein „Handelsgeschäft" i.S.d. §§ 343 ff. HGB?

↳ HandelsR, Rn.227; Karteikarte 49

Die §§ 343 – 372 HGB regeln die allgemeinen Vorschriften für Rechtsgeschäfte, bei denen Kaufleute beteiligt sind

Zentraler Begriff: **Handelsgeschäft i.S.d. § 343 I HGB** ⇨ **Voraussetzungen**:

1. Beteiligung von mindestens *einem* **Kaufmann** (vgl. § 345 HGB)

2. **Geschäft**, d.h. Rechtsgeschäft oder rechtsgeschäftsähnliche Handlung; *nicht*: bloße unerlaubte Handlung oder bloßer Realakt

3. **Bezug zum Handelsgewerbe**, d.h. solche Geschäfte, die dem Interesse des Handelsgewerbes, der Erhaltung seiner Substanz und der Erzielung von Gewinn dienen sollen (⇨ beachte folg. Karte)

Was ist bzgl. des Problems, ob ein Geschäft gem. § 343 I HGB zum Betriebe des Handelsgeschäfts gehört, zu beachten?

↳ HandelsR, Rn.231; Karteikarte 49

Bezug zum Handelsgewerbe i.S.d. § 343 I HGB zu bejahen?

§ 344 I HGB ⇨ *Im Zweifel* ist bei Geschäften eines Kaufmanns der Bezug zum Handelsgewerbe i.d.S. zu bejahen (= *widerlegliche Vermutung*!)

Beachte: bei Geschäften von *Personenhandelsgesellschaften* ergibt sich dies schon aus ihrer Natur!

Auch **Hilfs- und Nebengeschäfte** können diesen Bezug haben (*Bsp.*: Einrichtung eines Geschäftsraumes)

Nicht relevant für diese Frage ist, ob das in Frage stehende Geschäft für die Branche des Kaufmanns **typisch** ist oder nicht!

Welche Arten von Handelsgeschäften, je nach der Natur der an ihr beteiligten Personen, gibt es?

Welche praktische Bedeutung hat die Unterscheidung dieser Arten von Handelsgeschäften?

HandelsR, Rn.234; Karteikarte 49

Arten von Handelsgeschäften

Einseitige Handelsgeschäfte

Nur eine der beteiligten Parteien ist Kaufmann

§ 345 HGB: Im *Grundsatz* reicht für die Anwendung einer handelsrechtl. Vorschrift i.R.d. §§ 343 - 475h HGB ein **einseitiges** Handelsgeschäft aus!

Zweiseitige Handelsgeschäfte

Beide beteiligten Parteien sind Kaufleute

Nur wenn es **ausdrücklich** gesetzl. vorgesehen ist, ist für die Anwendbarkeit einzelner handelsrechtl. Vorschriften ein **zweiseitiges** Handelsgeschäft Voraussetzung, so z.B. in § 377 I HGB

Was sind Handelsbräuche i.S.d. § 346 HGB?

Wer ist an Handelsgebräuche gebunden?

Worin besteht die dogmatische Besonderheit von Handelsbräuchen?

↪ HandelsR, Rn.235; Karteikarte 50

Handelsbräuche

Solche **Gewohnheiten** und **Gebräuche** im Handelsverkehr, welche durch gleichmäßige, einheitliche und freiwillige **Übung** der Beteiligten über einen längeren Zeitraum hinweg **verpflichtenden Charakter** erhalten haben

Geltung grds. nur zw. **Kaufleuten**!

Besonderheit

Handelsbräuche gelten **kraft Gesetzes** (§ 346 HGB), müssen also nicht vertragl. vereinbart werden!

→ Zwingendes Recht geht Handelsbräuchen vor, während diese dispositives Recht i.d.R. verdrängen!

Was sind die Voraussetzungen des sog. Kaufmännischen Bestätigungsschreibens?

HandelsR, Rn. 238; Karteikarten 51 ff.; Hauptkurs Fall 6

Kaufmännisches Bestätigungsschreiben (**KBS**)

(1) Vorangehen von **Vertragsverhandlungen**

(2) Absenden des KBS **zeitlich unmittelbar nach** den Vertragsverhandlungen

- *Schutzwürdigkeit* des Absenders
- *Genehmigungsfähigkeit* des KBS

(3) Zugang des KBS (gem. § 130 BGB)

(4) Schweigen, d.h. kein *unverzüglicher* Widerspruch des Empfängers gg. das KBS

Rspr.: Der **Absender** muss zumindest selbständig am Geschäftsleben teilnehmen (*str.*)

h.L.: Der **Empfänger** muss zumindest *wie ein Kaufmann* am Geschäftsleben teilnehmen

Zwischen welchen Personen kann ein KBS Bedeutung erlangen?

↳ HandelsR, Rn. 240; Karteikarte 52

Persönlicher Anwendungsbereich des KBS

Absender

e.A.: Kann jeder Privatmann sein; **Arg.:** ein solcher könne nicht schlechter stehen als ein Kfm.

Rspr.: Muss zumindest ähnlich einem Kaufmann selbständig am Geschäftsleben teilnehmen; **Arg.:** ansonsten hätte der Empfänger zu erhebliche Kontrollpflichten bzgl. zugehender Schreiben

Empfänger

h.M.: Muss zwar nicht ein Kaufmann sein, aber doch zumindest in größerem Umfange (also ähnlich einem Kaufmann) am Geschäftsverkehr teilnehmen

Was ist der Unterschied zwischen einem KBS und einer sog. Auftragsbestätigung?

↳ HandelsR, Rn. 242; Karteikarte 52

KBS

Aus Sicht des **Absenders** haben die vorangegangenen Verhandlungen selbst bereits zum Vertragsschluss geführt ⇨ Der Absender will also diesen Vertrag lediglich zu Beweiszwecken schriftlich fixieren!

Auftrags-bestätigung

Aus Sicht des **Absenders** haben die vorangegangenen Verhandlungen *noch nicht* zu einem Vertragsschluss geführt ⇨ Durch die „Auftragsbestätigung" will der Absender den Vertrag erst noch zustande bringen!

„Auftragsbestätigung" = **Annahmeerklärung** i.S.d. § 147 BGB (beachte v.a. Wirkung des § 150 II BGB!)

Abgrenzung *ausschließlich* nach der **subjektiven Sicht** des **Absenders**!

Wann fehlt es an der i.R.d. KBS erforderlichen Schutzwürdigkeit des Absenders?

Wann ist das vom Absender verfasste Schreiben nicht genehmigungsfähig?

↳ HandelsR, Rn. 249; Karteikarten 53, 54

Schutzwürdigkeit des Absenders

Schutzwürdig (-), wenn der Absender bzgl. des von ihm abgefassten und versandten Schreibens **unredlich** ist

Unredlich (+), wenn der Absender das Schreiben bewusst so fasst, dass es dem Inhalt der vorangegangenen Verhandlungen nicht entspricht, und dabei hofft, der Empfänger werde die Nichtübereinstimmung nicht bemerken

Genehmigungsfähigkeit des Inhalts des KBS

Genehmigungsfähig (-), wenn sein Inhalt so vom Verhandlungsergebnis abweicht, dass der Absender nicht mit der Zustimmung des Empfängers rechnen durfte

Auch AGB in einem KBS *können* u.U. genehmigungsfähig sein!

Was ist die Rechtsfolge eines KBS bei der Erfüllung der oben (vgl. Karten 71 ff.) genannten Voraussetzungen?

↳ HandelsR, Rn. 254; Karteikarte 54

Die Rechtsfolgen des KBS

Wenn im Rahmen der vorangegangenen Verhandlungen (entgegen der Annahme des Absenders) noch **kein Vertrag** zustande gekommen war:

→ Es kommt mit dem (hier sog. **konstitutiven**) KBS ein Vertrag zustande!

Wenn (entsprechend der Annahme des Absenders) schon **ein Vertrag** zustande gekommen war:

→ Der zuvor zustande gekommene Vertrag hat den Inhalt des (in diesem Falle sog. **deklaratorischen**) KBS

Kann das KBS bzw. seine Rechtsfolgen durch Anfechtung vernichtet werden?

↳ HandelsR, Rn. 255; Karteikarte 55

Kann ein KBS angefochten werden?

h.M.:

- **Kein** Anfechtungsrecht bzgl. eines Irrtums über die Bedeutung des Schweigens (= unbeachtl. Rechtsfolgeirrtum!)
- **Keine** Anfechtung mit der Begründung, dass der Inhalt der Vorverhandlungen und der Wortlaut des KBS abweichen

str.:

- Anfechtungsrecht insoweit, als bei einer (hypothetischen) ausdrückl. Erklärung ein solches bestünde?

Contra: Das Schweigen des Empfängers **ist keine Willenserklärung**, sondern nur ein Zurechnungstatbestand!

Pro: Das Schweigen des Empfängers wird in seinen Rechtsfolgen einer Willenserklärung **gleichgestellt**!

Was ist bei sich kreuzenden KBS zu beachten?

↬ HandelsR, Rn. 257; Karteikarte 56

Sich kreuzende KBS

Hierbei erkennt jeder der Vertragspartner, dass ein endgültiger Vertragsschluss mit einem eindeutig bestimmten Vertragsinhalt gescheitert ist

Folge

Ein jeweiliger Widerspruch ist **grds.** nicht erforderlich, um die Rechtsfolgen des KBS zu verhindern

Ausnahme

Genehmigungsfiktion **(+)**, wenn eine Partei eine *zu erwartende* Ergänzung in das KBS eingefügt hat

Was stellt § 347 HGB dar?

Warum ist § 347 HGB streng genommen überflüssig?

↳ HandelsR, Rn. 259; Karteikarte 57

§ 347 HGB

§ 347 HGB regelt lediglich einen **Verschuldensmaßstab**, welcher im Vergleich zu § 276 II BGB grds. schärfer ist

§ 347 HGB ist **keine** gesonderte Anspruchsgrundlage!

§ 347 HGB ist eigentlich überflüssig ⇨ Schon gem. **§ 276 II BGB** ist ein *gruppenspezifischer*, objektivierter Sorgfaltsmaßstab anzulegen

Beachte

§ 347 HGB gilt auch für den **Erfüllungsgehilfen** (§ 278 BGB) des Kaufmanns!

Wie werden nach allgemeinem Zivilrecht bestehende Schutzvorschriften im HGB für Kaufleute außer Kraft gesetzt?

HandelsR, Rn. 260; Karteikarte 58

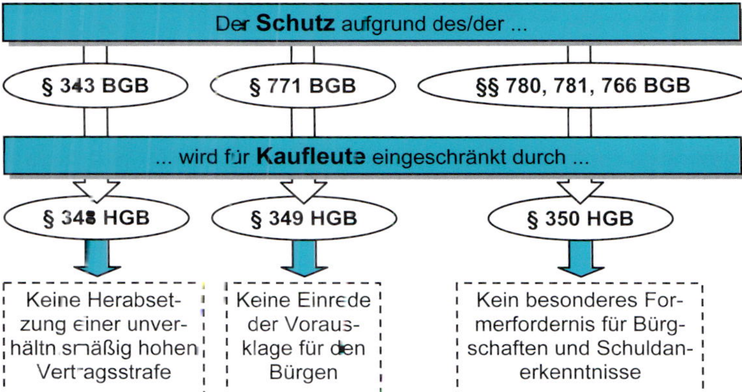

Zu welchem Zeitpunkt muss die Kaufmannseigenschaft vorliegen, wenn die §§ 348-350 HGB zur Anwendung kommen sollen?

Sind die §§ 348-350 HGB auch auf Scheinkaufleute anwendbar?

↳ HandelsR, Rn. 261; Karteikarte 58

Voraussetzung für die Anwendbarkeit der §§ 348-350 HGB:

Erforderlich ist das Vorliegen der Kaufmannseigenschaft **zur Zeit des Vertragsschlusses**

Irrelevant ist, ob der Kaufmann nach Vertragsschluss seinen Kaufmannsstatus verliert

Anwendbarkeit auf Scheinkaufleute?

Str.

Sachgerecht dürfte hier sein, die Anwendbarkeit der §§ 348-350 HGB zu **bejahen** für nicht eingetragene Kannkaufleute, und zu **verneinen** für solche Personen, die auch durch Eintragung nicht Kaufmann werden können (z.B. Personen, die kein *Gewerbe* betreiben)

Ist § 350 HGB auf die Bürgschaftsübernahme

a) durch eine GmbH bzw.

b) durch den Alleingesellschafter und Geschäftsführer einer GmbH

anwendbar?

HandelsR, Rn. 262; Karteikarte 59

Bürgschaftsübernahme durch eine GmbH

Die GmbH ist gem. §§ 6 I, II HGB, 13 III GmbHG Kaufmann → Auf die GmbH ist also § 350 HGB grds. anwendbar → **Formerfordernis** gem. § 766 S.1 BGB **(-)**

Bürgschaftsübernahme (in eigenem Namen!) durch den **Alleingesellschafter** und **Geschäftsführer** einer GmbH

Der Gesellschafter selbst ist **nicht** Kaufmann, sondern nur die GmbH! → Auf den Gesellschafter ist § 350 HGB **nicht** anwendbar → **Formerfordernis (+)** gem. § 766 S.1 BGB

Welche Besonderheit besteht im Handelsrecht hinsichtlich der Forderung von Zinsen?

In welchem Verhältnis steht § 353 HGB zu anderen allgemein-zivilrechtlichen und handelsrechtlichen Regelungen?

↳ HandelsR, Rn. 263; Karteikarte 60

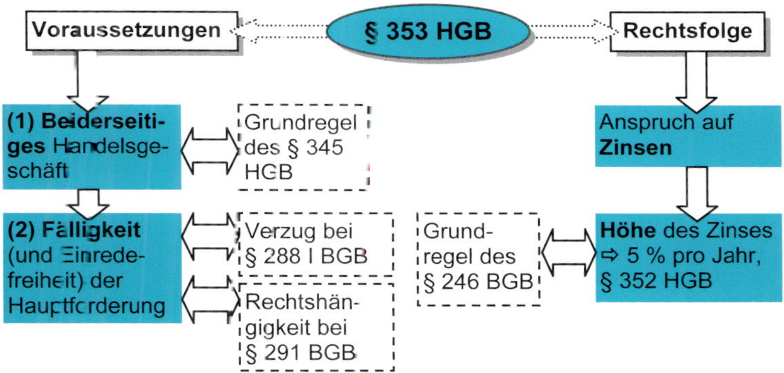

Was ist zu beachten, wenn zwischen Kaufleuten ein Abtretungsverbot vereinbart wurde? Welche nicht-handelsrechtlichen Regelungen sind hierbei zu berücksichtigen?

↳ HandelsR, Rn. 264; Karteikarte 61

§ 137 BGB	Allgemeiner zivilrechtl. **Grundsatz**	Ein rechtsgeschäftl. vereinbartes *Veräußerungsverbot* (schließt grds. *Abtretungs*verbote mit ein!) ist **unwirksam**
§ 399 Alt.2 BGB	**Ausnahme** von dem Grundsatz des § 137 BGB!	Ein rechtsgeschäftl. vereinbartes Abtretungsverbot ist entgegen § 137 BGB **wirksam**
§ 354a I S.1 HGB	**Gegenausnahme** von der Ausnahme des § 399 Alt.2 BGB!	Wenn rg. Abtretungsverbot bzgl. Forderung aus *beiderseitigen Handelsgeschäft*, Abtretungsverbot **unwirksam**
§ 354a II HGB	**Ausnahme von Gegenausnahme**	Wenn Forderung aus Darlehen mit Bank; Abtretungsverbot **wirksam**, d.h. § 399 BGB gilt

Welche Rechtsfolgen zieht es nach sich, wenn der Schuldner an den bisherigen Gläubiger leistet, welcher die Forderung zuvor an einen neuen Gläubiger in Einklang mit § 354a I S.1 HGB abgetreten hat?

↳ HandelsR, Rn. 264; Karteikarte 61

Grundsatz des § 362 I BGB ⇨ Grds. Erfüllung **(-)**, weil der Schuldner nicht an den aktuellen Gläubiger geleistet hat

Ausnahme des § 362 II BGB? ⇨ In der Regel wird keine Einwilligung bzw. Genehmigung i.S.d. §§ 362 II, 185 BGB vorliegen ⇨ Erfüllung demnach weiterhin **(-)**

Ausnahme des § 354a I S.2 HGB! ⇨ Wenn die Abtretung wg. § 354a I S.1 wirksam ist, und daher wg. der Leistung an den *bisherigen* Gläubiger keine Erfüllung *gem. § 362 I BGB* eintritt, dann wird der Schuldner trotzdem (auch bei Kenntnis! – Unterschied zu § 407 BGB) gem. § 354a I S.2 HGB von der Leistungspflicht frei

Beachte ⇨ Der *neue* Gläubiger kann aber gem. **§ 816 II BGB** gg. den *bisherigen* Gläubiger vorgehen!

Was sind die Voraussetzungen eines Kontokorrents?

↳ HandelsR, Rn. 266; Karteikarte 62

Voraussetzungen des Kontokorrents i.S.d. § 355 HGB

1. Mindestens eine der beiden Parteien ist **Kaufmann**
2. **Geschäftsverbindung** zw. den Parteien
   - Geschäftlicher Kontakt über eine gewisse Zeit hinweg, so dass gegenseitige Ansprüche entstehen können
3. **Kontokorrentabrede** ⇨ Diese Abrede hat folgende **Bestandteile:**
   - Einstellung der Forderungen in das Kontokorrent
   - Regelmäßige Saldierung der Forderungen
   - Feststellung des Überschusses

Welche Formen des Kontokorrents gibt es?
Wodurch zeichnen sie sich aus?

Was ist der in der Praxis wichtigste Anwendungsfall eines Kontokorrents?

↳ HandelsR, Rn. 270; Karteikarte 62

Formen des Kontokorrents:

Periodenkontokorrent ⇒ Die Saldierungen werden in **geregelten zeitlichen Abständen** (z.B. jeweils nach drei Monaten) durchgeführt ⇒ hiervon geht § 355 I HGB grds. aus!

Staffelkontokorrent ⇒ Sobald sich zwei Forderungen gegenüberstehen, wird saldiert

Bankkontokorrent ⇒ **Hauptanwendungsfall** des Kontokorrents ist das **Bankkontokorrent** (i.d.R. in Form eines *Periodenkontokorrents*)

Welche Rechtsfolgen ergeben sich beim Kontokorrent?

Was versteht man konkret unter der Kontokorrentbindung?

Wie weit reicht der Umfang der Kontokorrentbindung?

↳ HandelsR, Rn. 271; Karteikarte 63

Folgen des Kontokorrents

Kontokorrentbindung der eingestellten Forderung ⇨ d.h., die Forderung verliert ihre Selbständigkeit und wird zum reinen Rechnungsposten!

Konkret

Die Forderung kann grds. nicht mehr Gegenstand von Verfügungsgeschäften (z.B. Abtretung, [Ver-]Pfändung) sein oder durch Leistungsklage eingeklagt werden

Umfang

Der **Umfang** der Kontokorrentbindung richtet sich nach der jeweiligen Kontokorrentabrede ⇨ erfasst werden i.d.R. alle jene Forderungen, die auf der jeweiligen Geschäftsverbindung beruhen

Wie gehen die Vertragspartner am Ende einer Periode i.S.d. § 355 I HGB vor? Wie ist dieses Vorgehen rechtlich zu würdigen?

↳ HandelsR, Rn. 273; Karteikarte 63

Vorgehen am Ende einer regelmäßigen Zeitabschnitts i.S.d. § 355 I HGB:

Feststellung des Saldos durch einen Geschäftspartner und **Mitteilung** des Saldos an den anderen Geschäftspartner (= rechtsgeschäftsähnl. Handlung)

↓

Gem. §§ 133, 157 BGB ist diese **Mitteilung** ein **Angebot** zum Abschluss eines **abstrakten Schuldanerkenntnisses** gem. §§ 311, 780, 781 BGB

↓

I.d.R. erfolgt (ausdrückl./konkl.) eine **Annahmeerklärung** (aufgrund von AGB auch durch *Schweigen* möglich, insbes. beim Bankkontokorrent!)

↓

Mit **Abschluss** des abstrakten Schuldanerkenntnisses ⇨ **Erlöschen** der in das Kontokorrent eingestellten Forderungen und **Entstehen** des abstrakt anerkannten Saldoanspruchs

Was geschieht mit Einwendungen und Einreden, die ursprünglich gegenüber den in das Kontokorrent eingestellten Forderungen bestanden?

↳ HandelsR, Rn. 273; Karteikarte 63

Einwendungen/ Einreden

Die *alten* Forderungen **erlöschen** und die *neue* Forderung ist **abstrakt** (siehe vorige Karte)

Die Einwendungen bzw. Einreden können **nicht** unmittelbar gg. die neue Forderung geltend gemacht werden

Möglich ist allerdings die Geltendmachung der **Einrede der Bereicherung**, die in § 821 BGB vorausgesetzt ist, ggü. der neuen Forderung (vgl. i.Ü. § 812 II BGB)

Was geschieht mit Sicherheiten, die ursprünglich für die in das Kontokorrent eingestellten Forderungen bestellt wurden?

Was ist bzgl. des Umfangs der Sicherheit gem. § 357 HGB zu beachten?

↳ HandelsR, Rn 274; Karteikarte 64

Sicherheiten

Eigentlich müsste die Sicherheit mit dem Erlöschen der gesicherten Forderung ebenfalls erlöschen (**arg.:** Akzessorietät!)

→ **§ 356 HGB** regelt jedoch, dass Sicherheiten für den *Saldoanspruch* weitergelten

Umfang

Die Sicherheit besteht nur insoweit, wie sich die ursprüngl. gesicherte Forderung und Saldoanspruch decken

→ Wenn im nächsten Rechnungsabschluss der Saldo sinkt, verringert sich entsprechend die Sicherheit ⇨ **Beachte**: wenn anschließend der Saldo wieder steigt, erhöht sich die Sicherheit **nicht** im entsprechenden Maße, d.h. maßgebend ist der *niedrigste* Zwischensaldo!

Können folgende Forderungen gem. §§ 828 ff. ZPO gepfändet werden? (Achtung: gilt nicht bei Pfändungsschutzkonto, vgl. Sondernorm § 850k)

a) Eine in das Kontokorrent eingestellte Einzelforderung,
b) den gegenwärtigen Saldoanspruch,
c) alle zukünftigen Saldoansprüche,
d) das jeweilige Tagesguthaben bei einem Girokontokorrent?

↳ HandelsR, Rn. 277; Karteikarte 65

a) Pfändbarkeit **(-)**, **Arg.:** Kontokorrentbindung der einzelnen Forderung, § 851 ZPO, vgl. KK 87 ff.

b) Obwohl eigtl. gegenwärtig keine Saldierung stattfindet und damit auch kein pfändbarer Saldo besteht, regelt in diesem Fall **§ 357 HGB** die Pfändbarkeit dieses sog. *Zustellungssaldos*!

c) Pfändbarkeit unproblematisch **(+)**; *Voraussetzung*: Bestimmbarkeit der (zukünftigen!) Forderung

d) Besonderheit beim Girokontokorrent: der Kunde darf auch über das Tagesguthaben verfügen. Hierbei handelt es sich um einen Anspruch aus dem Girovertrag, der selbst nicht kontokorrentgebunden ist ⇨ § 851 II ZPO greift hier **nicht** ⇨ Pfändbarkeit **(+)**

Achtung: Bei sog Pfändungsschutzkonten geht § 850k ZPO vor!

Was regelt § 358 HGB?

↳ HandelsR, Rn. 279; Karteikarte 66

§ 358 HGB

Grds. richtet sich die Leistungszeit nach **§ 271 BGB**

Aber: § 271 BGB wird dergestalt durch § 358 HGB **modifiziert**, dass eine Leistung nur *während der gewöhnlichen Geschäftszeit* (z.B. Schalterstunden bei einer Bank) bewirkt bzw. gefordert werden kann!

Beachte

Dies gilt gem. § 345 HGB grds. auch bei *einseitigen* Handelsgeschäften!

Was ist bzgl. § 360 HGB zu beachten?

HandelsR, Rn. 279; Karteikarte 66

§ 360 HGB

Grds. schuldet der Schuldner einer Gattungssache gem. § 243 I BGB *Sachen* mittlerer Art und Güte

§ 243 I BGB wird insoweit von § 360 HGB **modifiziert**, als der kaufmännische Schuldner **Handelsgut** mittlerer Art und Güte schuldet!

= Ware, die am *Erfüllungsort* üblich ist!

Beachte

§ 360 HGB ist wohl **nicht** anwendbar, wenn gerade der **Nichtkaufmann** der Schuldner ist!

Der Maßstab gem. § 360 HGB kann sowohl **strenger** als auch **lockerer** als jener gem. § 243 I BGB sein!

Wie fügt sich § 362 I S.1 Hs.2 HGB in die Systematik des allgemeinen Zivilrechts?

⇘ HandelsR, Rn. 281; Karteikarte 67

Allg. Grundsatz

Schweigen ist **keine Willenserklärung** ⇨ durch Schweigen kann grds. ein Angebot **nicht** angenommen werden ⇨ Vertragsschluss **(-)**!

§ 151 BGB ist **keine Ausnahme** von diesem Grundsatz!

Insoweit wird lediglich auf den **Zugang** der Willenserklärung verzichtet!

§ 663 BGB ist **keine Ausnahme** von diesem Grundsatz!

Es kommt hiernach nicht zu einem Vertragsschluss, sondern nur zu einem **Schadenersatzanspruch** (Sonderfall zu §§ 311 II, 241 II BGB [c.i.c.])

§ 362 I 1 HGB ist eine **Ausnahme** von diesem Grundsatz!

Das Schweigen gilt in diesem Fall als **Annahmeerklärung!** ⇨ Es kommt ein Vertrag zustande!

Wie ist § 362 HGB **dogmatisch** einzuordnen?

↳ HandelsR, Rn. 282; Karteikarte 67

Die **dogmatische Einordnung** ist umstritten:

e.A.: § 362 HGB ist ein besonderer, gesetzl. normierter Typ einer Willenserklärung, d.h. die **Fiktion einer Willenserklärung**

a.A.: § 362 HGB ist lediglich eine Vorschrift, die dem Vertrauensschutz dient und zu diesem Zweck – abweichend von der herkömml. Rechtsgeschäftslehre – einen Vertragsschluss aufgrund eines Rechtsscheins anordnet

Achtung!

In aller Regel ist dieser Theorienstreit in der Klausur nicht von Belang! Dies könnte allenfalls im Fall der Anfechtung des Schweigens anders sein!

Unter welchen Voraussetzungen gelten die Rechtsfolgen des § 362 I HGB?

↳ HandelsR, Rn. 283; Karteikarten 67, 68

Die Voraussetzungen des § 362 I HGB

(1) Empfang eines **Angebots** durch einen **Kaufmann**

(2) Gegenstand des Angebots sind **Geschäftsbesorgungen**, vgl. § 675 BGB

(3) Die Geschäftsbesorgungen i.S.d. § 675 BGB sind auch gewöhnlicher **Gegenstand des Handelsgewerbes** des Kaufmanns

(4) Geschäftsverbindungen (§ 362 I S.1 HGB) oder nicht-öffentliches **Erbieten** zur Geschäftsbesorgung (§ 362 I S.2 HGB)

Geschäftsbesorgung: Jede selbständige (rechtsgeschäftl. oder tatsächl.) Tätigkeit wirtschaftl. Art in fremdem Interesse

Was sind die Rechtsfolgen des § 362 I HGB?

↳ HandelsR, Rn. 284; Karteikarte 69

Rechtsfolgen des § 362 I HGB

Pflicht zur **unverzüglichen** (vgl. § 121 I S.1 BGB) **Antwort**

Bei Verletzung dieser Pflicht ⇨ i.d.R. **Vertragsschluss**, nicht Schadensersatz!

Beachte: die allg. Voraussetzungen für einen Vertragsschluss müssen erfüllt sein, so z.B. Geschäftsfähigkeit und Vertretungsmacht des Schweigenden usw.! (**Arg.:** § 362 HGB soll nur über die Nicht-Antwort trotz Antwortpflicht hinweghelfen!)

Kann ein gem. § 362 I S.1 Hs.2 HGB zustande gekommener Vertrag angefochten werden?

↳ HandelsR, Rn. 284; Karteikarte 69

Ein Anfechtungsrecht scheidet jedenfalls insoweit aus, als der Anfechtende nicht wusste, dass sein Schweigen überhaupt eine Annahmeerklärung bedeutet! (⇨ **Unbeachtlicher Rechtsfolgenirrtum**)

Ob ansonsten ein Anfechtungsrecht besteht (z.B. wg. Inhaltsirrtums), ist **umstritten** ⇨ Die Meinungen hierzu gründen grds. auf den genannten Ansichten zur dogmatischen Einordnung des § 362 I S.1 HGB (vgl. Karte 95):

Ausgangspunkt der Überlegungen: ⇨ Angefochten werden kann nur eine **Willenserklärung**!

- Wenn man § 362 I S.1 HGB für einen typisierten Fall einer Annahmeerklärung hält ⇨ Anfechtung **möglich**!
- Wenn man davon ausgeht, dass § 362 I S.1 HGB einen Vertragsschluss aufgrund eines Rechtsscheins anordnet ⇨ Anfechtung **nicht möglich**!

Wie verhält sich § 366 HGB zu den §§ 932 ff. BGB?

↳ HandelsR, Rn. 288; Karteikarte 70; SachenR II, Rn. 123

§§ 932 ff. BGB ⇨ Greifen dann, wenn ein Nicht-Eigentümer sich als Eigentümer ausgibt, und der Erwerber insoweit gutgläubig ist ⇨ die §§ 932 ff. BGB überwinden also (nur) die fehlende **Eigentümerstellung**!

§ 366 I HGB ⇨ Ist dann anwendbar, wenn zwar die fehlende Eigentümerstellung des Veräußerers offenbart wird, aber dieser vorgibt, zur Verfügung ermächtigt (§ 185 BGB) zu sein, obwohl dies nicht der Fall ist ⇨ § 366 I HGB überwindet also (nur) die fehlende **Verfügungsmacht** i.S.d. § 185 BGB!

Was sind die Voraussetzungen für den gutgläubigen Erwerb einer Sache gem. §§ 929 ff. BGB, 366 I HGB?

↳ HandelsR, Rn. 288; Karteikarte 70; SachenR II, Rn. 123

Voraussetzungen für den gutgl. Erwerb gem. §§ 929 ff. BGB, § 366 I HGB:

- **Einigung** und **Übergabe** (bzw. Übergabesurrogat), §§ 929 ff. BGB
- Fehlende **Berechtigung** des Veräußerers, d.h. sowohl fehlende *Eigentümerstellung* als auch fehlende *Verfügungsmacht* i.S.d. § 185 BGB
- **Verfügungsbefugnis** des Veräußerers (vgl. z.B. §§ 135, 136 BGB)
- **Gutgläubigkeit** des Erwerbers bzgl. *Verfügungsmacht* i.S.d. § 185 BGB
- Veräußerer ist **Kaufmann**
- Veräußerung i.R.d. **Handelsgewerbes** (⇨ Bezug zum Handelsgewerbe)
- Sonstiges, z.B. § 935 BGB bzw. § 366 I HGB i.V.m. § 935 BGB

Reicht es für § 366 I HGB aus, wenn ein Rechtsscheinskaufmann veräußert?

Was ist hinsichtlich der i.R.d. § 366 I HGB erforderlichen Gutgläubigkeit zu beachten?

↳ HandelsR, Rn. 291; Karteikarte 71

Veräußerung durch einen Rechtsscheinskaufmann

h.M.: Anwendbarkeit des § 366 I HGB **(-)**; **Arg.:** Wortlaut des § 366 I HGB; übermäßige Beeinträchtigung der Eigentümerrechte; § 366 I HGB will nicht bei gutem Glauben bzgl. der *Kaufmannsstellung* weiterhelfen

Gutgläubigkeit

- Muss sich auf die **Verfügungsmacht** beziehen
  - Anwendbarkeit des § 366 I HGB **(-)** bei Gutgläubigkeit bzgl. anderer Umstände, z.B. Geschäftsfähigkeit, Bezug zum Handelsgewerbe!
- Der Maßstab für die Gutgläubigkeit richtet sich nach **§ 932 II BGB**

Ist § 366 I HGB auch für den Fall des guten Glaubens an die Vertretungsmacht anwendbar?

⇨ HandelsR, Rn. 294; Karteikarte 72; SachenR II, Rn. 124

§ 366 HGB anwendbar bei Gutgläubigkeit bzgl. **Vertretungsmacht**? **Str.!**

e.A.:

Anwendbarkeit des § 366 I HGB **(+)**

Arg.: § 366 I HGB sei ungenau formuliert: dass das HGB nicht streng zw. Vertretungsmacht und Ermächtigung i.S.d. § 185 BGB unterscheide, zeige sich deutlich in § 54 HGB; außerdem: Schutzwürdigkeit des Vertragspartners

h.M.:

Anwendbarkeit des § 366 I HGB **(-)**

Arg.: Wortlaut des § 366 I HGB; *außerdem*: Ausnahmecharakter der Vorschrift ⇨ restriktive Auslegung angebracht; Schutzwürdigkeit des Vertragspartners (-), da er weiß, dass der Veräußerer nicht in eigenem Namen handelt

Was regelt § 366 II HGB?

↳ HandelsR, Rn. 296; Karteikarte 73

§ 936 BGB ⇨ Wenn der Erwerber gar **keine Kenntnis** von dem Drittrecht hat ⇨ lastenfreier Erwerb gem. § 936 BGB grds. möglich

§ 366 II HGB ⇨ Wenn der Erwerber **zwar Kenntnis** von dem Recht des Dritten hat (⇨ § 936 BGB **(-)**!), aber glaubt, der Veräußerer sei von dem Dritten (gem. § 185 BGB) ermächtigt worden, ohne Vorbehalt des Rechts über die Sache zu verfügen, dann hilft § 366 II HGB über das Fehlen einer solchen Ermächtigung hinweg! ⇨ lastenfreier Erwerb gem. § 366 II HGB grds. möglich

Ist § 366 HGB auch für den gutgläubigen Erwerb von Pfandrechten anwendbar?

Wie fügt sich § 366 III HGB in die Systematik des allgemeinen Zivilrechts ein?

↳ HandelsR, Rn. 296; Karteikarte 73; vgl. KreditsicherungsR, Rn. 228

Gutgläubiger Erwerb **vertraglicher** Pfandrechte (vgl. §§ 1204 ff. BGB) → Hierfür gilt **§ 366 I HGB**

Gutgläubiger Erwerb **gesetzlicher** Pfandrechte → Hierfür gilt **§ 366 III HGB**

Systematik

Allg. zivilrechtlicher Grundsatz:
Ein *gesetzliches* Pfandrecht kann **nicht** gutgläubig erworben werden (vgl. §§ 1204 ff. BGB, insbes. Wortlaut des § 1257 BGB)

§ 366 III HGB stellt eine **Ausnahme** dieses Grundsatzes dar!
⇨ ausnahmsweise kann ein gesetzliches Pfandrecht gutgläubig erworben werden

Auf welche gesetzlichen Pfandrechte ist § 366 III HGB anwendbar?

↳ HandelsR, Rn. 299; Karteikarte 73

Reichweite des § 366 III HGB?

Betrifft die ausdrückl. genannten handelsrechtl. Pfandrechte gem. §§ 397, 404, 441, 464, 475b HGB

Str.: (Analoge) Anwendbarkeit auf nicht in § 366 III HGB genannte gesetzl. Pfandrechte, insbes. die Pfandrechte gem. §§ 562, 647 BGB?

h.M.: *keine* Anwendbarkeit auf das Vermieterpfandrecht gem. § 562 BGB; **Arg.:** Rechtsscheinstatbestand **(-)**, da Übergabe der Pfandsache **(-)** [besitzloses Pfandrecht!]

h.M.: *keine* Anwendbarkeit auf die übrigen gesetzl. Pfandrechte; **Arg.:** § 366 III HGB ist eine *Ausnahmevorschrift* (siehe vorige Karte) ⇨ restriktive Auslegung geboten

Was sind die tatbestandlichen Voraussetzungen des handelsrechtlichen Zurückbehaltungsrechts (ZBR) gem. § 369 HGB?

↳ HandelsR, Rn. 301; Karteikarte 74

Voraussetzungen des § 369 HGB

- Gläubiger und Schuldner müssen **Kaufleute** sein
- **Fällige** und **einredefreie** Forderung des Gläubigers ggü. dem Schuldner
- Forderung aus einem **beiderseitigen Handelsgeschäft**
- Zurückbehaltene Sache grds. im **Eigentum des Schuldners**
- (Un-)Mittelbarer (Mit-)**Besitz des Gläubigers** an der Sache
- Besitzerlangung der Sache sowohl **aufgrund eines Handelsgeschäfts** als auch **mit Willen des Schuldners**
- **Kein Ausschluss** gem. § 369 III HGB

Was muss Gegenstand der durch das handelsrechtliche ZBR i.S.d. § 369 HGB gesicherten Forderung sein?

In welchem Fall kann auch ein ZBR an einer gläubigereigenen Sache geltend gemacht werden?

↳ HandelsR, Rn. 302; Karteikarte 74

Inhalt der durch das handelsrechtliche ZBR gesicherten Forderung

- **e.A.:** die Forderung muss eine Geldforderung sein
- **a.A.:** die Forderung muss nicht auf Geld gerichtet sein (bei solchen ist dann lediglich eine Befriedigung gem. § 371 HGB nicht möglich)

ZBR möglich an einer Sache, die im Eigentum des **Gläubigers** steht

- ZBR grds. nur an Sachen des Schuldners
- Unter den Voraussetzungen des § 369 I S.2 HGB auch ZBR an *gläubigereigenen* Sachen möglich!

Welche Rechtsfolgen knüpft das Gesetz an das handelsrechtliche ZBR?

↳ HandelsR, Rn. 307; Karteikarte 75

Rechtsfolgen des **ZBR**

- *Defensiver* Aspekt: Geltendmachung der **Einrede** des ZBR im Prozess und dadurch Verurteilung nur Zug-um-Zug, § 369 HGB i.V.m. § 274 BGB ⇨ *Beachte*: Gem. § 369 II HGB i.V.m. § 986 II BGB kann das ZBR auch Dritten entgegengesetzt werden!
- *Offensiver* Aspekt: **Befriedigungsrecht** gem. § 371 HGB
  - Befriedigung grds. nach den Regeln des Pfandverkaufs, § 371 II HGB
  - Titel gem. § 371 III HGB erforderlich!

Was kann der Inhaber eines ZBR tun, wenn ein Dritter in den zurückbehaltenen Gegenstand vollstrecken will?

↳ HandelsR, Rn. 309; Karteikarte 75; ZPO II, Rn. 283

Grds. geht ein ZBR gem. § 369 HGB einem späteren Pfändungspfandrecht vor! (vgl. insoweit § 804 II Hs. 2 ZPO i.V.m. § 51 Nr. 3 InsO!)

§ 766 I ZPO	Gem. § 766 ZPO kann der Inhaber des ZBR (⇨ Besitzer der Sache!) die Verletzung des § 809 ZPO im Wege der **Erinnerung** geltend machen, wenn trotz seines Widerspruchs in die Sache vollstreckt wird
§ 771 I ZPO	Das ZBR gem. § 369 HGB gilt als „die Veräußerung hinderndes Recht" i.S.d. § 771 I ZPO ⇨ **Drittwiderspruchsklage** möglich
§ 805 I Hs.2 ZPO	Grds. denkbar: Klage auf **vorzugsweise Befriedigung**, vgl. §§ 804 II Hs.2 ZPO, 51 Nr.3 InsO

In welchem Verhältnis steht das ZBR gem. § 369 HGB zu jenem gem. § 273 BGB? Welche Unterschiede bestehen?

↳ HandelsR, Rn. 306

§ 273 BGB und § 369 HGB sind grds. nebeneinander anwendbar ⇨ **kein Exklusivitätsverhältnis** zueinander!

§ 273 BGB	§ 369 HGB
Konnexität zw. dem Anspruch des Gläubigers und dem des Schuldners erforderl.!	**Keine** Konnexität erforderl.!
Kein ZBR an gläubigereigenen Sachen möglich	ZBR auch an **gläubigereigenen** Sachen möglich, § 369 I S.2 HGB
Kein Befriedigungsrecht	**Befriedigungsrecht** gem. § 371 HGB
Kein Absonderungsrecht im Insolvenzverfahren	**Absonderungsrecht** im Insolvenzverfahren, § 51 Nr. 3 InsO

Was ist ein Handelskauf i.S.d. §§ 373 ff. HGB?

Was sind die Voraussetzungen des Annahmeverzuges i.S.d. § 373 HGB?

HandelsR, Rn. 310; Karteikarte 76

Handelskauf

Handelsgeschäft gem. §§ 343, 344 HGB, das einen **Kaufvertrag**, **Tauschvertrag** (§ 480 BGB) oder **Werklieferungsvertrag** (§ 381 II HGB) zum Gegenstand hat

Grds. reicht ein **einseitiges** Handelgeschäft aus

Ausnahmsweise ist ein **beiderseitiges** Handelsgeschäft erforderlich (z.B. § 377 HGB)

Voraussetzungen des **Annahmeverzuges** gem. **§ 373 HGB**

Handelskauf

Übliche Voraussetzungen gem. §§ 293 ff. BGB

Welche Rechtsfolgen zieht der Annahmeverzug beim Handelskauf nach sich?

HandelsR, Rn. 310; Karteikarte 76

Rechtsfolgen des Annahmeverzuges

- Grds. die **Rechtsfolgen des BGB**, vgl. § 374 HGB; v.a.:
  - Gefahrübergang gem. § 300 II BGB
  - Verschuldensmaßstab gem. § 300 I BGB
  - Ersatzanspruch bzgl. Mehraufwendungen gem. § 304 BGB
  - Hinterlegungsrecht gem. §§ 372 ff. BGB ⇨ § 373 I HGB beachten!
- **Hinterlegungsrecht** gem. § 373 I HGB
- Recht zum **Selbsthilfeverkauf** gem. § 373 II-V HGB

Worin bestehen die Unterschiede zwischen dem allgemeinen zivilrechtlichen (§§ 372 ff. BGB) und dem handelsrechtlichen (§ 373 I HGB) Hinterlegungsrecht?

↯ HandelsR, Rn. 313; Karteikarte 76

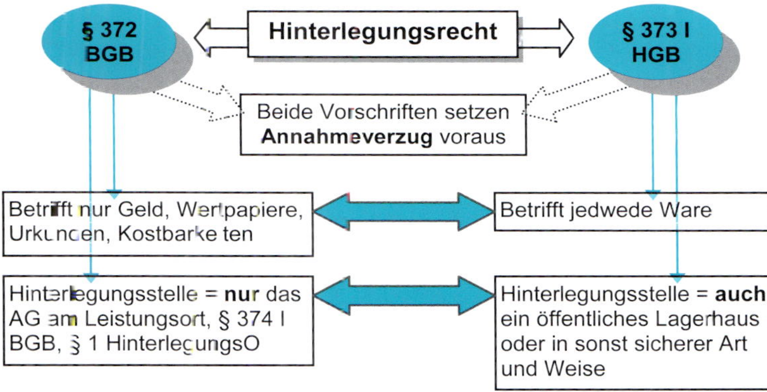

Welche Rechtsfolgen knüpft das Gesetz an die Hinterlegung i.S.d. § 373 HGB?

⇘ HandelsR, Rn. 315; Karteikarte 76

Rechtsfolgen der **Hinterlegung** i.S.d. § 372 BGB, § 373 I HGB

Übergang der Preisgefahr gem. § 373 I HGB ⇨ bei zufälligem Untergang der Sache verliert der Verkäufer der Sache nicht seinen Gegenanspruch, d.h. Kaufpreisanspruch (vgl. auch § 326 II S.1 Alt.2 BGB)

Verkäufer haftet aber für jedes Verschulden bzgl. der **Auswahl** der Hinterlegungsstelle

Grds. keine Erfüllungswirkung i.S.d. § 362 I BGB ⇨ eine solche tritt grds. erst mit *Ausschluss der Rücknahme* der rechtmäßig hinterlegten Sache ein, §§ 378, 376 II BGB!

In welchem Verhältnis stehen der Selbsthilfeverkauf gem. § 383 BGB und jener gem. § 373 II-V HGB zueinander?

↳ HandelsR, Rn. 316; Karteikarte 77

Grds. sind **§ 383 BGB** und **§ 373 II-V HGB** nebeneinander anwendbar

§ 383 BGB — **Selbsthilfeverkauf** — **§ 373 II-V HGB**

Grds. **Androhung** erforderlich, § 384 I BGB, § 373 II HGB ⇨ Ausnahmsweise kann die Androhung entfallen, § 384 III BGB, § 373 II S.2 HGB

Verwertung durch **öffentliche Versteigerung**, §§ 383 I, III BGB, oder Verkauf aus freier Hand, § 385 BGB, § 373 II S.1 Hs.2 HGB

Betrifft nur **nicht hinterlegungsfähige** Sachen, § 383 I BGB	Betrifft **jegliche** Ware, § 373 II i.V.m. I HGB

Was sind die Rechtsfolgen des Selbsthilfeverkaufs gem. § 373 II-V HGB?

↳ HandelsR, Rn. 318; Karteikarte 77

Rechtsfolgen des **Selbsthilfeverkaufs**

Leistungspflichten des **Verkäufers**

- Die ursprüngliche Leistungspflicht gem. § 433 I S.1 BGB **erlischt** durch **Erfüllung** gem. § 362 I BGB
- Es entsteht aber eine Pflicht des Verkäufers zur **Herausgabe des Erlöses** gem. § 667 BGB

Leistungspflichten des **Käufers**

- Die Kaufpreisverbindlichkeit gem. § 433 II BGB **besteht weiter**
- Der Käufer schuldet dem Verkäufer nun weiter **Aufwendungsersatz** gem. § 670 BGB (v.a. bzgl. Versteigerungskosten)

Was sind die Voraussetzungen gem. § 375 HGB?

Welche Rechtsfolgen regelt § 375 HGB?

⇘ HandelsR, Rn. 321; Karteikarte 78

Voraussetzungen

- Mindestens einseitiger **Handelskauf**
- Vorbehalt der Bestimmung von Form, Maß o.ä. (= im **Synallagma** stehende **Leistungspflicht** des Käufers!) ⇨ die Bestimmung muss gem. § 315 BGB erfolgen
- **Schuldnerverzug** gem. § 286 BGB bzgl. der Ausübung der Bestimmung

Rechtsfolgen

- Recht des Verkäufers zur **Bestimmung** i.S.d. § 375 I HGB gem. § 375 II S.1 Alt.1 HGB
- Anspruch des Verkäufers auf **Schadenersatz** gem. § 375 I S.1 Alt. 2 HGB i.V.m. §§ 280, 281 BGB
- **Rücktrittsrecht** des Verkäufers gem. § 375 II S.1 Alt.3 HGB i.V.m. § 323 BGB

Welche Art von Fixgeschäft ist in § 376 I HGB geregelt? Wovon ist es abzugrenzen?

Welche Rechtsfolgen hält § 376 I HGB bereit?

↳ HandelsR, Rn. 326; Karteikarte 79

Absolutes Fixgeschäft, bei dem das **Unmöglichkeits**recht greift

§ 376 HGB

Terminsbestimmung gem. § 286 II Nr. 1 BGB

§ 376 I HGB betrifft nur das **relative Fixgeschäft** ⇨ ein Geschäft, bei dem die Einhaltung der Leistungszeit so wesentlich ist, dass mit der fristgerechten Leistung das Geschäft steht und fällt (vgl. § 323 II Nr.2 BGB)

Rücktrittsrecht, § 376 I S.1 HGB ⇨ kein Verschulden bzw. Verzug des Schuldners erforderlich

Schadenersatzanspruch, § 376 I S.1 HGB ⇨ Schuldnerverzug erforderlich

Erfüllungsanspruch besteht nur im Fall des § 376 I S.2 HGB

Begründet § 377 HGB eine Pflicht oder eine Obliegenheit?

Was ist Sinn und Zweck des § 377 HGB?

↳ HandelsR, Rn. 330; Karteikarte 80

§ 377 HGB

§ 377 HGB begründet eine Rüge**obliegenheit** des Käufers, keine Pflicht ⇨ bei Nichtrüge verliert der Käufer lediglich eigene Rechte

Der Verkäufer hat demnach **keinen einklagbaren Anspruch** auf Rüge und die Nichtrüge führt auch **nicht** zu einem **Schadenersatzanspruch**!

Sinn und Zweck

Förderung der **Einfachheit**, **Schnelligkeit** und **Sicherheit** des Handelsverkehrs

Verhinderung von **Beweis-problemen**

Auf welche Verträge ist § 377 HGB anwendbar?

↪ HandelsR, Rn. 339; Karteikarten 81, 83

§ 377 HGB ist anwendbar auf:

- **Kaufverträge**, § 377 I HGB → **Gattungs-/Spezieskauf**; Kauf von **Wertpapieren** (§ 381 I HGB); Kauf **auf Probe** (§§ 454 f. BGB)
- **Tauschverträge**, § 480 BGB
- **Werklieferungsverträge**, § 381 II HGB → § 381 II HGB unterscheidet **nicht** nach der *Vertretbarkeit* der Sache!
- *Rspr.*: **Sachdarlehen**, § 607 BGB
- *Nicht*: **Werkverträge**, **Leasingverträge**

Welche Rechtsfolge hat allgemein die Unterlassung der dem Käufer obliegenden Rüge gem. § 377 I HGB?

Auf welche Arten fehlerhafter Leistungen bezieht sich die Genehmigungsfiktion des § 377 II HGB?

⇨ HandelsR, Rn. 330; Karteikarte 80; vgl. Hauptkurs Fall 5

§ 377 II HGB ⇨ Die gelieferte Ware gilt trotz *Mangels* als **genehmigt**

Schlecht-lieferung	Die Genehmigung kann bei einer **Schlechtlieferung** („peius“) greifen, § 434 I, II BGB
Falsch-lieferung	Eine **Falschlieferung** steht gem. § 434 III Alt.1 BGB einem Sachmangel gleich ⇨ Insoweit kann sich eine Genehmigung hierauf beziehen
Mengen-abweichung	Gem. § 434 III Alt.2 BGB steht die **Zuweniglieferung** einem Sachmangel gleich ⇨ Insoweit ist § 377 II HGB anwendbar; anders nach neuem Recht bei der **Zuviel-lieferung!** (⇨ früher ein Fall des § 378 Alt.2 HGB a.F.!)

Welche Rechtsfolgen hat konkret die Genehmigung gem. § 377 II HGB je nach der Art des genehmigten Mangels?

↳ HandelsR, Rn. 332, 336; Karteikarte 80

Schlecht-lieferung	Ausschluss der *gewährleistungsrechtl.* Ansprüche *gem. §§ 434 ff. BGB* möglich (**nicht**: Ansprüche wg. *anderer* Pflichtverletzungen)
Falsch-lieferung	Ausschluss der Gewährleistungsrechte gem. §§ 434 ff. BGB möglich (v.a. bzgl. des Nacherfüllungsanspruchs gem. § 434 Nr. 1 BGB!)
Mengen-abweichung	**Zuweniglieferung** ⇨ insbes. Ausschluss des Nacherfüllungsanspruchs auf Restlieferung (§§ 437 Nr.1, 439 BGB) möglich
	Zuviellieferung ⇨ *heute* ist insoweit § 377 HGB nicht mehr anwendbar ⇨ kein Rechtsverlust bei Nichtrüge!

Wird durch die Genehmigung i.S.d. § 377 II HGB auch ein Anspruch wegen eines Mangelfolgeschadens (MFS) ausgeschlossen?

HandelsR, Rn. 336; Karteikarte 82; Die Schuldrechtsreform, Rn. 240

§ 377 II HGB bei **MFS**?

MFS im Kaufrecht fällt unter **§§ 437 Nr. 3, 280 I**

MFS = „ganz normaler" **Gewährleistungsanspruch**, der auf einem kaufrechtlichen Mangel beruht ⇨ wenn aber der Mangel als genehmigt gilt, muss konsequenterweise auch der Anspruch auf Ersatz des MFS ausgeschlossen sein.

Welche Voraussetzungen müssen für die Genehmigungsfiktion des § 377 II HGB erfüllt sein?

↳ HandelsR, Rn. 335; Karteikarte 81

Voraussetzungen der Genehmigungsfiktion des § 377 II HGB

- **Beiderseitiges Handelsgeschäft** (§ 377 I HGB), i.d.R. Handelskauf
- **Ablieferung** der Ware ⇨ nur (+) bei vollständiger Lieferung
- Vorliegen eines **Mangels** (§ 377 I HGB)
- **Erkennbarkeit** des Mangels (§ 377 III HGB)
- **Keine Arglist** bzgl. des Schweigens (§ 377 V HGB)
- **Kein Ausschluss** des § 377 HGB
- **Unterlassen** (§ 377 II HGB) **der rechtzeitigen** (§ 377 I, III HGB) **Rüge**

Obliegt auch einem bloßen Rechtsscheinskaufmann die Rüge gem. § 377 HGB?

Gilt die Rügeobliegenheit gem. § 377 HGB auch für Nichtkaufleute, die aber geschäftsmäßig am Markt auftreten?

Kann einem Kaufmann gegenüber einem Nichtkaufmann die Rüge gem. § 377 HGB obliegen?

↳ HandelsR, Rn. 341; Karteikarte 84

§ 377 I HGB

Erfordert **beiderseitiges** Handelsgeschäft zur Zeit des Vertragsschlusses ⇨ setzt wiederum **Kaufleute** auf beiden Seiten voraus, § 343 I HGB

Str.: Rügeobliegenheit auch für geschäftlich am Markt auftretende **Nichtkaufleute?**

m.M.: Rügeobliegenheit (+); **Arg.:** Verkehrsschutzerwägungen

h.M.: Rügeobliegenheit (-); **Arg.:** Wortlaut des § 377 I HGB

h.M.: Rügeobliegenheit gilt auch für **Rechtsscheinskaufleute** (vgl. Karte 14)

Beachte: Ein Nichtkaufmann kann sich **nie** zu Lasten eines Kaufmanns auf § 377 II HGB berufen! ⇨ Rügeobliegenheit **(-)** ***ggü.*** einem Nichtkaufmann!

Was ist Sinn und Zweck des Erfordernisses der Ablieferung i.S.d. § 377 I HGB?

Was setzt die Ablieferung gem. § 377 I HGB voraus?

↳ HandelsR, Rn. 343; Karteikarte 85

Ablieferung

Sinn & Zweck ⇨ Gelegenheit des Käufers zur tatsächlichen und vollständigen Prüfung der Kaufsache

Die Ware muss dem Käufer dergestalt zugänglich gemacht werden, dass dieser sie auch wirklich auf ihre Beschaffenheit hin überprüfen kann! ⇨ entspricht der Ablieferung i.S.d. § 438 II BGB!

Ablieferung **(-)** bei Fehlen wesentlicher Teile der Sache, so dass eine Überprüfung nicht möglich ist

Nicht erforderlich ist die Erlangung der **unmittelbaren Sachherrschaft** ⇨ nötig ist lediglich die *Zugänglichmachung*, so dass eine Überprüfung möglich ist!

Die Ablieferung kann, muss aber nicht mit dem **Gefahrübergang** gem. § 446 BGB zusammenfallen!

Wann ist ein Mangel erkennbar i.S.d. § 377 II HGB?

Inwieweit muss ein Kaufmann die erhaltene Ware überprüfen, um dem Erkennbarkeitserfordernis i.S.d. § 377 II HGB Genüge zu leisten?

Was ist zu beachten, wenn ein Mangel nicht erkennbar i.S.d. § 377 II HGB ist?

HandelsR, Rn. 345; Karteikarte 86

Erkennbar

Erkennbar **(+)**, wenn der Mangel **offen zutage tritt** (Evidenz)

Erkennbar **(+)**, wenn der Mangel bei einer ordnungsgemäß durchgeführten, i.R.d. Zumutbaren liegenden Untersuchung **feststellbar** war

Entscheidend ist, welche Form und welcher Umfang einer Untersuchung nach der Verkehrsauffassung einem ordentlichen Kaufmann i.S.d. § 347 I HGB zugemutet werden kann

dem Kaufmann ist zumutbar, bis zu ca. 5% der abgelieferten Ware stichprobenartig zu überprüfen (je nach Liefermenge)

Wenn Erkennbarkeit **(-)** ⇨ § 377 III HGB beachten!

Wann ist Arglist i.S.d. § 377 V HGB zu bejahen?

↳ HandelsR, Rn. 349; Karteikarte 87

Arglist

Der Verkäufer **kennt** den Mangel und unterlässt eine nach § 242 BGB gebotene Mitteilung von dem Mangel an den Käufer, um diesen zu täuschen

Der Verkäufer **rechnet mit dem Vorhandensein** des Mangels und unterlässt eine nach § 242 BGB gebotene Mitteilung von der Möglichkeit des Mangels an den Käufer, um diesen zu täuschen

Der Verkäufer muss hierbei auch wissen oder mit der Möglichkeit rechnen, dass der Käufer den Mangel nicht kennt und bei Kenntnis des Mangels die Ware beanstanden würde!

Binnen welcher Frist muss die Mängelrüge erhoben werden?

Wann beginnt die Rügefrist zu laufen?

↳ HandelsR, Rn. 350; Karteikarte 88

Der Käufer muss Mangel **unverzüglich** anzeigen, § 377 I HGB ⇨ d.h. **ohne schuldhaftes Zögern** i.S.d. § 121 I S.1 BGB ⇨ § 377 **IV** HGB beachten!

Rügefristbeginn

Bei **evidenten** Mängeln:

Beginn der Rügefrist mit **Ablieferung** ⇨ eine besondere Untersuchungsfrist wird nicht eingeräumt!

Bei **durch Untersuchung** erkennbaren Mängeln:

Die **Rüge**frist beginnt mit Ende der **Untersuchung**sfrist ⇨ die Untersuchung wiederum muss unverzüglich nach Ablieferung beginnen!

Bei **nicht erkennbaren** Mängeln:

Es läuft grds. **keine Frist** ⇨ wenn später aber zufällig ein Mangel entdeckt wird, ist unverzüglich ab Entdeckung zu rügen, § 377 III HGB

Welches Problem ergibt sich hinsichtlich § 377 HGB im Fall des sog. Streckengeschäfts:

Kaufmann K kauft bei Kaufmann G eine Sache und verkauft diese Sache sofort weiter an den X. G liefert aufgrund einer entsprechenden Vereinbarung mit K direkt an X.

↳ HandelsR, Rn. 353; Karteikarte 89

Wenn X = **Nicht-Kaufmann**

Zwischen K und X besteht **kein** Handelsgeschäft ⇨ X trägt ggü. K **keine Rügeobliegenheit**

Wenn X = **Kaufmann**

Es liegen zwei Handelskäufe vor, in denen jeweils § 377 HGB Anwendung findet ⇨ **keine Besonderheit**

Problem

Wenn X einen Mangel der Sache ggü. K nicht rügt, behält grds. X seine Gewährleistungsrechte ggü. K (*weil*: § 377 II HGB ist zw. X und K nicht anwendbar!), während K wiederum seine Gewährleistungsrechte ggü. G in aller Regel gem. § 377 II HGB verliert!

Vergleiche vorige Karte: wie löst die h.M. das beim Streckengeschäft mit einem nicht-kaufmännischen Letztabnehmer entstehende Problem?

↳ HandelsR, Rn. 353; Karteikarte 89

Grundsatz

Nach **h.M.** muss K hinnehmen, dass ihm ggü. Ansprüche des X bestehen, während er Ansprüche ggü. G gem. § 377 II HGB verliert! **Arg.:** die Norm ist abdingbar, vgl. KK 137.

Frage: Kann K den X durch eine Vereinbarung im Kaufvertrag verpflichten, die gekaufte Sache bei Mangelhaftigkeit unverzüglich zu rügen, so dass K wiederum rechtzeitig bei G gem. § 377 I HGB den Mangel anzeigen kann? ⇨ *dadurch*: Erhaltung der Mängelansprüche zw. K und G

Beachte

Eine Vereinbarung einer Rügepflicht zw. K und X ist wegen § 476 I S.1 BGB unwirksam, wenn X Verbraucher!!!

Was ist in folgendem Fall bzgl. § 377 HGB zu beachten:

Rechtsanwalt R will beim Kaufmann H einen Computer erwerben und schließt daher einen Leasingvertrag mit der L-GmbH. Diese kauft – wie mit R vereinbart – das Gerät bei H, der den Computer direkt an R liefert. Zwischen R und L wurden die mietrechtlichen Gewährleistungsrechte ausgeschlossen und die kaufrechtlichen Gewährleistungsansprüche zwischen L und H an R abgetreten. R bemerkt unmittelbar nach der Lieferung des Rechners einen Mangel, aber erklärt erst vier Wochen danach den Rücktritt.

↳ HandelsR, Rn. 355; Karteikarte 90

BGH

Lage wie beim Streckengeschäft: die Rüge ggü. H obliegt dem **L**, nicht dem R (auch wenn direkt an den R geliefert wurde!)

L hat nicht rechtzeitig gerügt ⇨ **Ausschluss** (§ 377 II HGB) der abgetretenen kaufrechtl. Gewährleistungsrechte! (⇨ L muss ggf. mit R vereinbaren, dass dieser die Sache auf Mängel untersuchen muss)

R kann aber die **mietrechtl**. Gewährleistungsansprüche ggü. L trotz Ausschlusses geltend machen!

a.A.

R wollte ursprüngl. direkt bei H kaufen ⇨ dann wäre § 377 II HGB **(-)** ⇨ H soll aber keinen Vorteil daraus erhalten, dass R den L dazwischengeschaltet hat!

Die kaufrechtl. Gewährleistungsansprüche sind **nicht** gem. § 377 II HGB ausgeschlossen!

Welche Form sollte der Käufer für die Anzeige des Mangels einhalten?

Welchen Anforderungen muss der Inhalt der Mängelanzeige entsprechen?

↳ HandelsR, Rn. 356; Karteikarte 91

Form

Eine Form ist **nicht zwingend** vorgesehen

§ 377 IV HGB ⇨ der *Verkäufer* trägt die **Verspätungsgefahr**, der *Käufer* die **Verlustgefahr** ⇨ für den Käufer ist daher eine Form ratsam, die als Beweis für den **Zugang** dienen kann!

Inhalt

Ein **bestimmter** Mangel muss gerügt werden

Erforderlich und ausreichend ist die Anzeige, wenn dadurch der Verkäufer den Mangel nachprüfen kann und gleichzeitig davor geschützt ist, dass später andere Mängel vom Käufer nachgeschoben werden!

Erfasst die Genehmigung i.S.d. § 377 II HGB auch deliktische Ansprüche?

Inwiefern kann das Unterlassen der Untersuchung bzw. Rüge i.R.d. deliktischen Anspruches Bedeutung erfahren?

↬ HandelsR, Rn. 359; Karteikarte 92

Grundsatz

Deliktische Ansprüche werden **nicht** durch § 377 II HGB ausgeschlossen!

Dies gilt auch dann, wenn ein MFS auch dem Deliktsrecht unterfällt ⇨ §§ 437 Nr.3, 280 I BGB ist dann gem. § 377 II HGB ausgeschlossen, während i.d.R. § 823 I BGB weiter anwendbar bleibt

Arg.: Sinn und Zweck des § 377 HGB wird dadurch nicht unterlaufen

Beachte

Das Unterlassen einer zumutbaren Untersuchung kann sich als **Mitverschulden** i.R.d. § 254 I BGB anspruchskürzend auswirken!

Gilt § 377 HGB auch für Mängel bei der Nachlieferung?

HandelsR, Rn. 360 - 379

§ 377 HGB

§ 377 HGB gilt auch für die Nachlieferung. Weist die nachgelieferte Sache den alten Mangel immer noch oder einen neuen Mangel auf, muss gerügt werden (vgl. Life&Law 2005, 726 ff.)

Problem

Von zwei Mängeln wird nur einer gerügt. Der andere ist bei Nachlieferung immer noch da.
Präklusion gem. § 377 II HGB?

H.M. nein: die Rüge eines Mangels reicht, um Rechte zu erhalten; Verkäufer nicht schutzwürdig. Bei erneuter Rüge daher keine Präklusion

Wie ist der Fall der Zuviellieferung zu behandeln?

⇨ HandelsR, Rn. 333, 360 - 379

§ 434 III BGB ⇨ Wegen des neuen § 434 III BGB ist § 377 HGB nun *direkt* auf die **Falschlieferung** bzw. **Zuweniglieferung** anwendbar.
Zuviellieferung nicht geregelt

Problem: Fall der **Zuviellieferung**

Früher: § 377 HGB war gem. § 378 HGB a.F. auch auf die Zuviellieferung anzuwenden

Heute: § 378 HGB a.F. existiert nicht mehr und § 434 II BGB stellt nicht auch die Zuviellieferung einem Mangel gleich ⇨ insoweit § 377 HGB **(-)** ⇨ **Allg. Regelungen greifen:** Es bleibt beim ursprüngl. vereinbarten Kaufpreis; der Verkäufer hat i.d.R. einen Anspruch gem. § 812 I BGB

Kann § 377 HGB auch vertraglich modifiziert werden?

↳ HandelsR, Rn. 380; Karteikarte 95

Grds. ⇨ **Problem**

§ 377 HGB kann durch Rechtsgeschäft sowohl **verschärft** als auch **abgemildert** werden

Ausschluss der Anwendbarkeit des § 377 HGB durch **AGB** möglich?

§ 309 Nr. 8 b) ee) BGB findet insoweit wg. § 310 I BGB **keine** Anwendung!

Möglich aber: Verstoß gg. **§ 307 BGB** (unter Berücksichtigung der Wertungen des § 309 Nr. 8 b) ee) BGB!) ⇨ grds. Abwägung der schutzwürdigen Interessen von Käufer und Verkäufer erforderlich! (**Bsp.:** Abmilderung der Rügepflicht in Einkaufsbedingungen für evidente Mängel = **unzulässig**!)

Welche Voraussetzungen hat § 379 HGB?

Welche Rechtsfolgen ergeben sich aus § 379 HGB?

↳ HandelsR, Rn. 382

Voraussetzungen des **§ 379 HGB**

- **Beidseitiger Handelskauf**, §§ 343, 344 HGB
- **Übersendung** der Ware für den Käufer an einen anderen Ort
  - Ein Fall des § 447 I BGB muss **nicht** vorliegen! ⇨ Beinhaltet auch den Versand durch *eigene* Versandpersonen!
- **Beanstandung** (nicht erforderlich im Fall des § 379 II HGB)
  - **Rückgabewillen** des Käufers erforderlich ⇨ **(-)** z.B. bei Minderung, § 441 BGB

Rechtsfolgen

- **Aufbewahrungspflicht** (§ 379 I HGB)
- **Recht** zum **Selbsthilfeverkauf** (§§ 379 II, 373 HGB)

Was ist ein Kommissionär?

Was ist bzgl. des persönlichen Anwendungsbereichs der §§ 383 ff. HGB zu beachten?

Das Kommissionsgeschäft

↳ HandelsR, Rn. 389; Karteikarte 97

Kommissionär → Ein Kaufmann, der zwar im *eigenen Namen*, aber für *fremde Rechnung* Geschäfte abschließt, § 383 HGB

Persönlicher Anwendungsbereich der §§ 383 ff. HGB

- **§ 383 II HGB** → §§ 383 ff. HGB gelten auch für den nicht eingetragenen Kleinkommissionär (= **kein Kaufmann!**)
- **§ 406 I S.2 HGB** → §§ 383 ff. HGB gelten auch für den sog. **Gelegenheitskommissionär**

Welche Rechtsverhältnisse gilt es bei Kommissionsgeschäften zu unterscheiden?

Das Kommissionsgeschäft

⇨ HandelsR, Rn. 389; Karteikarte 97

Drei Rechtsverhältnisse sind zu unterscheiden:

Kommissions-vertrag	**Geschäftsbesorgungsvertrag** (§ 675 BGB) zw. Kommissionär und Kommittenten v *Anzuwenden*: §§ 383 ff. HGB, § 675 BGB; subsidiär Dienst- bzw. Werkvertragsrecht (z.B. Kündigung ⇨ gem. §§ 626 f. BGB)
Ausführungs-geschäft	**Verpflichtungs-/Erfüllungsgeschäfte** (z.B. Kaufvertrag und Übereignung) zw. dem Kommissionär und einem Dritten (*dadurch*: Erfüllung der Pflichten des Kommissionärs aus dem Kommissionsvertrag!)
Abwicklungs-geschäft	Das Geschäft, durch welches der Kommissionär die **Rechtswirkungen** aus dem Ausführungsgeschäft auf den Kommittenten **überleitet** (z.B. Abtretung der Kaufpreisforderung aus dem Ausführungsgeschäft)

Was ergibt sich daraus, dass der Kommissionär in eigenem Namen handelt?

Was ist wesentlicher Inhalt des Abwicklungsgeschäfts?

Das Kommissionsgeschäft

HandelsR 141

⇨ HandelsR, Rn. 390; Karteikarte 97

Kommission = Sonderfall der **mittelbaren Stellvertretung**

Die Rechtsfolgen aus dem *Ausführungsgeschäft* treffen den **Kommissionär**, **nicht** den **Kommittenten** („in eigenem Namen“), vgl. § 392 I HGB

Da der Kommissionär aber „für Rechnung eines anderen“ (des **Kommittenten**) handelt ⇨ *Abwicklungsgeschäft* erforderl.:

Abwicklungsgeschäft

Kommissionär ⇨ Herausgabepflicht, § 384 II Hs.2 HGB (z.B. Übereignung der durch das Ausführungsgeschäft erworbenen Sache)

Kommittent ⇨ Aufwendungsersatzpflicht, § 396 II HGB, § 670 BGB (Aufwendung i.d.S. = v.a. Belastung des Kommissionärs mit der Verbindlichkeit aus dem Ausführungsgeschäft)

Inwiefern ist der Kommissionär bzgl. seiner Forderungen ggü. dem Kommittenten i.R.d. Abwicklungsgeschäfts besonders gesichert?

Wie kann der Kommittent seine Verbindlichkeiten ggü. dem Kommissionär i.R.d. Abwicklungsgeschäfts erfüllen?

Das Kommissionsgeschäft

HandelsR, Rn. 390; Karteikarte 97

Ansprüche des Kommissionärs gem. **§ 396 II HGB, §§ 670, 675 BGB**

Besondere Sicherung

- Gesetzliches **Pfandrecht** des Kommissionärs, § 397 HGB
- **Befriedigungsrecht** des Kommissionärs, §§ 398, 399 HGB

Erfüllung

- Zurverfügungstellung des zur Befriedigung des Dritten erforderlichen Betrages
- Direkte Zahlung an den Dritten, § 267 I BGB
- Schuldübernahme, §§ 414, 415 BGB

Was regelt § 392 I HGB?

In welchem Verhältnis zu § 392 I HGB steht § 392 II HGB?

↳ HandelsR, Rn. 396; Karteikarte 98

§ 392 I HGB

Grds. kann **nur** der **Kommissionär, nicht** aber der **Kommittent** über eine Forderung aus einem Ausführungsgeschäft verfügen, v.a. sie einziehen und abtreten ⇨ der Kommittent kann nur Abtretung gem. § 384 II HGB verlangen!

⇨ logische Folge der **mittelbaren Stellvertretung** zw. Kommissionär und Kommittent

§ 392 II HGB

Ausnahme von § 392 I HGB

Ggü. Gläubigern des Kommissionärs gilt eine Forderung aus einem Ausführungsgeschäft als Forderung des **Kommittenten**! (⇨ § 771 ZPO!)

Zweck: Schutz der Ansprüche des Kommittenten!

Was ist zu beachten, wenn der Kommissionär eine dem Kommittenten zustehende Forderung an einen seiner (des Kommissionärs) Gläubiger abtritt?

➩ HandelsR, Rn. 401; Karteikarte 98; vgl. Hauptkurs Fall 3

§ 392 II HGB → Die Abtretung ist gem. § 392 II HGB ggü. dem Kommittenten **relativ unwirksam**

§ 816 II BGB → Wird an Zessionar gezahlt hat *u.U.* Kommittent einen **Herausgabeanspruch** gem. § 816 II BGB ggü. Zessionar; Vorauss.:

- Zessionar = **Nichtberechtigter**, weil *ggü. ihm* der Kommittent als Inhaber der Forderung gilt, § 392 II HGB, und kein gutgl. Erwerb mgl.
- Kommittent = **Berechtigter**, weil er gem. § 392 II HGB als Inhaber der Forderung gilt
- Die Abtretung kann v.a. gem. § 409 I 1 BGB **wirksam** sein (⇨ *erforderl.*: Abtretungsanzeige des Kommissionärs)

Woran ist zu denken, wenn ein Verkaufskommissionär eine Sache veräußert, die nicht im Eigentum des Kommittenten steht?

Das Kommissionsgeschäft

⇨ HandelsR, Rn. 402; Karteikarte 98

Die Veräußerung ist i.d.R. gem. **§§ 929, 932 ff. BGB** wirksam

Problem ⇨ Wer ist der „**Verfügende**" i.S.d. **§ 816 I S.1 BGB?**

h.L.:

Verfügender = **Kommissionär**;
Arg.: formale Betrachtung des Veräußerungsvorganges ⇨ daneben können Ansprüche gg. den Kommittenten gem. § 822 BGB bestehen

a.A.:

Verfügender = **Kommittent**;
Arg.: ansonsten müsste der Kommissionär den Kaufpreisanspruch gem. § 816 I S.1 BGB an den Berechtigten abtreten ⇨ wg. § 392 II HGB nicht möglich!

Kann § 392 II HGB auch zu Lasten desjenigen wirken, mit dem der Kommissionär das Ausführungsgeschäft abschließt?

Das Kommissionsgeschäft

↳ HandelsR, Rn. 403; Karteikarte 98

Problem

Kann der Dritte nicht gg. Forderungen des Kommissionärs aus dem Ausführungsgeschäft *aufrechnen* bzw. nicht ein *ZBR ausüben*, weil es wg. § 392 II HGB an der **Gegenseitigkeit** fehlt?

Wenn Anspruch und Gegenanspruch aus demselben Ausführungsgeschäft stammen:

Ganz h.M.: § 392 II HGB schließt die Aufrechnung bzw. das ZBR **nicht** aus!

Wenn Anspruch und Gegenanspruch **nicht** aus demselben Ausführungsgeschäft stammen:

h.M.: im Interesse des Dritten ist § 392 II HGB eng auszulegen ⇨ Aufrechnung und ZBR sind **nicht** ausgeschlossen (*aber:* **a.A.** möglich!)

Erfasst § 392 II HGB in analoger Anwendung auch das Surrogat einer Forderung?

↬ HandelsR, Rn. 398; Karteikarte 99

§ 392 II HGB analog?

Bsp.: Werden durch § 392 II HGB auch die Geldscheine erfasst, die der Verkaufskommissionär von dem Dritten zur Erfüllung des Kaufpreises erhalten hat?

h.M.: analoge Anwendung **(-)**; **Arg.:** Wortlaut des § 392 II HGB; planwidrige Regelungslücke?; § 392 II HGB = Ausnahmevorschrift und daher restriktiv anzuwenden

a.A.: analoge Anwendung **(+)**; **Arg.:** ansonsten wäre der Schutz des Kommittenten lückenhaft

Welche für Kaufleute bedeutsame Regelungen des Prozessrechts sind zu beachten?

Besonderheiten des Handelsverkehrs

↳ HandelsR, Rn 407; Karteikarte 96

Prozessrecht

- Weniger formstrenge Anforderungen an den Schluss von **Schiedsvereinbarungen**, § 1031 I, V ZPO
- Erleichterte Möglichkeit des **gewillkürten Gerichtsstands**, § 38 I, III ZPO
- Zuständigkeit von besonderen **Handelskammern** am LG gem. § 93 GVG auf Antrag der Parteien, §§ 96 I, 98 I GVG
- Bestimmung eines **besonderen Gerichtsstandes** durch Bestimmung des **Erfüllungsortes**, § 29 II ZPO

Was ist bei Kaufleuten hinsichtlich der Anwendbarkeit der Vorschriften über allgemeine Geschäftsbedingungen zu beachten?

↳ HandelsR, Rn. 410; Karteikarte 96

V.a. bei **beiderseitigen** Handelsgeschäften:

⇒ **§ 310 I BGB**

§§ 308 Nr. 1, 2 bis 8, 309 gelten nicht

⇓

***Aber*: § 308 Nr. 1a und 1b** sowie **§ 307 I, II** sind anwendbar ⇨ im Rahmen des § 307 müssen die **Wertungen** der §§ 308, 309 berücksichtigt werden!

§ 305 II, III BGB nicht anwendbar!

⇓

AGB werden also nur dann Bestandteil des Vertrages, wenn sie **gem. §§ 145 ff. BGB** dazu gemacht werden!

I.Ü. ist bei **einseitigen** Handelsgeschäften **§ 310 III BGB** zu beachten!

Definieren Sie den Begriff der Gesellschaft im weiten Sinne.

↳ GesR, Rn. 2; Karteikarte 2

Eine **Gesellschaft** ist eine *private Personenvereinigung*, deren Mitglieder sich *rechtsgeschäftl. zusammengeschlossen* haben, um einen *bestimmten gem. Zweck* zu verfolgen.

Konstitutive Merkmale einer Gesellschaft sind also:

- Vereinigung mehrerer Personen
- Gemeinsamer Zweck
- Gesellschaftsvertrag

Warum sind gemäß dem weiten Gesellschaftsbegriff

a) Körperschaften, Anstalten und Stiftungen des öffentlichen Rechts,
b) Stiftungen gem. §§ 80 ff. BGB,
c) eheliche und nichteheliche Lebensgemeinschaften,
d) Erbengemeinschaften gem. §§ 2032 ff. BGB und
e) Bruchteilsgemeinschaften gem. §§ 741 ff. BGB

keine Gesellschaften?

Grundbegriffe

↳ GesR, Rn. 3, 273; Karteikarte 3

a) Körperschaften, Anstalten und Stiftungen des öffentlichen Rechts: keine *privaten* Personenvereinigungen; nicht *rechtsgeschäftl.* begründet.

b) Stiftung: keine *Personen*vereinigung, sondern ein rechtsfähiges Son*dervermögen*. Sie hat also keine Mitglieder, sondern lediglich Empfänger der Stiftungsleistungen (sog. *Destinatäre*).

c) Eheliche Lebensgemeinschaft: verfolgt keinen bestimmten Zweck, sondern dient lediglich der Herstellung einer Lebensgemeinschaft.

d) Erbengem.: entsteht *kraft Gesetzes* und nicht durch *Rechtsgeschäft*.

e) Bruchteilsgemeinschaft: kann zwar sowohl rechtsgeschäftl., als auch kraft Gesetzes entstehen, jedoch fehlt es auch im ersteren Fall an einer *gemeinsamen Zweckverfolgung*

Nennen Sie die wichtigsten Gesellschaftsformen, die im BGB, im HGB und in Sondergesetzen geregelt sind.

Grundbegriffe

GesR, Rn. 8; Karteikarte 14

BGB	Rechtsfähiger Verein, §§ 21-53, 55-79 BGB Nichtrechtsfähiger Verein, § 54 BGB Gesellschaft bürgerlichen Rechts (GbR), §§ 705 ff. BGB
HGB	Offene Handelsgesellschaft (OHG), §§ 105 ff. HGB Kommanditgesellschaft (KG), §§ 161 ff. HGB Stille Gesellschaft, §§ 230 ff. HGB
GmbHG	Gesellschaft mit beschränkter Haftung (GmbH), §§ 1 ff. GmbHG
AktG	Aktiengesellschaft (AG), §§ 1 ff. AktG Kommanditgesellschaft auf Aktien (KGaA), §§ 278 ff. AktG
Sonstige	Partnerschaftsgesellschaft, §§ 1 ff. PartGG Eingetragene Genossenschaft (eG), §§ 1 ff. GenG Europäische Wirtschaftliche Interessenvertretung (EWiV)

Was bedeutet der Grundsatz der freien Rechtsformwahl?

Wodurch ist dieser Grundsatz eingeschränkt?

↳ GesR, Rn. 9; Karteikarten 5, 6

Grundsatz: Wer eine Gesellschaft gründen will, hat grds. die **Wahl** zw. den verschiedenen Gesellschaftsformen, die das Ges.-Recht zur Verfügung stellt.

Einschränkung: Die Gesellschafter müssen sich einer der gesetzl. vorgeschriebenen Formen bedienen, sie können *keine neuen Gesellschaftsformen* schaffen (**Numerus clausus der Gesellschaftsformen**).

Folge des Numerus clausus: Zwar besteht trotz des numerus clausus die **Vertragsfreiheit** im gesellschaftsrechtl. Bereich fort. Jedoch besteht dadurch ein **Rechtsformzwang**! Gründen z.B. A und B eine „*BGB-Gesellschaft*", die auf den Betrieb eines Handelsgewerbes gerichtet ist, so entsteht *kraft Gesetzes* (hier aufgrund § 105 I S.1 HGB) eine *OHG*.

Welche Gesellschaftsformen kann man nach der Art ihrer Organisation unterscheiden?

Was ist der Grundtyp für die jeweilige Gesellschaftsform?

Was sind die strukturellen Unterschiede zwischen Personengesellschaft und Körperschaft?

↳ GesR, Rn. 12; Karteikarten 7, 8

Gesellschaftsformen	**Personengesellschaften** (= *Ges. im engeren Sinne*)	⟷	**Körperschaften** (= *Vereine*)
Grundtyp	BGB-Gesellschaft i.S.d. § 705 BGB (sog. *GbR*)	⟷	Rechtsfähiger Verein i.S.d. § 21 BGB
grundsätzl. Unterschied	• auf *kleine* Mitgliederzahl angelegt • Zusammenschluss beruht auf persönl. Vertrauen der Gesellschafter	⟷	• auf *große* Mitgliederzahl angelegt • Zusammenschluss beruht *nicht* auf persönl. Vertrauen

Beachten: Wg. der **Vertragsfreiheit** im gesellschaftsrechtl. Bereich sind auch Personengesellschaften mit kapitalistischer Struktur und umgekehrt denkbar! (vgl. die sog. *Publikums-KG*!)

Erklären Sie den Unterschied zwischen Innen- und Außenverhältnis im Gesellschaftsrecht.

Was bedeuten die Begriffe Geschäftsführung und Stellvertretung in diesem Zusammenhang?

GesR, Rn. 17, Karteikarte 9

Innenverhältnis: Die auf dem Ges.-Vertrag beruhenden Rechtsbeziehungen der Gesellschafter *untereinander* und *zur Gesellschaft*.

Geschäftsführung = *tatsächl.* und *rechtsgeschäftl.* Handeln, das den Gesellschaftszweck fördern soll, im **Innenverhältnis**.

Außenverhältnis: Die Rechtsbeziehungen der Gesellschafter und der Gesellschaft *zu außenstehenden Dritten*. **Beachte**: auch ein Gesellschafter kann wie ein Dritter auftreten, z.B. durch Darlehensgewährung!

Vertretung = *rechtsgeschäftl.*, *nicht tatsächl.* Handeln für die Gesellschaft bzw. die Gesellschafter im **Außenverhältnis**.

Beachte: Eine Handlung kann im **Außenverhältnis** wirksam sein und im **Innenverhältnis** eine Vertragsverletzung darstellen!

Worin besteht unter Berücksichtigung des Begriffs des Innen- bzw. Außenverhältnisses der Unterschied zwischen Innen- und Außengesellschaften?

Nennen Sie Beispiele für Innen- und Außengesellschaften.

↳ GesR, Rn. 18, 333, Karteikarten 9, 87 ff.

Innengesellschaft

Die Innengesellschaft tritt als solche **nicht** nach außen hin in Erscheinung, sie wirkt **nur** im **Innenverhältnis**. Bei ihr fehlt eine gemeinsame Vertretung; die Geschäfte werden nach außen im Namen *eines* Gesellschafters, nach innen für Rechnung *aller* Gesellschafter geschlossen. Ein Ges.-Vermögen wird nicht gebildet.

Bsp.: stille Gesellschaft (vgl. § 230 II HGB); GbR nur dann, wenn sie als Innengesellschaft ausgestaltet ist.

Außengesellschaft

Die Gesellschaft tritt als solche im Rechtsverkehr nach außen hin in Erscheinung, sie hat also Wirkung im **Außenverhältnis**.

Bsp.: Alle Körperschaften; alle Personenhandelsgesellschaften; auch GbR

Was ist eine Gesamthandsgemeinschaft?

Besteht ein Zusammenhang zwischen dem Begriff der Gesamthandsgemeinschaft und dem Begriff der Gesellschaft?

↳ GesR, Rn. 19, 274; vgl. auch Karteikarte 14

Der Begriff der **Gesamthandsgemeinschaft** bedeutet ein **Prinzip der Vermögenszuordnung**: ein Vermögen steht demnach mehreren Personen „zur gesamten Hand“, d.h. dieses Sondervermögen ist von den Privatvermögen der Beteiligten getrennt.

Beachte:

Gesellschaften sind **nicht per se** Gesamthandsgemeinschaften; sofern diese rechtlich verselbständigt sind, ist Träger des Vermögens die Gesellschaft selbst, und nicht die Gesellschafter in ihrer gesamthänderischen Verbundenheit

Gesamthandsgemeinschaften sind **nicht per se** Gesellschaften, so sind z.B. die Erbengemeinschaft gem. §§ 2032 ff. BGB und die Gütergemeinschaft gem. §§ 1416 ff. BGB zwar Gesamthandsgemeinschaften, aber **keine** Gesellschaften.

Was sind die allgemeinen Entstehungsvoraussetzungen für eine BGB-Gesellschaft (GbR)?

Besteht ein Formerfordernis für den Abschluss eines Gesellschaftsvertrages?

Was ist beim Abschluss eines Gesellschaftsvertrages zu beachten, an dem ein Minderjähriger beteiligt ist?

GesR, Rn. 27, 170; Karteikarten 13, 52

Die Voraussetzungen für das Bestehen einer GbR sind *gem. § 705 BGB*:
- der Abschluss eines **Ges.-Vertrages** zw. mindestens 2 Personen,
- die Verfolgung eines **gem. Zwecks** und
- das Bestehen einer **Förderungspflicht** zur Zweckerreichung.

Grundsatz: Formerfordernis grds. **(-)**

Ausnahme: Formerfordernis **(+)**, wenn der Ges.-Vertrag ein formbedürftiges Leistungsversprechen enthält, vgl. § 311b I BGB (z.B. Verpflichtung zur Einbringung eines Grundstücks zum Eigentum der Gesellschaft).

Bei minderjährigen Gesellschaftern ist insbes. die Zustimmung gem. *§ 1822 Nr. 3 BGB* (ggfs. i.V.m. 1643 I BGB) zu beachten. Nach **h.M.** ist diese Vorschrift i.Ü. dann *nicht* anwendbar, wenn der Ges.-Vertrag nur *geändert* wird!

Wer kann Gesellschafter einer GbR sein?

↳ GesR, Rn. 29 Karteikarten 13, 59, 61

GbR-Gesellschafter können sein:

Nat. Personen: **(+)**, auch Geschäftsunfähige oder beschränkt Geschäftsfähige, vgl. § 1 BGB.	**Jur. Personen**: **(+)**, wird z.B. in §§ 19 II HGB vorausgesetzt
OHG und **KG**: **(+)**, ergibt sich aus § 124 I (i.V.m. § 161 I) HGB	**GbR**: Rspr. und hL. **(+)**, Folge der Lehre von der Teilrechtsfähigkeit
Erbengemeinschaft: **(-)**, da keinerlei rechtl. Verselbständigung; *Ausnahme*: Abwicklungsgesellschaft	**Nicht rechtsfähiger Verein**: nach überwiegender Ansicht **(+)**

Grundsätzlich finden auf den Gesellschaftsvertrag die Vorschriften des Allgemeinen Teils des BGB Anwendung. Welches Problem besteht, wenn man diese auch im Bereich der Nichtigkeit (z.B. gem. § 138 BGB) bzw. der Anfechtbarkeit (z.B. gem. §§119 II, 142 I BGB) anwendet?

Personengesellschaften, Außenverhältnis — GesR 11

↳ GesR, Rn. 31; Karteikarten 16, 17

Probleme

Im **Innenverhältnis** bereitet die Anwendung der §§ 812 ff. bzw. 346 ff. BGB große praktische Probleme, da insbesondere nach mehrjähriger Tätigkeit kaum mehr ermittelbar ist, welcher Gesellschafter im Rahmen der Gesellschaft welche Leistungen erbracht hat.

Im **Außenverhältnis** wären Dritte nur nach den Grundsätzen der allg. Rechtsscheinhaftung bzw. (bei OHG/ KG) gem. §§ 5, 15 HGB in ihrem Vertrauen auf die Existenz der Gesellschaft geschützt. Daher: fehlerhafte Gesellschaft (L/L 2014, 54 ff.)

Die Anwendung der Vorschriften des Allgemeinen Teils des BGB bei Unwirksamkeit bzw. Anfechtbarkeit des Gesellschaftsvertrages ist problematisch (siehe vorherige Karteikarte). Was besagt in diesem Zusammenhang die von der Rechtsprechung und der h.L. vertretene Lehre von der fehlerhaften Gesellschaft?

Personengesellschaften, Außenverhältnis **GesR 12**

GesR, Rn. 31; Karteikarten 16, 17

Zwar sind **grds.** auch bei Unwirksamkeit bzw. Anfechtbarkeit des Ges.-Vertrages die allg. Vorschriften anwendbar. **Modifiziert** werden diese jedoch durch die **Lehre von der fehlerhaften Gesellschaft**, wonach Mängel nur **ex-nunc-Wirkung** haben (z.B. entgegen § 142 I BGB).

Für die Vergangenheit gilt die Gesellschaft im Innen- und im Außenverhältnis als **wirksam!**

Für die Zukunft ist der Ges.-Vertrag mit Wirkung **ex nunc** **vernichtbar**

Bei der **GbR** durch Kündigungserklärung gem. § 723 BGB, sofern der Ges.-Vertrag keine abweichende Regelung enthält.

Bei der **OHG/KG** durch Auflösungsklage gem. § 133 (i.V.m. § 161 II) HGB, sofern der Ges.-Vertrag keine abweichende Regelung enthält.

Unter welchen Voraussetzungen ist die Lehre von der fehlerhaften Gesellschaft anwendbar?

↳ GesR, Rn. 31; Karteikarten 16, 17

Voraussetzungen:

- Eine der Willenserklärungen, die auf den Abschluss des Ges.-Vertrages gerichtet sind, muss **unwirksam** bzw. **anfechtbar** sein.

- Die Gesellschaft muss **in Vollzug gesetzt** worden sein. Dies ist *jedenfalls* dann der Fall, wenn die Gesellschaft Rechtsbeziehungen zu Dritten aufgenommen hat (z.B. durch Kontoeröffnung). Nach *a.A.* soll dies schon dann der Fall sein, wenn Ges.-Vermögen gebildet worden ist.

- Der Anwendung der Lehre von der fehlerhaften Gesellschaft darf **kein übergeordneter Schutzzweck** entgegenstehen: Insbes. darf sie nicht zu Lasten beschränkt Geschäftsfähiger bzw. Geschäftsunfähiger angewendet werden bzw gg. §§ 134, 138 I BGB verstoßen.

Was kommt als gemeinsamer Zweck einer GbR i.S.d. § 705 BGB in Betracht?

➯ GesR, Rn. 44; Karteikarten 13, 14

Gem. Zweck i.S.d. § 705 BGB kann jeder *nicht schlechthin gesetzeswidrige* Zweck sein.

Beachte:

Ist die Gesellschaft auf den Betrieb eines **Handelsgewerbes** gerichtet, so ist sie *kraft Gesetzes* (vgl. Karte 4) eine OHG/KG!

Nach **h.M.** ist ein gem. Zweck i.S.d. § 705 BGB nicht schon dadurch ausgeschlossen, dass erwirtschaftete Gewinne nur *einem* Gesellschafter zugute kommen sollen (sog. *societas leonina*).

Wenn sich mehrere Personen gemeinsam eine Sache anschaffen, dann können sie eine **Bruchteilsgem.** i.S.d. §§ 741, 1008 BGB oder eine **GbR** darstellen. Unterscheidungskriterium = *gem. Zweck*: Das bloße Halten und Verwalten von Sachen ist *kein* ausreichender Ges.-Zweck i.S.d. § 705 BGB, *es sei denn*, er wird *ausdrückl.* als solcher vereinbart.

In welchem Verhältnis zueinander stehen die Personenhandelsgesellschaften (OHG und KG) zur GbR? Welche Gemeinsamkeiten und Unterschiede bestehen?

↳ GesR, Rn. 49; Karteikarte 18

Grundtyp der **Personen**gesellschaft = **GbR**. Davon sind die **OHG** und **KG** ***handelsrechtl. Sonderformen*** (⇨ „**Personen*handels***gesellschaft“). Somit müssen für das Bestehen einer OHG/KG zunächst die Entstehungsvoraussetzungen der **GbR** gem. § 705 BGB erfüllt sein, § 105 III HGB (vgl. Karte 9). Insoweit besteht zw. GbR und OHG/KG kein Unterschied.

Aber

Unterschied zw. OHG/KG und GbR: **qualifizierter Zweck**! Die OHG/KG muss *entweder* auf den Betrieb eines Handelsgewerbes (§ 1 II HGB) unter gemeinschaftl. Firma gerichtet sein, § 105 I (i.V.m. § 161 I, II) HGB, *oder* im Falle eines Kleingewerbes (wenn also § 1 II HGB nicht erfüllt ist) als Personenhandelsgesellschaft eingetragen sein, § 105 II S.1 (i.V.m. § 161 I, II) HGB. **Beachte**: § 105 II S.1 Alt. 2 bzgl. Vermögensverwaltungsgesellschaften.

Exkurs:

Ist

a) die OHG/KG,
b) der Komplementär bzw.
c) der Kommanditist

Kaufmann i.S.d. HGB?

Personengesellschaften, Außenverhältnis

GesR, Rn. 50

OHG/KG	**§ 6 I HGB:** Die Personenhandelsgesellschaften sind Kaufleute kraft Handelsgewerbes, da ihr Zweck auf den Betrieb eines Handelsgewerbes gerichtet ist. **Ausnahme**: § 105 II Alt. 2 HGB .
Komplementär	Kaufmann **(+)**, da er grds. zur Geschäftsführung und Vertretung berufen ist und aufgrund der persönl. Haftung unmittelbar von den Geschäften der Gesellschaften betroffen ist.
Kommanditist	Kaufmann **(-)**, da er nur beschränkt haftet und generell von Geschäftsführung und organschaftl. Vertretung ausgeschlossen ist.

Worin besteht der Unterschied zwischen den beiden Personenhandelsgesellschaften OHG und KG?

GesR, Rn. 50; Karteikarte 19

OHG

§ 105 I HGB verlangt für die OHG, dass **alle** Gesellschafter **pers. unbeschränkt haften**! ⇨ wenn bei keinem Gesellschafter die Haftung beschränkt ist, entsteht kraft Rechtsformzwangs eine OHG.

KG

§ 161 I HGB bestimmt, dass bei einer KG bei **einem** oder **mehreren** (aber **nicht bei allen**!) Gesellschaftern die Haftung ggü. den Ges.-Gläubigern auf eine bestimmte Haftsumme beschränkt ist (sog. *Kommanditisten* im Ggs. zu den unbeschränkt haftenden *Komplementären*). Voraussetzung für die Entstehung einer **KG** ist demnach die Haftungsbeschränkung bei mindestens einem Gesellschafter.

Zu welchem Zeitpunkt entsteht eine Personenhandelsgesellschaft?

GesR, Rn. 57; Karteikarte 19

Die **OHG/KG** entsteht *als solche*, anders als die GbR, **nicht** schon mit Wirksamwerden des Ges.-Vertrages. Hier ist vielmehr zw. dem Entstehen im **Innen**- und im **Außenverhältnis** zu unterscheiden.

Im **Außenverhältnis** entsteht die OHG/KG *als solche* grds. mit der Eintragung ins HReg, § 123 I, (i.V.m. § 161 II) HGB. Vor diesem Zeitpunkt entsteht sie aber schon mit der Aufnahme des Geschäftsbetriebes, soweit sich nicht aus den §§ 2 *und* 3 HGB etwas anderes ergibt, § 123 II (i.V.m. § 161 II) HGB.

Im **Innenverhältnis** entsteht die OHG/KG *als solche* grds. mit Abschluss des Ges.-Vertrages, sofern der Zweck der Betrieb eines Handelsgewerbes i.S.d. § 1 HGB ist. Wenn (-): GbR, aber gem. Gesellschaftsvertrag soll i.d.R. bereits OHG/KG Recht gelten.

Was bedeutet Aufnahme des Geschäftsbetriebes i.S.d. § 123 II HGB?

Was ist im Innenverhältnis der OHG/KG zu beachten, wenn der Betrieb eines Kleingewerbes i.S.d. § 2 HGB oder ein Betrieb gem. § 3 HGB bezweckt wird?

↳ GesR, Rn. 57, Karteikarte 19

Aufnahme d. Geschäftsbetriebes, § 123 II HGB	Der Ges.-Zweck muss auf den **Betrieb eines Handelsgewerbes gem § 1 HGB** gerichtet sein.
	Aufnahme der Geschäfte: Es müssen Rechtsgeschäfte im Namen der Gesellschaft geschlossen werden (Vorbereitungsgeschäfte genügen, z.B. Kontoeröffnung) **und** alle Gesellschafter dem Geschäftsbeginn zugestimmt haben.
Betrieb eines Kleingewerbes, § 2 HGB, bzw. Betrieb gem. § 3 HGB	Zwar entsteht im **Innenverhältnis** die OHG/KG *als solche* noch nicht. Jedoch ist der Ges.-Vertrag *i.d.R.* so auszulegen, dass grds. OHG/KG-Innenrecht inhaltl. angewendet wird (*Ausnahmen*: z.B. §§ 117, 127 HGB!).

Das Handelsgewerbe eines Erblassers wird von den Erben in ungeteilter Erbengemeinschaft fortgeführt. Liegt hierin der konkludente Abschluss eines Gesellschaftsvertrages zur Gründung einer OHG?

↳ GesR, Rn. 59, Karteikarte 20

e.A:. Bereits in der einvernehml. Fortführung des Unternehmens durch die Miterben liege ein stillschweigender Abschluss eines OHG-Ges.-Vertrages. **Arg.:** die Erbengem. verfüge nicht über handlungsfähige Organe und sei rechtl. nicht verselbständigt.

↕

h.M.: Die bloße Fortführung eines Handelsgewerbes in Erbengemeinschaft ist noch nicht als konkl. Abschluss eines OHG-Ges.-Vertrages zu qualifizieren. **Arg.:** § 27 HGB zeige, dass das Gesetz von der Möglichkeit der Fortführung eines Handelsgeschäfts in Erbengem. ausgeht. Ein Verstoß gg. den numerus clausus der Gesellschaftsformen liege ebenfalls nicht vor, da sich die Erben einer gesetzl. vorgegebenen Gemeinschaftsform bedienten.

Ist vom konkludenten Abschluss eines Gesellschaftsvertrages auszugehen, wenn zwei Eheleute, die im gesetzlichen Güterstand leben, gemeinsam ein Gewerbe betreiben?

! Personengesellschaften, Außenverhältnis **GesR 21**

↳ GesR, Rn. 335; Karteikarte 21; FamR, Rn. 219, 323

Grundsatz:

Konkl. Abschluss eines Ges.-Vertrages nur dann (+), wenn der verfolgte Zweck über die ehel. Gemeinschaft von Tisch und Bett hinausgeht. **Arg.:** Sollten die Eheleute den gesetzl. Güterstand beenden, so sind die Regelungen des Zugewinnausgleichs (§§ 1372 ff. BGB) anwendbar. Deren Wertungen würden ausgehebelt, wenn man Ges.-Recht, insbes. die §§ 730 ff. BGB anwendete.

Ausnahmen:

1) Ausdrückl. Abschluss eines Ges.-Vertrages!

2) Verfolgung eines gem. Zwecks, der über die bloße Verwirklichung der ehel. Lebensgemeinschaft hinausgeht! So ist z.B. beim Betreiben eines großen Restaurants, in welches beide Eheleute ihre volle Arbeitskraft stecken, je nach Größe und Umfang des Betriebs von einer GbR oder einer OHG auszugehen.

Welche Phasen sind bei der Beendigung bzw. Auseinandersetzung einer Personengesellschaft zu unterscheiden?

Personengesellschaften, Außenverhältnis **GesR 22**

↳ GesR, Rn. 65; Karteikarten 22, 24

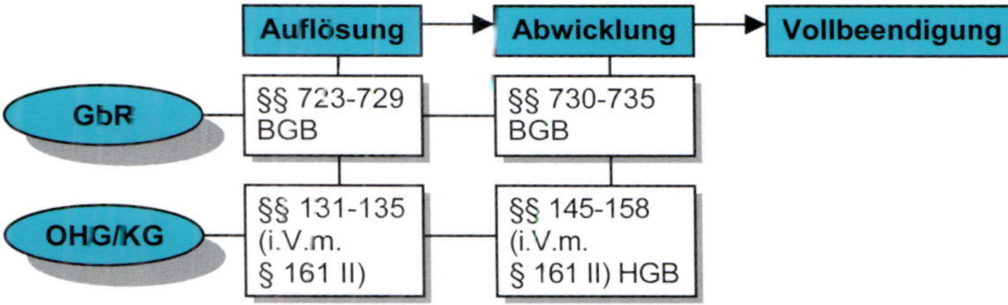

Die **Auflösung** ist der Beginn der Auseinandersetzung. Mit ihr wandelt sich die werbende Gesellschaft in eine **Abwicklung**sgesellschaft. Zwar tritt an die Stelle des ursprüngl. Zwecks der Abwicklungszweck, jedoch sind beide Gesellschaften *identisch*. Daher kann die Gesellschaft weiterhin Gläubigerin/Schuldnerin sein. Erst mit **Vollbeendigung** existiert die Gesellschaft als Rechtssubjekt nicht mehr.

Welche Auflösungsgründe sind für die GbR relevant? Welche für die Personenhandelsgesellschaften?

Personengesellschaften, Außenverhältnis — GesR 23

↳ GesR, Rn. 63; Karteikarten 22, 23

GbR

- Kündigung durch einen Gesellschafter, §§ 723, 724 BGB
- Ablauf der vertragl. bestimmten Zeit, vgl. §§ 723 I S.1, 724 S.2 BGB
- Kündigung durch einen Gläubiger eines Gesellschafters, § 725 BGB
- Erreichen/Unmöglichwerden des Ges.-Zwecks, § 726 BGB
- Tod, § 727 BGB
- Insolvenz, § 728 BGB
- Auflösungsbeschluss, § 311 BGB
- Vereinigung aller Ges.-Anteile in einer Hand, vgl. § 705 BGB

OHG/KG

- Zeitablauf, § 131 I Nr.1 HGB
- Gesellschafterbeschluss, § 131 I Nr. 2 HGB
- Insolvenz, § 131 I Nr. 3 HGB (beachten: § 144 HGB!)
- Kündigung, §§ 132, 134, 135 HGB
- Auflösungsklage, §§ 133, 131 I Nr. 4 HGB
- Vereinigung aller Ges.-Anteile in einer Hand; ergibt sich, wie bei der GbR, daraus, dass § 705 BGB (i.V.m. § 105 III HGB) einen Vertrag voraussetzt

Wie läuft nach der Auflösung die Abwicklung der GbR bzw. der OHG/KG konkret ab?

↳ GesR, Rn. 328; Karteikarten 24, 83

1) In der Schwebe befindliche Geschäfte sind zu beenden, § 730 II BGB

2) Gegenstände, die ein Gesellschafter der Gesellschaft zur Benutzung überlassen hat, sind zurückzugewähren, § 732 BGB

3) Schulden der GbR sind zu berichtigen, § 733 I BGB (**beachte** § 733 III BGB!); *ggf.* Nachschusspflicht, § 735 S.1 BGB

4) Einlagen sind zurückzuerstatten, § 733 II BGB (**beachte** § 733 III BGB!); *ggf.* Nachschusspflicht, § 735 S.1 BGB

5) Verbleibender Überschuss ist zu verteilen, §§ 734, 732 S.2 i.V.m. 752 ff. BGB bzw. § 155 HGB

Vollbeendigung: wenn kein Ges.-Vermögen mehr besteht und die Ges.-Schulden berichtigt sind, ist die Abwicklung beendet. Die Gesellschaft ist damit vollbeendet und fortan nicht mehr existent.

Ist die Vollbeendigung einer Gesellschaft während eines schwebenden Prozesses möglich?

↳ GesR, Rn. 258; Karteikarte 68

Bei **Aktivprozessen (-)**: in der behaupteten Klageforderung ist Liquidationsmasse zu sehen, die im Falle des Obsiegens auseinanderzusetzen ist.

Bei **Passivprozessen** ist **umstritten**, ob die Vollbeendigung möglich ist.

e.A.: Vollbeendigung ist *nicht* mögl.; **arg.:** Im Falle des Obsiegens habe die Gesellschaft einen Kostenerstattungsanspruch gem. § 91 ZPO und damit noch auseinandersetzungsfähiges Vermögen.

a.A.: Vollbeendigung ist mögl.; **Arg.:** Dem Kläger nütze ein stattgebendes Urteil nichts, wenn kein haftendes Vermögen mehr vorhanden sei. Außerdem verhalte sich ein Kläger widersprüchlich, wenn er argumentiert, er könnte ja verlieren und so die Gesellschaft durch den Kostenerstattungsanspruch wieder zu Vermögen kommen.

Ist die GbR rechtsfähig?

↳ GesR, Rn. 66; Karteikarte 25

Heute unstreitig (teil-)rechtsfähig. Arg.:

Vom Gesetzgeber anerkannt:
§ 191 II Nr.1 UmwG
§ 11 InsO
§ 14 I BGB
§ 899a BGB
§ 47 II S.1 GBO

Praktikabilität:
Eine GbR kann sich unter Wahrung ihrer Identität in eine OHG umwandeln, ohne dass eine Übereignung der Vermögensgegenstände erfolgen müsste; Unterschied nur abhängig vom Umfang des Handelsgewerbes, vgl. § 1 II HGB

Ist die GbR

a) grundbuchfähig?
b) erbfähig?

GesR, Rn. 71; Karteikarte 25; ZPO I, Rn. 184

Grundbuchfähigkeit

Grundbuchfähigkeit (+), **vgl. BGH Life&Law 2009, 159 ff.** Klärung nach langem Streit wegen fehlender Publizität. Reaktion des Gesetzgebers: § 899a BGB, 47 II GBO

Erbfähigkeit

Erbfähigkeit: str., nach **wohl h.M.** (-), **arg.**: Nach erbrechtl. Grundsätzen könne eine Personenmehrheit nur in Form der Erbengemeinschaft Gesamtrechtsnachfolger werden. Dem könnte allerdings entgegengehalten werden, dass diese Auffassung nicht in Einklang mit der Annahme der Teilrechtsfähigkeit der GbR stehe (Palandt, § 1923, Rn. 7).

- weggefallen -

- weggefallen -

Was ist eine Scheingesellschaft? Wie ist sie rechtsdogmatisch einzuordnen?

Kann eine Schein-OHG bzw. Schein-KG Gläubigerin oder Schuldnerin sein?

↳ GesR, Rn. 75; Karteikarte 26

Scheingesellschaft → Rechtsschein einer Gesellschaft, der von den Beteiligten in zurechenbarer Weise gesetzt wurde, obwohl nicht einmal eine fehlerhafte Gesellschaft tatsächlich besteht. (= Fall der **Rechtsscheinhaftung**)

Kann eine Scheingesellschaft **Anspruchsinhaberin** bzw. **-gegnerin** sein?

e.A.: **(+)**, **Arg.:** Rechtsfolge der Rechtsscheinhaftung sei die **Gleichstellung des Rechtsscheins mit der Wirklichkeit**. Demnach müsse auch § 124 I HGB zugunsten gutgl. Dritter angewendet werden.

a.A.: **(-)**, **Arg.:** Aus dem Nichts könne auch ein Rechtsschein kein neues Rechtssubjekt hervorbringen. Vielmehr sei die Scheingesellschaft lediglich eine **Zurechnungsfigur für die Haftung der Scheingesellschafter**.

Wie wird eine Gesellschaft vertreten?

Exkurs: Welche Theorien werden für die Zurechnung von Handeln und Willen bei juristischen Personen vertreten?

! Personengesellschaften, Außenverhältnis **GesR 30**

↬ GesR, Rn. 77; Karteikarte 27

Eine Gesellschaft als solche kann nicht rechtsgeschäftl. handeln. Sie wird daher von ihren **Organen** vertreten (= **organschaftl. Stellvertretung**). Die Gesellschaft *kann* sich jedoch auch durch selbst bestellte Vertreter vertreten lassen (= **rechtsgeschäftl. Stellvertretung**). Dann muss allerdings die Vollmacht von einem *organschaftl.* Stellvertreter erteilt werden!

Vertretertheorie: Eine Gesellschaft ist *selbst nicht* fähig zum Wollen und Handeln, dies können *nur Dritte*, nämlich ihre Vertreter.

Organschaftl. Zurechnung von **Handeln** und **Willen**

Organtheorie: Die Gesellschaft *selbst* ist durch ihre Organe Willens- und Handlungsträgerin. **Beachte**: für diese Theorie hat sich der Gesetzgeber i.R.d. § 31 BGB entschieden; außerhalb des § 31 BGB hat sie sich in der Wissenschaft durchgesetzt.

Was besagt der Grundsatz der Selbstorganschaft?

Für welche Gesellschaften gilt dieser Grundsatz?

Personengesellschaften. Außenverhältnis

↳ GesR, Rn. 79; Karteikarten 27, 35

Grundsatz der Selbstorganschaft

Die Gesellschaft muss **allein durch ihre Gesellschafter** ohne die Mitwirkung Dritter handlungsfähig sein. Deshalb sind nur die (pers. haftenden) Gesellschafter zur *organschaftl.* Stellvertretung berufen (sog. *geborene Stellvertreter*), d.h. sie sind Organe *kraft Gesetzes*. Der Grundsatz der Selbstorganschaft gilt für alle Personengesellschaften.

Beachte

BGH: der Grundsatz der Selbstorganschaft gilt *nur für die Vertretung*, nicht aber für die *Geschäftsführung*, so dass z.B. dem einzigen pers. haftenden Gesellschafter einer KG durchaus die Geschäftsführungsbefugnis (nicht aber die Vertr.-Macht) entzogen werden kann!

Wie ist die organschaftliche Stellvertretung der Gesellschaft bei den Personengesellschaften gesetzlich geregelt?

! Personengesellschaften, Außenverhältnis

↳ GesR, Karteikarte 27

GbR: die Vertr.-Macht ist an die Geschäftsführungsbefugnis geknüpft, § 714 BGB. Diese wiederum steht grds. allen Gesellschaftern gemeinschaftl. zu, § 709 BGB (⇨ *Gesamtvertretung*, §§ 714, 709 BGB). **Beachte**: Beschränkungen der Geschäftsführungsbefugnis wirken sich also auch auf die Vertr.-Macht aus, wodurch diese ggü. Dritten beschränkbar ist!

OHG: Hier sind Vertr.-Macht und Geschäftsführungsbefugnis (anders als bei der GbR) zu trennen. Grds. besteht *Alleinvertr.-Macht*, § 125 I HGB, wenn nicht der Ges.-Vertrag in den Grenzen des § 125 II, III HGB Abweichendes bestimmt. **Beachte**: der Umfang der Vertr.-Macht ist zwingend, § 126 HGB, kann also *nicht* mit Wirkung gg. Dritte beschränkt werden!

KG: Grds. wie bei OHG, § 161 II HGB. Kommanditisten sind allerdings von der *organschaftl.* (**nicht**: *rechtsgeschäftl.*!) Vertretung ausgeschlossen.

Wie auf Karte 32 gesehen, hängen bei der GbR Geschäftsführungsbefugnis und Vertretungsmacht zusammen.

Wie kann die Geschäftsführungsbefugnis im Gesellschaftsvertrag ausgestaltet sein?

Inwiefern ist der Begriff der Geschäftsführung in sich beschränkt?

Personengesellschaften, Außenverhältnis

⇨ GesR, Rn. 81; Karteikarten 27, 28

Im Ges.-Vertrag kann folgendes geregelt sein:

Jeder Gesellschafter darf **alleine** handeln (*aber*: § 711 S.1 BGB beachten!)	Nur **bestimmte** Gesellschafter sind einzelgeschäftsführungsbefugt, § 710 BGB.	**Nur mehrere** oder **alle** Gesellschafter können gem. handeln (*Gesamtgeschäftsführungsbefugnis*)	**Stimmenmehrheit** entscheidet (*Mehrheitsgeschäftsführung*), vgl. § 709 II BGB

Ohne Regelung im Ges.-Vertrag: **Gesamtgeschäftsführungsbefugnis**: Jedes Geschäft erfordert die Zustimmung *aller* Gesellschafter, § 709 BGB

Geschäftsführung ⇨ umfasst nur (tatsächl. und rechtsgeschäftl.) Maßnahmen, *die den Ges.-Zweck fördern* (⇨ *Auswirkung i.R.d. § 714 BGB!*)

Wie wirkt sich ein Widerspruch gem. § 711 S.1 BGB auf die Vertretungsmacht aus?

↬ GesR Rn. 87; Karteikarte 29

Widerspruch

e.A. Aufgrund des Widerspruchs fehlt die Geschäftsführungsbefugnis, daher ist gem. § 714 BGB die Vertr.-Macht zu verneinen. Dem Verkehrsschutz sei nach den *Grundsätzen der Anscheinsvollmacht* gedient.

a.A.: Vertretungsmacht sei trotz § 714 BGB zu bejahen, sofern der Vertragspartner keine Kenntnis vom Widerspruch hat; **arg.:** Die Grundsätze der Anscheinsvollmacht böten keinen ausreichenden Schutz des Rechtsverkehrs. Außerdem könne ansonsten durch den Widerspruch die Gesellschaft gelähmt werden.

Wie kann einem Gesellschafter die Geschäftsführungsbefugnis bzw. die Vertretungsmacht entzogen werden?

Personengesellschaften, Außenverhältnis — GesR 35

GesR, Rn. 83; Karteikarte 29

Geschäftsführungsbefugnis

Die durch Ges.-Vertrag eingeräumte **Geschäftsführungsbefugnis** kann bei Vorliegen eines **wichtigen Grundes** entzogen werden, § 712 I BGB. **Beachte**: Hierbei handelt es sich um eine *Vertragsänderung*, grds. muss daher der betroffene Gesellschafter mitwirken, wenn nicht der Ges.-Vertrag insoweit etwas anderes regelt!

Vertretungsmacht

Entzug der **Vertr.-Macht** grds. gem. §§ 715, 712 I BGB. **H.M.:** dies gilt nur für die abweichend von §§ 709, 714 BGB erteilte Vertr.-Macht;
Arg.: Wortlaut des § 715 BGB. **A.A.:** §§ 715, 712 I BGB sind auch auf die Gesamtvertr.-Macht anwendbar;
Arg.: ansonsten müsste ein pflichtwidrig handelnder Gesellschafter gem. § 737 BGB aus der Gesellschaft ausgeschlossen bzw. diese gem. § 723 BGB gekündigt werden.

Welche gesetzlichen Ausnahmen enthält das BGB von der grundsätzlichen Regelung der Geschäftsführungsbefugnis und Vertretungsmacht gem. §§ 709, 714 BGB?

GesR, Rn. 88; Karteikarte 30

Notgeschäftsführung bzw. -vertretung

Anerkannt: In Notfällen können abweichend von § 709 BGB zur Erhaltung des Ges.-Vermögens notwendige Maßnahmen von einem Gesellschafter *alleine* getroffen werden, § 744 II BGB analog. **Problem:** Folgt hieraus auch eine Einzel*vertr.-Macht*?

Pro: Gleichlauf von Geschäftsführungsbefugnis und Vertr.-Macht gem. § 714 BGB.

Abwicklungsgesellschaft

Bei der **Abwicklungsgesellschaft** besteht grds. *Gesamtgeschäftsführungsbefugnis*, § 730 II S.2 BGB, und damit gem. § 714 BGB *Gesamtvertretung*.

Wie kann die Geschäftsführungsbefugnis bei der Personenhandelsgesellschaft ausgestaltet sein?

Wie kann die Geschäftsführungsbefugnis bei OHG/KG entzogen werden?

Personengesellschaften, Außenverhältnis **GesR 37**

GesR, Rn. 90; Karteikarte 31

Wenn der Ges.-Vertrag **keine Regelung** enthält, gelten die §§ 114, 115 I HGB: Jeder Gesellschafter ist zur *Einzelgeschäftsführung* berechtigt. **Allerdings**: Widerspruch gem. § 115 I HS. 2 HGB beachten!

Der Ges.-Vertrag kann **folgende Regelungen** enthalten:
- einzelne (nicht alle!) Gesellschafter können von der Geschäftsführung *ausgeschlossen* werden, § 114 II HGB
- *Einzel-, Mehrheits- oder Gesamtgeschäftsführung* kann angeordnet werden (**Beachte**: § 115 II HGB!).

Entziehung der Geschäftsführungsbefugnis

- Durch **Gestaltungsurteil**, § 117 HGB.
- Durch **Gesellschafterbeschluss**, sofern im Ges.-Vertrag vorgesehen. Ist hier kein Mehrheitsbeschluss angeordnet, muss auch der betroffene Gesellschafter zustimmen.

Inwiefern ist der Umfang der Geschäftsführungsbefugnis bei der Personenhandelsgesellschaft beschränkt?

Personengesellschaften, Außenverhältnis

↳ GesR, Rn. 90; Karteikarte 31

§ 116 HGB

Die Geschäftsführungsbefugnis umfasst nur solche Handlungen, die der gewöhnl. Betrieb des Gewerbes der konkreten Gesellschaft mit sich bringt, § 116 I (i.V.m. § 161 II) HGB. **Beachte**: eine Änderung des Ges.-Vertrages (sog. *Grundlagengeschäft*) gehört nicht zur Geschäftsführung!

Bei Maßnahmen, die über das in § 116 I HGB geregelte Maß hinausgehen, ist ein Beschluss *aller Gesellschafter* (bei der KG also auch des *Kommanditisten*!) notwendig, § 116 II (i.V.m. § 161 II) HGB.

Die Erteilung einer Prokura bedarf grds. der Zustimmung aller geschäftsführenden Gesellschafter, sofern nicht Gefahr im Verzug ist, § 116 III (i.V.m. § 161 II) HGB.

Wann hat der Kommanditist Geschäftsführungsbefugnis?

Personengesellschaften, Außenverhältnis — GesR 39

↳ GesR, Rn. 93; Karteikarte 32

Grundsatz: Der Kommanditist ist von der *Geschäftsführung* ausgeschlossen, § 164 S.1 HGB.

Ausnahmen

- Bei **außergewöhnlichen Geschäften** ⇨ Zustimmung des Kommanditisten notwendig, §§ 116 II, 164 S 1, 2.HS HGB
- Durch den **Ges.-Vertrag** kann dem Kommanditisten Geschäftsführungsbefugnis eingeräumt werden, vgl. § 163 HGB. **Beachte**: die vertragl. eingeräumte Geschäftsführungsbefugnis kann grds. nur gem. §§ 161 II, 117 HGB entzogen werden, wenn der Ges.-Vertrag nichts Abweichendes regelt.
- § 744 II BGB analog: der Kommanditist ist in jedem Fall zur **Notgeschäftsführung** befugt.

Wie kann die Vertretung bei der Personenhandelsgesellschaft grds. ausgestaltet sein? Wann kann die Vertretungsmacht entzogen werden?

Personengesellschaften, Außenverhältnis **GesR 40**

↳ GesR, Rn. 95, 101; Karteikarten 33, 35

§ 125 I HGB: Grds.: **Einzelvertr.-Macht**. Der Kommanditist ist allerdings von der *organschaftl.* Vertretung ausgeschlossen, § 170 HGB.

§ 125 II HGB: Der Ges.-Vertrag kann regeln, dass alle bzw. mehrere Gesellschafter **nur gemeinsam** auftreten können (*Gesamtvertretung*).

§ 125 III HGB: Der Ges.-Vertrag kann regeln, dass ein oder mehrere Gesellschafter **nur gem. mit einem Prokuristen** auftreten können (*unechte Gesamtvertretung*). **Achtung**: Grundsatz der Selbstorganschaft ⇨ Der Ges.-Vertrag kann nicht festlegen, dass alle vertr.-berechtigten Gesellschafter **stets** an die Mitwirkung eines Prokuristen gebunden sind!

Entziehung der Vertr.-Macht: • nur aus *wichtigem Grund;* • grds. durch gerichtl. *Gestaltungsurteil*, § 127 HGB

Wie weit reicht der Umfang der Vertretungsmacht bei der Personengesellschaft? Kann sie im Gesellschaftsvertrag beschränkt werden?

GesR, Rn. 95, 101; Karteikarten 33, 35

§ 126 I HGB: Die Vertr.-Macht umfasst alle gerichtl. und außergerichtl. Handlungen und ist *nicht* (wie die Geschäftsführungsbefugnis) auf gewöhnl. Geschäfte beschränkt. Sie erstreckt sich auch auf Handlungen, die sich nicht i.R.d. Ges.-Zwecks halten (*Arg.*: eine Vorschrift wie § 116 I HGB fehlt). **Grundlagengeschäfte**, die die Beziehungen innerhalb der Gesellschaft betreffen, sind jedoch *nicht* von der Vertr.-Macht i.S.d. § 126 I HGB umfasst.

§ 126 I HGB: Eine Beschränkung der Vertr.-Macht ist im Außenverhältnis *grds.* **unwirksam**.

Ausnahmen

§ 126 III HGB: Beschränkung der organschaftl. Vertr.-Macht auf eine Niederlassung möglich.

§ 126 II HGB will den *Geschäftsverkehr* schützen und ist daher *nicht* für Geschäfte zw. der Gesellschaft und einem Gesellschafter anwendbar.

Kann ein Kommanditist Vertreter sein?

Was ist bei einer Prokura zu beachten, die im Gesellschaftsvertrag einem Kommanditisten eingeräumt wurde?

Personengesellschaften, Außenverhältnis **GesR 42**

GesR, Rn. 101; Karteikarte 35

Der Kommanditist ist zum Zweck des Schutzes der pers. haftenden Gesellschafter (*Komplementäre*) von der **organschaftl.** Vertretung ausgeschlossen, § 170 HGB.

Aber

§ 170 HGB verbietet nicht, dem Kommanditisten **rechtsgeschäftl.** Vertr.-Macht (*auch*: Prokura!) einzuräumen.

Die einem Kommanditisten im Ges.-Vertrag erteilte Prokura kann **analog §§ 117, 127 HGB** nur *aus wichtigem Grunde* entzogen werden. Allerdings muss kein gerichtl Gestaltungsurteil ergehen, sondern eine einfache Erklärung reicht aus.

Str.: Wirksamkeit des Widerrufs der Prokura im Außenverhältnis, wenn *kein* wichtiger Grund vorliegt. Fehlt ein solcher, ist die KG aber jedenfalls zur Neuerteilung der Prokura verpflichtet.

Wie wird im Rahmen von deliktischen Ansprüchen den Personenhandelsgesellschaften Verschulden ihrer Organe zugerechnet?

↳ GesR, Rn. 104, 120; Karteikarte 36

Deliktisches Handeln

Bei **deliktischen** Ansprüchen ist **anerkannt**, dass § 31 BGB *analog* anwendbar ist.

↓

„Verfassungsmäßig berufene Vertreter" i.S.d. § 31 BGB sind geschäftsführungsbefugte und vertr.-berechtigte Gesellschafter und solche, die selbständig und eigenverantwortl. für die Gesellschaft auftreten.

Wie wird bei vertraglichen Ansprüchen den Personenhandelsgesellschaften Verschulden ihrer Organe zugerechnet?

↳ GesR, Rn. 104, 120; Karteikarte 36

Bei **vertragl.** Ansprüchen ist **umstritten**, ob *§ 31 BGB* oder *§ 278 BGB* anwendbar ist:

e.A.: § 278 BGB sei anwendbar; **Arg.**: Organ und gesetzl. Vertreter seien funktional vergleichbar. Außerdem könne ein Organ auch Erfüllungsgehilfe sein.

a.A.: § 31 BGB sei *analog* anwendbar; **Arg.**: Vertretung/Geschäftsführung bei OHG/KG sei *organschaftl.* Natur und nur § 31 BGB passe für organschaftl. Handeln: die Zurechnung von Organverschulden ist etwas anderes als die Zurechnung von Verschulden von willkürl. eingeschalteten Gehilfen. Außerdem wird so ein Haftungsausschluss für vorsätzl. Handeln gem. §§ 278 S.2, 276 III BGB verhindert.

Kann der GbR deliktisches Handeln eines Gesellschafters zugerechnet werden?

↳ GesR, Rn. 121: Karteikarte 36

Umstritten ist, ob bei der GbR *§ 31 BGB (analog)* anwendbar ist.

→ **BGH (früher):** § 31 BGB sei nicht anwendbar; **Arg.:** Die GbR sei zu wenig körperschaftl. organisiert.

→ **H.M. (BGH heute: Life&Law 2003, 385 ff.):** § 31 BGB sei analog anwendbar; **Arg.:** Die GbR sei auch nicht weniger körperschaftl. verfasst als z.B. die OHG, für die § 31 BGB analog anerkanntermaßen gilt. Außerdem zeige die Anwendbarkeit des § 31 BGB auf die Stiftung (gem. § 89 BGB), dass § 31 BGB gar nicht das Bestehen eines gerade *körperschaftl.* organisierten Verbandes voraussetzt. Bei Annahme der Teilrechtsfähigkeit ist die Anwendung von § 31 BGB nur konsequent.

Welche Grundsätze wurden *ursprünglich* aufgestellt, wonach juristischen Personen und Personengesellschaften das Wissen ihrer Geschäftsführungs- und Vertretungsorgane zugerechnet wurde?

↳ GesR, Rn. 107; Karteikarte 37

Die Wissenszurechnung dient dem **Verkehrsschutz**: Der Vertragspartner einer Gesellschaft soll so stehen wie der Vertragspartner einer nat. Person. Die hierzu auf Basis des *Repräsentationsprinzips* und der *Organtheorie zunächst für die jur. Personen* entwickelten **ursprüngl. Grundsätze**, sind die Grundlage für die Wissenszurechnung:

1) Auch die Kenntnis jener organschaftlichen Vertreter, die **nicht** am konkreten Vertragschluss **beteiligt** waren, wird zugerechnet.

2) Auch die Kenntnis eines schon ausgeschiedenen bzw. verstorbenen organschaftl. Vertreters wird zugerechnet, soweit es sich um **typischerweise aktenmäßig festgehaltenes Wissen** handelt.

Inwieweit wurden die ursprünglich aufgestellten Grundsätze zur Wissenszurechnung bei juristischen Personen und Personengesellschaften (vgl. vorherige Karte) im Folgenden modifiziert?

↳ GesR, Rn. 107; Karteikarte 37

Modifizierte Grundsätze: **Ausgangspunkt**: Die *Personengesellschaften* und *körperschaftl. verfassten Gesellschaften* sind verpflichtet, die Informationserlangung, -verarbeitung und -weitergabe so zu organisieren, dass alle wichtigen Informationen aktenmäßig erfasst und zur rechten Zeit an die richtige Stelle weitergeleitet werden (*Informationsorganisationspflicht*).

Daraus ergeben sich folgende **Voraussetzungen für die Wissenszurechnung**:

1) Es handelt sich um Wissen, das aufgr. seiner Bedeutung für die Geschäfte der Gesellschaft **aktenmäßig festgehalten** werden musste, weil es zu einem späteren Zeitpunkt noch relevant werden könnte.
2) Für den Vertreter bestand **Anlass**, auf das in seiner Organisation gespeicherte Wissen im relevanten Zeitpunkt zurückzugreifen.

Kann einer Gesellschaft auch Wissen einer Person zugerechnet werden, die nicht Organ ist bzw. keine Vertretungsmacht hat?

Welche Zurechnungsnorm wird für die Wissenszurechnung bei Gesellschaften angewendet?

↳ GesR, Rn. 111–113; Karteikarten 37, 38

Rspr.: die *Grundsätze zur Wissenszurechnung* gelten nicht nur in Hinblick auf Organe, sondern auch bzgl. sog. **Wissensvertreter**.

Wissensvertreter ist jeder, der nach der Arbeitsorganisation der Gesellschaft dazu berufen ist, im Rechtsverkehr als dessen Repräsentant bestimmte Aufgaben in eigener Verantwortung zu erledigen und dabei anfallende Informationen zur Kenntnis zu nehmen und sie ggf. weiterzuleiten. **Nicht** erforderlich: Vertr.-Macht!

Zurechnungsnorm?

Rspr.: § 166 I BGB *analog* (*Problem*: § 166 II BGB ist bei der Gesellschaft denknotwendig unmöglich; i.Ü. ist die konkrete Mitwirkung des Organs unerhebl.); **a.A.**: allg. Rechtsgedanken des § 31 BGB. **Beachte**: Ist der Wissensträger am konkreten Geschäft beteiligt, greift § 166 I BGB *direkt*!

Wie wird der Personengesellschaft in der Weise Besitz zugerechnet, dass sie Anspruchstellerin bzw. -gegnerin bzgl. der Ansprüche aus §§ 985 ff. Eigentümerin, bzgl. der Ansprüche aus §§ 861, 862, 869, 1007 I, II, III BGB bzw. selbst Besitzerin sein kann?

↳ GesR, Rn. 115; Karteikarte 39

Individualistische Theorie: Sachherrschaft haben nur die Gesellschafter, nicht aber die GbR selbst.

Alle Gesellschafter haben *Mitbesitz*, § 866 BGB, die nicht geschäftsführenden Gesellschafter *mittelbaren* Mitbesitz, § 868 BGB.

Lehre v. d. Teilrechtsfähigkeit: die GbR selbst kann Besitzerin sein

Lehre vom Organbesitz: die Organe üben den Besitz für die Gesellschaft aus, welche dann *unmittelbare* Besitzerin ist.

Voraussetzungen:

1) Das Organ muss den *Willen* haben, für die Gesellschaft zu besitzen.

2) Die Ausübung der Sachherrschaft muss *im Org.-Bereich der Gesellschaft* erfolgen.

Wann kommt eine Sache einer Gesellschaft abhanden i.S.d. § 935 BGB?

GesR, Rn. 1[illegible]5; Karteikarte 39

Abhandenkommen

Abhandenkommen allg. **(+)**, bei Verlust des unmittelbaren Besitzes ohne den Willen der Gesellschaft, d.h. ohne Willen *ihrer Organe*.

Abhandenkommen **(-)** bei freiwilliger Weggabe der Sache durch einen Gesellschafter unter Überschreitung seiner Geschäftsführungsbefugnis/Vertr.-Macht

Abhandenkommen **(+)** bei Weggabe durch einen nicht geschäftsführungsbefugten/ vertretungsberechtigten Gesellschafter, da Organstellung (-)

Wie haften Gesellschafter nach der Lehre von der Teilrechtsfähigkeit für vertragliche Verbindlichkeiten der GbR?

Personengesellschaften, Außenverhältnis **GesR 51**

↳ GesR, Rn. 125; Karteikarte 40

Lehre von der Teilrechtsfähigkeit: Zunächst wird die *Gesellschaft als solche* vertreten. Nach h.M. werden aber auch die *Gesellschafter pers.* verpflichtet. **Umstritten** ist aber, wie diese Haftung begründet wird.

Heute: *Akzessorietätstheorie:*

Der GbR-Gesellschafter haftet wie ein OHG-Gesellschafter *kraft Gesetzes* akzessorisch für die Verbindlichkeiten, § 128 HGB analog. **Beachte**: entspricht der **jetzt gefestigten Rspr.!**

Früher: *Doppelverpflichtungstheorie*

Der Gesellschafter haftet *nicht kraft Gesetzes*, sondern nur, wenn er also vom handelnden Gesellschafter rechtsgeschäftl. *gem. § 164 I BGB vertreten* wurde: IdR. ergibt die Auslegung der Willenserklärung des handelnden Gesellschafters (auch) ein Handeln "*in fremdem Namen*", §§ 133, 157 BGB. *Vertr.-Macht* ergibt sich konkl. aus dem Ges.-Vertrag.

Exkurs: Welche Rechtsbeziehungen entstanden nach der früher herrschenden Doppelverpflichtungslehre, wenn der Gesellschafter A der A&B-GbR für die Gesellschaft einen Vertrag mit dem X abschloss?

Personengesellschaften, Außenverhältnis **GesR 52**

↳ GesR, Rn. 125; Karteikarte 40; vgl. Hauptkurs GesR, Fall 8

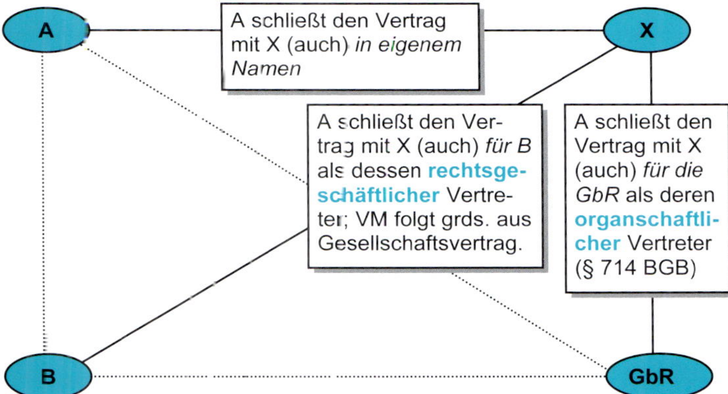

Wie haften Gesellschafter für vertragliche Schadenersatzansprüche gegen die GbR?

↳ GesR, Rn. 131; Karteikarte 41

Akzessorietätstheorie: Haftung für vertragl. SE-Ansprüche unproblematisch **(+)** da alle GbR-Gesellschafter automatisch für alle Verbindlichkeiten der Gesellschaft pers. haften, § 128 HGB analog.

Doppelverpflichtungslehre: Es ist zu differenzieren:

Haftung des **handelnden** Gesellschafters **(+)** da (auch) zw. ihm und dem Vertragspartner ein Schuldverhältnis besteht und er selbst eine Pflicht daraus schuldhaft verletzt hat, §§ 280 I, 276 BGB

Haftung des **nicht handelnden** Gesellschafters eigtl. (-), da grds. Zurechnung des Verschuldens des handelnden Gesellschafters (-), § 425 II BGB. Bei Verträgen *mit einer GbR* ergibt sich aber "ein anderes" i.S.d. § 425 I BGB: Zurechung des Verschuldens des handelnden Gesellschafters daher **(+)**.

Wie haften die Gesellschafter für deliktische Ansprüche gegen die GbR?

Personengesellschaften, Außenverhältnis — GesR 54

⇘ GesR, Rn. 135; Karteikarten 41, 42

Der **handelnde** Gesellschafter haftet *unmittelbar* aus den §§ 823 ff. BGB.

Ob der **nicht handelnde** Gesellschafter pers. haftet, ist **umstritten**.

Doppelverpflichtungstheorie:

Haftung des *nicht handelnden* Gesellschafters **(-)**. Es besteht keine akzessorische Haftung, während im deliktischen Bereich auch keine Vertretung möglich ist. Zurechnung allenfalls gem. § 831 BGB, wobei idR. Weisungsgebundenheit des handelnden Gesellschafters (-).

Akzessorietätstheorie:

(BGH): Haftung der Gesellschafter gem. *§ 128 HGB analog* für *alle* Verbindlichkeiten der Gesellschaft, die wiederum gem. *§ 31 BGB analog* für delikt. Handeln ihrer Organe haftet ⇨ Haftung auch der nicht handelnden Gesellschafter für deliktisches Handeln **(+)** **(str.)**!

Kann bei der GbR die Haftung der Gesellschafter beschränkt werden?

⇘ GesR, Rn. 137; Karteikarte 43

Anerkannt: eine Haftungsbeschränkung kann *mit dem Vertragspartner vertragl. vereinbart* werden. Ansonsten herrscht **Streit** über diese Frage:

Akzessorietätstheorie: Pers. Haftung kraft Gesetzes ⇨ Beschränkung demnach ausgeschlossen, § 128 S.1, 2 HGB analog.

Doppelverpflichtungslehre (veraltet): Haftung des nicht handelnden Gesellschafters **(-)**, wenn dem handelnden Gesellschafter *keine Vertr.-Macht* erteilt wurde, § 177 BGB. Haftung über eine Anscheins-vollmacht wiederum **(-)** wenn der *Rechtsschein* der Vertr.-Macht *zerstört* wird **(sog. „*GbR mbH*")**.

BGH: Haftungsbeschränkung grds. *unmögl.*! **Arg**.: Es bestehe eine "gesetzl. Vermutung" der Haftung, die nicht durch Zusatz GbR „mbH" ausgeräumt werde! Um aber deutli. Offenlegungen intern. Haftungsbeschränkung zu begegnen, ist BGH der Akzessorietätstheorie beigetreten!

Welche Grundsätze liegen der Haftung eines OHG-Gesellschafters zugrunde?

↳ GesR, Rn. 140; Karteikarte 44

§ 128 HGB: Jeder OHG-Gesellschafter haftet...

- **Persönlich**, d.h. mit seinem *Privatvermögen.*
- **Unbeschränkt**, d.h. mit seinem *ganzen* Vermögen.
- **Unmittelbar**, d.h. nicht nur mittelbar über eine *Nachschusspflicht* in das Ges.-Vermögen.
- **Akzessorisch**, d.h. er haftet im *Gleichlauf* und *abhängig* von der Gesellschaftsverbindlichkeit.
- **Primär**, d.h. es besteht ggü. dem Gläubiger *keine Einrede der Vorausklage* gg. die Gesellschaft.
- **Gesamtschuldnerisch**, d.h. *nicht nur anteilig*, § 421 BGB.
- **Zwingend**, d.h. eine *generelle* Haftungsbeschränkung im Ges.-Vertrag ist ggü. Dritten wirkungslos. Nur *Einzel*beschränkungen mit jedem Gläubiger haben Außenwirkung.

Welchen Inhalt hat die Verpflichtung der OHG-Gesellschafter aus § 128 HGB?

↳ GesR, Rn. 142; Karteikarte 45

Str.: Erfüllung in Natura oder nur **Ersatz des Interesses?**

Haftungstheorie: Der Gesellschafter schuldet nur **Ersatz des Interesses** und damit **Geldersatz**; **Arg.:** ansonsten würde er in seiner gesellschaftsfreien *Privatsphäre* zu sehr beeinträchtigt.

Erfüllungstheorie (**h.M.**): der Gesellschafter schuldet **Erfüllung in Natura** (*inhaltl. Akzessorietät*); **Arg.:** § 128 HGB bezwecke gerade, die Erfüllung der Verbindlichkeiten sicherzustellen.

Ausnahmen:

- Im Einzelfall bei Verletzung der Privatsphäre des Gesellschafters durch die Pflicht zur Naturalerfüllung, so z.B. u.U. bei nicht vertretbaren Leistungen.
- Vertragl. Beschränkung der Erfüllungspflicht in Natura *auf die Gesellschaft*.

Wie haftet der Kommanditist für die Verbindlichkeiten der Gesellschaft? Welche Gemeinsamkeiten und Unterschiede bestehen zur Haftung des Komplementärs?

Was bedeuten in diesem Zusammenhang die Begriffe „Hafteinlage“ und „Pflichteinlage“?

↳ GesR, Rn. 152; Karteikarte 46

Der **Kommanditist** haftet, *wie auch der Komplementär*, primär, persönlich, unmittelbar, gesamtschuldnerisch und akzessorisch, §§ 128, 161 II HGB.

⇔

Anders als der Komplementär haftet der **Kommanditist** grds. nur **beschränkt** auf eine *Hafteinlage*, § 171 HGB und schuldet Erfüllung **nicht in Natur**, sondern nur in Geld.

⇩

Hafteinlage: Sie wird ins HReg. eingetragen, § 172 I HGB, und ist entscheidend für die Haftung des Kommanditisten im **Außenverhältnis**. "Einlage" i.S.d. §§ 171 ff. HGB ist i.d.R. die Hafteinlage.

⇔

Pflichteinlage: die Einlage, zu der der Kommanditist im **Innenverhältnis** verpflichtet ist. Die *Pflicht*summe kann sich mit der *Haft*summe decken, muss aber nicht. Im Innenverhältnis können die Gesellschafter die Einlage abweichend vom objektiven Wert bewerten.

Welche Haftungsstadien können je nach dem Umfang der Haftung des Kommanditisten unterschieden werden?

↳ GesR, Rn. 155; Karteikarte 46

Haftung unbeschränkt ⇒ § 176 I HGB: die Haftung ist **unbeschränkt**, solange die *Haftungsbeschränkung* durch Eintragung der KG und der Haftsumme ins HReg. *noch nicht wirksam* geworden ist.

Haftung ausgeschlossen ⇒ Die Haftung ist **ausgeschlossen**, *wenn* und *soweit* die Einlage geleistet wurde, § 171 I 2.HS HGB.

Haftung beschränkt ⇒ **Beschränkt** ist die Haftung, wenn die Beschränkung durch Eintragung wirksam geworden ist und die Hafteinlage noch nicht (vollständig) erbracht wurde, §§ 172, 171 HGB.

Welche Voraussetzungen müssen erfüllt sein, damit ein Kommanditist unbeschränkt haftet?

GesR, Rn. 155; Karteikarte 47

§ 176 I HGB

(1) Betrieb eines **Handelsgewerbes** i.S.d. § 1 HGB; **Beachten**: die Nichterwähnung des § 3 HGB in § 176 I S.2 HGB beruht auf einem Redaktionsversehen!

(2) Die KG muss die Geschäfte mit (zumindest konkl.) **Zustimmung** des Kommanditisten **begonnen** haben.

(3) Die KG darf noch **nicht** ins HReg. **eingetragen** sein.

(4) Die Kommanditisteneigenschaft darf dem Gläubiger **nicht bekannt** gewesen sein; **Beachte**: § 176 HGB schützt das *abstrakte,* nicht aber das *konkrete Vertrauen*. Kein Schutz besteht aber, wenn nicht einmal abstraktes Vertrauen vorliegen kann, wie z.B. im reinen Unrechtsverkehr.

Welche rechtlichen Konsequenzen hat es, wenn ein vermögender Kommanditist einen vermögenslosen Komplementär zur Vertretung nach außen vorschiebt, aber im Innenverhältnis alleiniger Geschäftsführer ist?

↳ GesR, Rn. 156; Karteikarte 47

Denkbar: *Missbrauch der Rechtsform* der KG, um eine unbeschränkte Haftung zu vermeiden ⇨ Anwendung des **§ 128 HGB** auf den unredl. Kommanditisten.

Aber: die genannte Konstellation ist rechtlich zulässig. Es gibt keinen *zwingenden* Zusammenhang zw. Herrschaft und Haftung in einer Gesellschaft. Es gilt der Grundsatz der Typenfreiheit. Ein potenzieller Gläubiger ist auch nicht ungeschützt, da er sich mittels des HReg. über die Haftungsverhältnisse informieren kann.

Es müssen also **besondere Umstände** dazukommen, die die Annahme eines Missbrauchs der Rechtsform der KG rechtfertigen, so z.B. wenn durch ihre Verwendung Ziele angestrebt werden, für die diese Rechtsform nicht bestimmt ist oder wenn der Rechtsverkehr getäuscht wird.

Unter welchen Voraussetzungen ist die Haftung des Kommanditisten ausgeschlossen?

Was ist eine Leistung i.S.d. § 171 I 2.HS HGB?

↳ GesR, Rn. 157; Karteikarte 43

Nach Eintragung der KG ist die Haftung *ausgeschlossen*, soweit die Einlage **geleistet** wurde, § 171 I 2.HS HGB, so z.B. durch Leistung in Natur (z.B. Geldzahlung, Dienstleistungen), Stehenlassen von Gewinn (§ 167 II HGB) oder Befriedigung eines Gesellschaftsgläubigers.

Leistung i.S.d. § 171 I 2.HS HGB

(1) Die Leistung muss **auf die Einlageschuld** erbracht werden (z.B. **(-)**, wenn ein Kommanditist von einem Gesellschaftsgläubiger gem. §§ 171 I, 161 II, 128 HGB in Anspruch genommen wird und zahlt). **Aber:** Einlage (+), wenn mit Anspruch aus § 110 HGB aufgerechnet wird.

(2) Der Gesellschaft muss ein **objektiver Wert** i.H.d. eingetragenen Haftsumme **zugeführt** werden (*Grundsatz der realen Kapitalaufbringung*; vgl. § 172 III HGB).

Was kommt der Nichtleistung der Einlage i.S.d. § 171 I HGB gleich?

Welche Konsequenzen hat eine Herabsetzung bzw. eine Erhöhung der Haftsumme?

GesR, Rn. 160; Karteikarte 49

Der Nichtleistung der Einlage kommen gleich:

Die spätere **Rückzahlung der Einlage**. Beachten: Es genügt jede Leistung aus dem Vermögen der KG, für die keine gleichwertige Gegenleistung zurückfließt *(§ 172 IV S.1 HGB).*

Gewinnentnahme unter Verstoß gegen § 169 I HGB *(§ 172 IV S.2 HGB).* Ausnahme: § 172 V HGB

Herabsetzung der Haftsumme

Die Herabsetzung wird ggü. Dritten erst mit Eintragung ins HReg. wirksam, §§ 174 f. HGB. Gilt **nicht** für *Altverbindlichkeiten*, § 174, 2.HS HGB!

Erhöhung der Haftsumme

Auf eine nicht eingetragene Erhöhung kann sich ein Gläubiger nur dann berufen, wenn sie auf handelsübl. Weise bekannt gemacht oder mitgeteilt wurde, § 172 II HGB. Gilt **auch** für *Altverbindlichkeiten*!

Wie wirkt sich die Vollbeendigung der OHG/KG bzw. der GbR auf die Haftung des Gesellschafters aus?

↳ GesR, Rn. 165; Karteikarte 49

OHG/KG	GbR
Die Vollbeendigung der OHG/KG ändert nichts an der fortbestehenden pers. Haftung der Gesellschafter. Diese Nachhaftung der Gesellschafter unterliegt allerdings einer **Verjährung** gem. § 159 HGB.	Die Vollbeendigung der GbR ändert nichts an der fortbestehenden pers. Haftung der Gesellschafter. Die Nachhaftung des Gesellschafters unterliegt jedoch derselben **Verjährung** wie bei der OHG/KG, § 736 II BGB i.V.m. § 159 HGB.

Welche Arten von Beziehungen können zwischen dem Gesellschafter und der Personengesellschaft bestehen?

Wie wirkt sich die Gesellschafterstellung auf die Drittgläubigerbeziehungen aus?

GesR, Rn. 162; Karteikarte 50

Drittgläubigerbeziehungen: Der Gesellschafter steht der Gesellschaft *wie ein Dritter* gegenüber (Bsp.: Der Gesellschafter macht Ansprüche aus einem Kaufvertrag mit der Gesellschaft geltend).

Sozialverpflichtungen: Ergeben sich aus dem Ges.-Verhältnis und betreffen somit das *Innenverhältnis* (*Bsp.*: Anspruch aus § 110 HGB).

Modifiziert wird die *Drittgläubigerstellung* jedoch von der **gesellschaftl. Treuepflicht**:

(1) Der Gesellschafter muss *grds.* vorrangig die *Gesellschaft* und *nicht seine Mitgesellschafter* in Anspruch nehmen (*Ausnahmen möglich!*).

(2) Nimmt der Gesellschafter seine *Mitgesellschafter* in Anspruch, so wird ein seiner Verlustbeteiligung entsprechender Anteil abgezogen, § 242 BGB.

Warum muss bei einem Wechsel im Gesellschafterbestand einer Personengesellschaft das Gesellschaftsvermögen *nicht* übertragen werden? Was bedeuten in diesem Zusammenhang die Begriffe der An- bzw. Abwachsung?

Personengesellschaften, Außenverhältnis

⇨ GesR, Rn. 167; Karteikarte 51

Der Austritt/Eintritt von Gesellschaftern ändert nichts an der *Identität der Gesellschaft*. Daher ist eine Vermögensübertragung nicht nötig, wenn man mit der **h.M.** *die Gesellschaft selbst* als Vermögensträgerin begreift. Für die **individualistische Theorie** ist dies nur durch einen *gesetzl. Rechtsübergang* in Form der *An-/Abwachsung* zu erklären. An-/Abwachsung klären nach **h.M.** lediglich das Schicksal der Anteile am Ges.-Vermögen.

Ausscheiden eines Gesellschafters ⇨ **Anwachsung**, d.h. der Anteil der übrigen Gesellschafter am Ges.-Vermögen erhöht sich um den Bruchteil des Anteils des Ausscheidenden, § 738 I S.1 BGB.

Eintritt eines Gesellschafters ⇨ **Abwachsung** des Anteils, d.h. jedem Gesellschafter wird ein Bruchteil seines Anteils entzogen und dem Eintretenden zugeschlagen, § 738 I S.1 BGB *analog*.

Wie erfolgt der Eintritt eines neuen Gesellschafters in eine Personengesellschaft?

Ist beim Abschluss des Aufnahmevertrages Stellvertretung möglich?

Personengesellschaften, Außenverhältnis

↬ GesR, Rn. 169; Karteikarte 52

Der Eintritt erfolgt durch einen **Aufnahmevertrag** zw. den Altgesellschaftern und dem Eintretenden, wodurch der *bisherige Ges.-Vertrag* geändert wird: Es wird ein neuer Ges.-Anteil geschaffen.

Grds. ist **Stellvertretung** beim Aufnahmevertrag möglich.

Beachte: Anwendbarkeit der §§ 714 BGB, 125 HGB grds. **(-)**, da diese nur für die Vertretung *der Gesellschaft* gelten, aber nicht für die *der Gesellschafter* bei **Grundlagengeschäften**. Insoweit ist eine Vollmacht nötig.

Aber: Anwendbarkeit des § 125 HGB aber **(+)**, wenn ein stiller Gesellschafter (§230 HGB) "aufgenommen" wird, da hier ein Ges.-Vertrag zw. *der Gesellschaft* und dem stillen Gesellschafter geschlossen wird.

Ist der Aufnahmevertrag formbedürftig, wenn zum Gesellschaftsvermögen ein Grundstück gehört?

Wie wirkt sich ein Gesellschafterwechsel grundstücksrechtlich aus?

↳ GesR, Rn. 173; Karteikarte 51

Formbedürftigkeit (-), da **§ 311b I BGB (-)**: wenn zum Ges.-Vermögen ein Grundstück gehört, da für die Gesellschaft *keine* Verpflichtung begründet wird, ein Grundstück zu übertragen.

Dies ergibt sich dies daraus, dass die *Gesellschaft als solche* Eigentümerin war und dies auch bleibt.

Problem: Grundbuchinhalt; wegen § 899a BGB muss aufgrund Bewilligung des Ausscheidenden und Bewilligung des Eintretenden, §§ 19, 29 GBO, Grundbuch angepasst werden, vgl. zum Ganzen Palandt, § 899a BGB, Rn. 3.

Haftet der neue Gesellschafter einer Personengesellschaft für Altverbindlichkeiten?

Personengesellschaften, Außenverhältnis

↳ GesR, Rn. 175; Karteikarte 53

GbR: Die Haftung für Altverbindlichkeiten ist umstritten.

Akzessorietäts-theorie: Haftung **(+)**, § 130 HGB analog.

OHG/KG: Pers. haftende Neu-Gesellschafter haften für Altverbindlichkeiten zwingend, §§ 128, 130 HGB.

KG: Der eintretende Kommanditist haftet gem. § 173 I, II HGB zwingend nach den §§ 171 f. HGB. **Beachte**: Für Verbindlichkeiten, die zwischen Eintritt und Eintragung entstehen, haftet er gem. § 176 II i.V.m. I HGB ggf. unbeschränkt, wobei nach **h.M.** *keine* Zustimmung des Kommanditisten zur Fortführung der Geschäfte erforderlich ist.

Wie haftet ein Komplementär, dessen Gesellschaftsanteil in einen Kommanditanteil umgewandelt wird?

↳ GesR, Rn. 175; Karteikarte 53

Haftung für **Altschulden**: unbeschränkte Haftung gem. § 128 HGB, allerdings begrenzt durch die *Ausschlussfrist* des § 160 III HGB. **Beachte**: die Umwandlung des Anteils stellt also **keinen** Eintritt i.S.d. § 173 HGB mit der Folge der beschränkten Haftung für Altschulden dar!

⇓

Beachte:

⇓

Haftung für **Verbindlichkeiten**, die **zw. Umwandlung** des Anteils und **Eintragung** des Neu-Kommanditisten entstehen: § 176 II HGB ist *nicht* anwendbar, da die Umwandlung keinen Eintritt i.S.d. § 176 II HGB darstellt. Allerdings ist die Anteilsumwandlung eine eintragungspflichtige Tatsache i.S.d. § 143 II HGB ⇨ u.U. *unbeschränkte Haftung* gem. §§ 15 I, 128 HGB.

Welche Gründe für das Ausscheiden von Gesellschaftern gibt es bei Personengesellschaften?

Personengesellschaften, Außenverhältnis

↳ GesR, Rn. 180; Karteikarte 54

GbR

- Eintritt eines pers. Auflösungsgrundes (z.B. Tod) bei Bestehen einer Fortsetzungsklausel im Ges.-Vertrag, §§ 727, 736 BGB
- Ausschluss eines Gesellschafters, § 737 BGB
- Vereinbarung mit den übrigen Gesellschaftern, §§ 311, 241 BGB

OHG/KG

- Tod, § 131 III Nr. 1 HGB; § 177 HGB beachten!
- Insolvenz, § 131 III Nr. 2 HGB
- Kündigung, § 131 III Nr. 3/Nr. 4 HGB
- Eintritt von im Ges.-Vertrag vorgesehenen Umständen, § 131 III Nr. 4 HGB
- Beschluss, § 131 III Nr.5 HGB; § 119 I HGB beachten!
- Ausschließungsurteil, §§ 140, 133 HGB

Welche Rechtsfolgen hat das Ausscheiden eines Gesellschafters aus einer zweigliedrigen Personengesellschaft?

Personengesellschaften, Außenverhältnis

↳ GesR, Rn. 184, 186; Karteikarte 54

GbR

Die Gesellschaft erlischt, da es eine Ein-Mann-Personengesellschaft nicht gibt. Es bleibt nur Auflösung und Auseinandersetzung der Gesellschaft.

Möglich ist aber auch eine Vereinbarung eines **Übernahmerechts** im Ges.-Vertrag. Bei Ausübung des Übernahmerechts verwandelt sich das Ges.-Vermögen in Vermögen des Übernehmers, §§ 738 I S. 1 BGB analog.

OHG/KG

Die Gesellschaft erlischt wie bei der GbR. Der verbleibende Gesellschafter führt das Geschäft als Einzelkaufmann fort. Das Ges.-Vermögen geht im Wege der Gesamtrechtsnachfolge auf ihn über.

Wie haftet der unbeschränkt haftende Gesellschafter nach seinem Ausscheiden aus der OHG/KG für Altverbindlichkeiten? Wie ist es beim GbR-Gesellschafter? Was gilt für den ausgeschiedenen Kommanditisten?

! Personengesellschaften, Außenverhältnis **GesR 73**

↳ GesR, Rn. 189; Karteikarte 55

OHG/KG

Der Ausgeschiedene haftet für die z.Zt. seines Ausscheidens bereits begründeten Verbindlichkeiten, nicht aber für später entstandene Schulden, vgl. § 160 HGB. **Beachte**: • Ausschlussfrist des § 160 I HGB; • Bei Nichteintragung des Ausscheidens haftet der ausscheidende Gesellschafter für *danach* entstehende Schulden gem. §§ 143 II, I, 15 I, 128 HGB.

GbR

Der GbR-Gesellschafter haftet wie ein OHG-Gesellschafter, § 736 II BGB.

KG

Der ausgeschiedene *Kommanditist* haftet gem. § 171 I HGB für die z.Zt. seines Ausscheidens begründeten Verbindlichkeiten, soweit er die Einlage noch nicht geleistet hat. § 160 I HGB gilt auch hier, § 161 II HGB.

Auf welche Weise kann die Gesellschafterstellung (GbR-Gesellschafter/Persönlich haftender Gesellschafter/Kommanditist) übertragen werden?

↳ GesR, Rn. 193; Karteikarte 57

Doppelvertrag: Ausscheidender und eintretender Gesellschafter schließen *jeweils mit den übrigen Gesellschaftern* einen Austritts- bzw. Aufnahmevertrag ⇨ **Keine Rechtsnachfolge** in den Ges.-Anteil des Ausscheidenden, sondern An- bzw. Abwachsung!

⇔

Unmittelbare Übertragung: Einheitliches Rechtsgeschäft *zw. dem Eintretenden und dem Ausscheidenden*, das durch eine Verfügung *gem. §§ 398, 413* BGB erfüllt wird ⇨ **Rechtsnachfolge** in den bestehenden Gesellschaftsanteil.

§ 717 S. 1 BGB steht dem nach **h.M.** *nicht* entgegen, da demnach nur die Abspaltung *einzelner* Mitgliederrechte verhindert werden soll. Dasselbe gilt für § 719 I BGB.

Zustimmung der übrigen Gesellschafter erforderlich, da diesen nicht ein neuer Mitgesellschafter aufgedrängt werden darf.

Wie haften der alte und der neue Gesellschafter bei der GbR bzw. der persönlich haftende Gesellschafter bei der OHG/KG für Altschulden im Fall der unmittelbaren Übertragung des Gesellschaftsanteils?

Was ist bei der Übertragung eines Kommanditanteils bzgl. der Haftung von Alt- und Neukommanditist zu beachten?

Personengesellschaften, Außenverhältnis **GesR 75**

↳ GesR, Rn. 198; Karteikarten 57, 58

GbR

Haftung des *übertragenden Gesellschafters* wie beim *ausscheidenden Gesellschafter*, vgl. Karte 73. Haftung des *neuen Gesellschafters*: **Doppelverpflichtungslehre: (-)** wenn kein besond. Verpflichtungsgrund (z.B. Schuldbeitritt). **Akzessorietätslehre**: Haftung **(+)**, § 128 HGB analog.

OHG/KG

Der *übertragende* pers. haftende Gesellschafter haftet für Altschulden, §§ 123, 160 HGB, der *Erwerber* gem. §§ 128, 130 HGB.

KG

Der *erwerbende Kommanditist* haftet gem. § 173 I, II HGB zwingend nach den §§ 171 f. HGB. Dabei kann er sich jedoch mit Abtretung des Kommanditanteils grds. auf die von seinem Vorgänger geleistete Einlage berufen. Der *übertragende Kommanditist* haftet gem. §§ 171, 160 I, 161 II HGB unter Berücksichtigung von § 172 IV HGB.

Wie wirkt sich der Tod eines (persönlich haftenden) Gesellschafters auf die GbR, OHG bzw. KG aus? Wie können diese Folgen durch den Gesellschaftsvertrag verhindert bzw. modifiziert werden?

↳ GesR, Rn. 205; Karteikarte 59

GbR

Grds. **Auflösung**, § 727 I, also Umwandlung in eine *Abwicklungsgesellschaft*. Der Ges.-Anteil fällt in den Nachlass, eine etwa bestehende Erbengem wird **ausnahmsweise** *als solche* Gesellschafterin!

→ **Fortführung** der Gesellschaft (mit oder ohne Erben) bei Fortsetzungs-, Eintritts- oder Nachfolgeklausel im Ges.-Vertrag

OHG/KG

Der *pers. haftende* Gesellschafter scheidet aus, § 131 III Nr.1 HGB, sein Ges.-Anteil wächst den anderen zu, § 738 I S.1 BGB. In den Nachlass fällt der Abfindungsanspruch aus § 738 I S.2 BGB.

→ Der Abfindungsanspruch kann im Ges.-Vertrag (begrenzt auf den Todesfall) ausgeschlossen bzw. durch eine *Eintritts*- oder *Nachfolgeklausel* zugunsten der Erben verhindert werden.

Was ist Inhalt einer Fortsetzungsklausel?

Welche haftungsrechtlichen Konsequenzen ergeben sich bei der Fortsetzung?

Personengesellschaften, Außenverhältnis

GesR 77

↳ GesR, Rn. 207, 211; Karteikarte 60

Fortsetzungs-Klausel

Wird in den §§ 727 I a.E., 736 BGB als möglich vorausgesetzt.
Bestimmt, dass die Gesellschaft beim Tod eines Gesellschafters unter den übrigen *fortgesetzt* wird. Der Verstorbene *scheidet aus*, die Erben erhalten einen Abfindungsanspruch, §§ 1922, 738 ff. BGB, der allerdings im Gesellschaftsvertrag ausgeschlossen werden kann.

Haftung

Es gelten die allg. Haftungsregeln für ausgeschiedene Gesellschafter. Diese betreffen hier natürlich die Erben, da die Gesellschafterschulden zu den Nachlassverbindlichkeiten gehören, § 1967 I BGB.

Was ist Inhalt einer Eintrittsklausel? Wie stellen sich die Rechtsbeziehungen zwischen den Beteiligten dar?

↳ GesR, Rn. 209, 211; Karteikarte 60

Eintritts-klausel

Beinhaltet zunächst eine **Fortsetzungsklausel** (*Beachte*: hat daher *grds.* deren Folgen!). Bestimmt weiter, dass eine bestimmte Person das Recht hat, in die Gesellschaft einzutreten (⇨ *Vertrag zugunsten Dritter*!). Der grds. entstehende Abfindungsanspruch wird *idR.* ausgeschlossen. *Folge*: der Ges.-Anteil wächst zunächst den übrigen Gesellschaftern zu, die jedoch verpflichtet sind, diesen dem Eintretenden zu übertragen.

Deckungsverhältnis = die Eintrittsklausel zw. dem Versterbenden und den übrigen Gesellschaftern

Valutaverhältnis = i.d.R eine Schenkung zw. dem Begünstigten und dem Versterbenden

Vollzugsverhältnis = der *Aufnahmevertrag* (= Eintritt) zw. dem Begünstigten und den übrigen Gesellschaftern.

Was ist eine Nachfolgeklausel?

Wie kann der Erwerb der Gesellschafterstellung durch den Nachfolger dogmatisch begründet werden?

↳ GesR, Rn. 213; Karteikarte 61

Nachfolgeklausel: bestimmt, dass nach dem Tod eines Gesellschafters die Gesellschaft mit seinen Erben fortgesetzt wird. Die Gesellschaft besteht also fort, mangels Ausscheidens des Verstorbenen entsteht auch *kein* Abfindungsanspruch. Der Begünstigte wird automatisch *ohne Aufnahmevertrag* Gesellschafter (⇨ **Sonderrechtsnachfolge**).

h.M.: Erwerb *kraft Erbrechts*. Danach wird durch die Nachfolgeklausel die Gesellschafterstellung lediglich vererblich gestellt. *Beachten*: der Begünstigte muss demnach Erbe sein!

a.A.: Rechtsübergang kraft Rechtsgeschäfts unter Lebenden durch eine Verfügung zugunsten Dritter; **Arg. contr.:** Besteht hier wg. der Gesellschafterhaftung nicht eher eine unzulässige Verfügung zu Lasten Dritter? Gibt es überhaupt eine Verfügung zugunsten Dritter?

Welche Arten der Nachfolgeklauseln sind zu unterscheiden?

↳ GesR, Rn. 217, Karteikarte 61

Einfache Nachfolgeklausel

Der Ges.-Anteil soll an **alle Erben** übergehen. Ist *nur ein Erbe* vorhanden, wird er Gesellschafter, § 1922 BGB. Sind *mehrere Erben* vorhanden, wird nicht die Erbengem. selbst Gesellschafter (*arg. u.a.:* die beschränkte Haftung gem. § 2059 BGB ist unvereinbar mit § 128 HGB), sondern jeder Miterbe entsprechend seiner Erbquote, vgl. § 139 I HGB.

Qualifizierte Nachfolgeklausel

Der Ges.-Anteil soll nur an **bestimmte Erben** übergehen. Nach h.M. treten auch *nur diese* in die *gesamte* Gesellschafterstellung ein.

Die *übrigen Erben* haben keinen Ausgleichsanspruch gg. die Gesellschaft, jedoch ggf. gem. §§ 2050 ff. bzw. § 242 BGB gg. die Nachfolger, wenn der Wert der Beteiligung den Wert der ihnen zustehenden Erbquote übersteigt.

Welche erbrechtlichen und gesellschaftsrechtlichen Haftungsfolgen treten bei der GbR ein, wenn ein Gesellschafter stirbt und der Gesellschaftsvertrag eine Nachfolgeklausel enthält?

Wie gestaltet sich die Haftung bei der OHG/KG im Fall des Todes eines persönlich haftenden Gesellschafters?

↳ GesR, Rn. 223; Karteikarte 62

GbR

Erbrechtl. Haftung: *Alle* Erben haften für die Gesellschafterverbindlichkeiten des Erblassers, § 1967 I BGB.

Ges.-rechtl. Haftung: Die Haftung der Erben, die Gesellschafter geworden sind, für die *Altschulden* der Gesellschaft ist **str.** (h.M. § 130 HGB analog). Für *Neuschulden* gelten die allg. Regeln.

OHG/K

Haftung grds. wie bei der GbR. **Beachte**: Der Gesellschafter-Erbe kann die Haftung für die Altschulden (§ 130 HGB) durch den Antrag auf Umwandlung in einen Kommanditanteil gem. § 139 I HGB beseitigen.

Wenn **Zustimmung (+)**: (gesellschaftsrechtl.) Haftung gem. §§ 171 I, 173 HGB und (erbrechtl.) gem. §§ 1967 ff. BGB.

Wenn **Zustimmung (-)**: nur (erbrechtl.) Haftung gem. §§ 1967 ff. BGB, 139 IV

Wie wirkt sich der Tod des Kommanditisten auf die KG aus? Wie können diese Rechtsfolgen im Gesellschaftsvertrag modifiziert werden?

↳ GesR, Rn. 225; Karteikarte 59

Die KG besteht fort, § 177 HGB und sein Ges.-Anteil fällt dem/den Erben zu, § 1922 BGB. Bei mehreren Erben werden diese nicht *in Erbengemeinschaft*, sondern *anteilig* entsprechend ihrer Erbquote Kommanditisten.

⇓

Mögliche Modifikationen

⇓

Im Ges.-Vertrag kann geregelt werden, dass es *nicht* zu einer automatischen Nachfolge der Erben kommt. Entweder kann die *Auflösung der Gesellschaft* beim Tod des Kommanditisten oder auch die *Fortsetzung ohne Erben* angeordnet werden. Der dann entstehende *Abfindungsanspruch* (§ 734 BGB bzw. § 738 I S.2 BGB) kann ebenfalls ausgeschlossen werden.

Was sind die Voraussetzungen für die Annahme einer Scheingesellschaft bzw. eines Scheingesellschafters?

↳ GesR, Rn. 229; Karteikarte 63

Scheingesellschaft(er)

(1) **Rechtsschein** einer tatsächl. nicht bestehenden OHG/KG bzw. Gesellschafterstellung

(2) **Zurechenbarkeit** des Rechtsscheins: Zurechnungsfähigkeit (Geschäftsfähigkeit!) + Tun, Dulden oder Unterlassen des Verpflichteten, an das sich der Rechtsschein anknüpfen lässt

(3) **Schutzwürdigkeit** (insbes. Gutgläubigkeit) des Dritten

(4) **Kausalität** zw. der Vermögensdisposition des Dritten und dem Vertrauen auf den Rechtsschein

Welchen ausdrücklich normierten Fall des Rechtsscheins enthält das HGB?

Welche Rechtsfolgen ergeben sich in den Fällen der Scheingesellschaft bzw. des Scheingesellschafters?

↳ GesR, Rn. 237; Karteikarten 63, 64

Gesetzl. normierter Fall: **§ 15 III HGB**! Anwendbar, wenn eine Person fälschlicherweise als Gesellschafter einer OHG/KG oder eine Scheingesellschaft im HReg. eingetragen und bekannt gemacht worden ist (**Achtung**: § 15 III HGB **(-)** bei Vorliegen einer *fehlerhaften Gesellschaft*!)

Rechtsfolgen

Fall des § 15 III HGB: der Dritte kann sich auf die Eintragung berufen ⇨ z.B. haftet der Schein-OHG-Gesellschafter gem. §§ 15 III, 128 HGB.

Sonstige Fälle des Rechtsscheins: Gleichstellung des Rechtsscheins mit der Wirklichkeit ⇨ z.B. haftet der Schein-OHG-Gesellschafter gem. § 128 HGB. **Beachte**: die Scheingesellschaft dient nur als *Zurechnungsfigur*, nie als *Haftungssubjekt*.

Welche Einreden kann der Gesellschafter einer Personenhandelsgesellschaft geltend machen?

Was ist bzgl. der Einrede der Verjährung zu beachten, wenn nur der Gesellschafter, nicht aber die Gesellschaft verklagt wurde?

↳ GesR, Rn. 241; Karteikarte 65

Einreden

Eigene Einreden (z.B. Erlass, § 397 BGB).

Alle **Einreden** (Wortlaut des § 129 I HGB ist ungenau, da bei Einwednung schon § 128 HGB entfällt), die ***von** der **Gesellschaft*** erhoben werden können, § 129 I HGB ⇨ Aus der Akzessorietät folgt auch, dass eine ggü. der Gesellschaft eingetretene Verjährungshemmung (z.B. § 204 I Nr.1 BGB) auch gg. den Gesellschafter wirkt.

Verjährung

Ggü. der Gesellschaft ist Verjährung eingetreten. Der *Gesellschafter* kann sich aber nicht hierauf gem. § 129 I HGB berufen: Ansonsten hätte der Gesellschafter eine Art Einrede der Vorausklage, obwohl der Gläubiger ein **Wahlrecht** bzgl. des Klagegegners haben soll.

Was ist bei der Anwendung des § 129 III HGB zu beachten?

Personengesellschaften, Außenverhältnis — **GesR 86**

GesR, Rn. 244; Karteikarte 65

Allg. Ansicht: der Wortlaut des § 129 III HGB ist verfehlt. Diese Vorschrift weist auf das Aufrechnungsrecht **des Gläubigers** hin. Nach ihrem *Sinn und Zweck* kommt es aber nur auf die Aufrechnungsbefugnis **der Gesellschaft** an, weil verhindert werden soll, dass der Gesellschafter im eigenen Namen über Rechte der Gesellschaft verfügt.

- Gläubiger **und** Gesellschaft können aufrechnen: § 129 III HGB **(+)**
- Nur die **Gesellschaft** kann aufrechnen: § 129 III HGB gem. teleologischer Auslegung **(+)**
- Nur der **Gläubiger** kann aufrechnen: § 129 III HGB gem. teleologischer Auslegung **(-)**

Beachte → §§ 129 II, III HGB wird analog auf **andere Gestaltungsrechte** angewendet (str.)!

Welche Einreden kann der GbR-Gesellschafter, der persönlich in Anspruch genommen wird, einem Gesellschaftsgläubiger entgegenhalten?

Kann der persönlich in Anspruch genommene GbR-Gesellschafter sich auf Gestaltungsrechte der Gesellschaft berufen?

GesR, Rn. 246; Karteikarte 66

Der Gesellschafter kann neben den *pers.* Einreden auch die Einreden *der GbR* geltend machen!

- **Doppelverpflichtungslehre**: *§ 417 I S.1 BGB analog. Auch denkbar:* Auslegung der Verpflichtungserklärungen der Gesellschafter als *akzessorisch* zur Gesellschaftsschuld (*rechtsgeschäftl*. Akzessorietät).
- **Akzessorietätslehre:** § 129 HGB analog.

Die *Ausübung* der Gestaltungsrechte ist der Gesellschaft vorbehalten. Die Gesellschafter haben aber eine *Einrede der Gestaltbarkeit*.

- **Akzessorietätslehre:** § 129 II, III HGB analog.
- **Doppelverpflichtungslehre**: Gesamtanalogie der §§ 770, 1137 I S.1, 1211 S.1 BGB, 129 II, III HGB bzw. rechtsgeschäftl. Akzessorietät.

Wegen Änderung der Rechtslage weggefallen!

weggefallen

Ist die GbR als solche nach neuer Rspr. parteifähig?

Personengesellschaften, Außenverhältnis

↳ GesR, Rn. 253; Karteikarte 67

Parteifähigkeit (+), arg.: • Schluss von der Teilrechtsfähigkeit auf die Parteifähigkeit entspreche § 50 I ZPO; • Praktikabilität: die ansonsten materiell notwendige Streitgenossenschaft (§ 62 I 2.Alt ZPO) bereite in der Praxis große Probleme; • Dem Zweck des § 736 ZPO widerspreche diese Auffassung nicht, da § 736 ZPO nach neuer Lesart („ausreichend“ statt „erforderlich“) lediglich eine Ausnahme zu § 124 II HGB darstelle.

Sind im Aktiv- bzw. Passivprozess einer OHG/KG die Gesellschafter als Parteien oder als Zeugen zu vernehmen?

Welche Art von Streitgenossenschaft besteht zwischen einer Personenhandelsgesellschaft und den daneben verklagten Gesellschaftern?

Personengesellschaften, Außenverhältnis **GesR 90**

↳ GesR, Rn. 255; Karteikarte 67

Zeugen oder Parteien?

Die **vertr.-berechtigten Gesellschafter** sind als Partei (§§ 445 ff. ZPO) zu vernehmen, da sie die nicht prozessfähige Gesellschaft im Prozess gesetzl. vertreten, §§ 125 f., HGB, 51 I ZPO. Die **nicht vertr.berechtigten Gesellschafter** hingegen werden als Zeugen (§§ 373 ff. ZPO) vernommen, es sei denn sie wurden selbst ebenfalls verklagt.

Klage gg. die **OHG/KG** + Klage gg. die **Gesellschafter**

Eine **notwendige** SG läge vor, wenn der Zwang zu einer *einheitl. Entscheidung* durch das Gericht bestünde, § 62 I ZPO. Allerdings können die Entscheidung gg. die Gesellschaft und jene gg. die Gesellschafter durchaus unterschiedl. ausfallen. Daher ist von einer **einfachen** SG auszugehen.

Welche Auswirkungen hat die nach *einer Ansicht* (vgl. Karte 25) während des Prozesses mögliche Vollbeendigung der Gesellschaft auf den Passivprozess?

⇨ GesR, Rn. 260; Karteikarte 69; ZPO I, Rn. 291, 343, 470

Die Klage gg. die Gesellschaft wird **unzulässig**, da es mit der Vollbeendigung an der **Parteifähigkeit** des Beklagten fehlt. Um die Klageabweisung als unzulässig zu vermeiden, hat der Kläger *zwei Optionen*:

Erledigterklärung durch den Kläger: entweder *übereinstimmend* mit der Folge des § 91a ZPO oder *einseitig* mit der Folge des § 91 ZPO nach Umstellung auf eine Feststellungsklage.

Umstellung auf **Klage gg. die Gesellschafter** durch gewillkürten Parteiwechsel (⇨ Das RG ging noch von einem *automatischen Eintritt* der Gesellschafter aus. Dies widerspricht jedoch §§ 124 I, 129 IV HGB, außerdem trennt diese Ansicht nicht zw. den Rechtssubjekten *Gesellschaft* und *Gesellschaftern*.)

Wie wirkt sich die Rechtskraft eines Urteils für oder gegen eine OHG/KG auf die Haftung der Gesellschafter aus?

Was ist bei der Vollstreckung in das Vermögen der Personenhandelsgesellschaft zu beachten?

↳ GesR, Rn. 264, Karteikarte 69; ZPO II, Rn. 203

Die Klage *abweisendes* Urteil:

128 I HGB ⇨ Die Rechtskraft kommt letztlich auch dem Gesellschafter zugute. **Achtung:** nicht im umgekehrten Fall, BGH, Life/Law 2011, 549.

Der Klage *stattgebendes* Urteil

Ein Urteil wirkt nur inter partes, § 325 I ZPO. *Aber*: Aufgrund *§ 129 I HGB* kann der Gesellschafter das Bestehen der Verbindlichkeit nicht mehr bestreiten. Ihm bleiben nur *pers.* Einreden.

Zwangsvollstreckung

Zur Zwangsvollstreckung in das **Ges.-Vermögen** ist ein Titel *gg. die Gesellschaft* erforderlich, § 124 II HGB. Zur Vollstreckung in das **Privatvermögen** (einschl. des Ges.-Anteils, vgl. § 859 I ZPO bzw. Ansprüche i.S.d. § 717 S.2 BGB!) ist ein Titel *gg. den Gesellschafter* nötig, § 129 IV HGB.

Was ist bei der GbR bzgl. der Zwangsvollstreckung zu beachten?

↬ GesR, Rn. 265; Karteikarte 69

Wortlaut des § 736 ZPO ⇨ zur **Zwangsvollstreckung in das Ges.-Vermögen** ist ein Titel gg. *alle Gesellschafter* erforderlich. **Neueste Rspr.** aber: ein Titel gg. *alle Gesellschafter* ist gem. § 736 ZPO *ausreichend*, d.h. ein Titel gg. *die Gesellschaft* ermöglicht ebenfalls die Vollstreckung ins Ges.-Vermögen.

Besteht ein Titel nur gg. *einen* oder *mehrere Gesellschafter*, kann nur **in das Privatvermögen** vollstreckt werden.

Pfändung des **Ges.-Anteils**, § 859 ZPO: dadurch Möglichkeit der Kündigung der Gesellschaft, § 725 BGB, mit der Folge der Befriedigung durch § 734 BGB.

Pfändung der **übertragbaren Rechte** aus dem Ges.-Verhältnis, §§ 857 I, 851, 828 ff. ZPO, v.a. den Anspruch aus § 734 BGB und den Gewinnanspruch.

Was bedeuten die Begriffe

a) Gesellschaftsanteil
b) Vermögensanteil
c) Kapitalanteil?

Personengesellschaften, Innenverhältnis **GesR 94**

↳ GesR, Rn. 269; Karteikarte 70

Gesell-schaftsanteil	Inbegriff der mitgliedschaftl. Rechte. Umfasst die gesamte Beteiligung des Gesellschafters. Auch derjenige, der vermögensmäßig *nicht* an der Gesellschaft beteiligt ist, hat einen Ges.-Anteil.
Vermögens-anteil	Spiegelbild der vermögensmäßigen Beteiligung an der Gesellschaft. *Beachte*: Es kann auch Gesellschafter *ohne* Vermögensanteil geben.
Kapital-anteil	Bilanzziffer, die Aufschluss über den Vermögensanteil geben soll. Durch sie wird der Wert der Beteiligung des Gesellschafters im Verhältnis zum Anteil der anderen Gesellschafter ermittelt.

Was sind Sozialansprüche und -verpflichtungen?

Wie kann ein Sozialanspruch geltend gemacht werden?

↳ GesR, Rn. 287 Karteikarte 71

Sozialanspruch: Anspruch der Gesellschaft gg. einen Gesellschafter, soweit er aus dem Ges.-Verhältnis stammt.

Sozialverpflichtung: Jede Verpflichtung der Gesellschaft ggü. einem Gesellschafter, soweit sie aus dem Ges.-Verhältnis stammt.

Grds.: Geltendmachung von der Gesellschaft durch ihre *geschäftsführungsbefugten* und *vertr.-berechtigten* Organe.

Ausnahme: *Actio pro socio*: auch ein nicht geschäftsführungsbefugter bzw. nicht vertr.-berechtigter Gesellschafter kann einen Sozialanspruch *im eigenen Namen* geltend machen, wenn die Vertretungsorgane der Gesellschaft sich trotz Aufforderung weigern, den Anspruch geltend zu machen.
⇨ *prozessual*: gesetzl. Prozessstandschaft.

Was ist bzgl. der Haftung der Gesellschafter für die Erfüllung von Sozialverbindlichkeiten zu beachten?

Kann der OHG-Gesellschafter A Aufwendungen, die er im Rahmen seiner Geschäftstätigkeit getätigt hat (z.B. Fahrtkosten), von den Mitgesellschaftern B und C ersetzt verlangen?

↳ GesR, Rn. 292; Karteikarte 72

Die Gesellschafter haften grds. **nicht** pers. für die Erfüllung von Sozialverbindlichkeiten, da dies letztlich einer Nachschusspflicht entgegen § 707 BGB gleich käme. Reicht das Ges.-Vermögen nicht zur Befriedigung der Sozialverpflichtung aus, so muss der Gläubiger warten, bis der Anspruch bei Ges.-Auflösung bzw. Verlustbeteiligung berücksichtigt wird, § 735 BGB.

⇩

Anspruch aus §§ 110 I, 128 HGB:

A hat einen Anspruch *gegen die OHG* gem. § 110 I Alt.1 HGB. Grds. haften B und C zwar für die Verbindlichkeiten der OHG gem. § 128 HGB, nicht aber für *Sozialverbindlichkeiten* (s.o.). Der Anspruch des A aus § 110 I HGB stellt aber eine typische Sozialverbindlichkeit der OHG dar. Anspruch des A gegen B und C daher hier **(-)**.

Kann der OHG-Gesellschafter A, der einen Gesellschaftsgläubiger befriedigt, von B und C hierfür gem. §§ 110 I, 128 HGB Ersatz verlangen?

↳ GesR, Rn. 292; Karteikarte 72

Anspruch aus §§ 110 I, 128 HGB:

Problem 1: Aufwendung i.S.d. § 110 I HGB = *freiwilliges* Verm.-Opfer. A war aber zur Zahlung *verpflichtet*, § 128 HGB. Allerdings war A nicht *ggü. der Gesellschaft* zur Zahlung verpflichtet! ⇨ Aufwendung i.d.S. daher **(+)**!

Problem 2: Eigentlich Anspruch **(-)**, da eine Sozialverbindlichkeit vorliegt. Allerdings ist zu beachten, dass *alle Gesellschafter* gem. § 128 HGB haften und es vom Zufall abhängt, welcher Gesellschafter in Anspruch genommen wird. Daher stellt es keine Verletzung des § 707 BGB dar, hier A einen Anspruch zuzugestehen, Anspruch daher **(+)**.

Beachte: Gesellschaftl. Treuepflicht ⇨ A muss sich zunächst an die Gesellschaft halten. Erst wenn er von ihr keine Befriedigung erlangen kann, darf er sich an B und C halten! Haftung aber auch dann nur in Höhe ihrer Verlustanteile (pro rata).

Wie kann der GbR-Gesellschafter, der einen Gesellschaftsgläubiger befriedigt hat, von der Gesellschaft bzw. den übrigen Gesellschaftern Ersatz verlangen?

↳ GesR, Rn. 293, 324; Karteikarte 73

Anspruch gg. die Gesellschaft:

Der *geschäftsführende* Gesellschafter kann sich auf §§ 713, 670 BGB stützen. **Anerkannt** ist, dass auch der *nicht geschäftsführende* Gesellschafter einen Anspruch hat. **Str.** ist die Anspruchsgrundlage: § 426 BGB direkt jedenfalls **(-)**, da zw. Gesellschafter und Gesellschaft Gesamtschuldverhältnis (-); gem. der Akzessorietätstheorie: § 110 I HGB analog **(+)**.

Anspruch gg. die Gesellschafter:

Grds. Anspruch aus § 426 I, II BGB. **Problem**: Ist § 707 BGB eine *anderweitige Regelung* iSd. § 426 I BGB? ⇨ **(-)**, da 707 BGB nur das *Innenverhältnis* betrifft, nicht aber die *Außenhaftung*. Anspruch gem. § 426 I, II BGB daher grds. **(+)**, *beachte*: Gesellschaftl. Treuepflicht: der Anspruchsteller muss den Anspruch zunächst *gg. die GbR* geltend machen.

Welche Sozialansprüche gibt es?

Was sind Beiträge?

GesR, Rn. 294; Karteikarten 74, 79

Anspruch auf...

- Erfüllung der Geschäftsführerpflichten, §§ 709 BGB, 114 HGB bzw. §§ 713, 667 BGB
- Erfüllung der gesellschaftl. Treuepflicht
- SE wg. Verletzung von ges.-vertragl. Pflichten, §§ 280 ff. BGB
- Beitragsleistung, § 705 BGB

Beitrag i.w.S.: Jede Leistung, die der Gesellschafter zur Förderung des gem. Zwecks im Ges.-Vertrag verspricht, also auch *immaterielle* Leistungen.

Beitrag i.e.S.: Jede vermögenswerte Leistung, die in das Ges.-Vermögen fließt, vgl. §§ 706 II, III BGB. *Beachten*: Ist ein solcher Beitrag bereits geleistet, spricht man von einer *Einlage*.

Wonach bestimmen sich Inhalt und Höhe des zu leistenden Beitrages?

Wie können Sachen als Beitrag eingebracht werden?

↬ GesR, Rn. 297; Karteikarten 74, 75, 77

Der **Inhalt** der Beitragspflicht richtet sich nach dem Ges.-Vertrag. Möglich ist z.B. Geldzahlung, Forderungsübertragung, Schuldenerlass, Zurverfügungstellung von Kenntnissen, Dienstleistung (§ 706 III BGB) und insbes. ... !

Die **Höhe** der Beitragspflicht bestimmt sich grds. nach dem *Ges.-Vertrag*. Subsidiär gilt § 706 BGB (*Gleichbehandlungsgrundsatz*).

Einbringung von Sachen

- Einbringung zu Eigentum, d.h. *Übereignung* an die Gesellschaft (**Regelfall**, vgl. § 706 II BGB)
- Einbringung zur Nutzung, d.h. nur *Gebrauchsüberlassung* der Sache ⇨ Übereignung (-)!
- Einbringung dem Wert nach, d.h. Übereignung zwar (-), aber Rechnung des Wertes der Sache zum Ges.-Vermögen

Erwirbt die aus A und B bestehende GbR Eigentum an einer beweglichen Sache, die ihr A zur Erfüllung seiner Beitragspflicht übereignet hat, wenn der nicht vertretungsberechtigte A die Sache lediglich geliehen hatte?

↳ GesR, Rn. 303; Karteikarte 76

Übereignung gem. §§ 929 S.1, 932 BGB:

Problem 1: *Verkehrsgeschäft*? Ein solches ist dann (+), wenn auf Erwerberseite mindestens eine Person beteiligt ist, die nicht auch auf Veräußererseite steht. Bei wirtschaftl. Betrachtung hier **(+)**.

Problem 2: *Gutgläubigkeit* der Gesellschaft? § 166 I BGB direkt/analog **(-)**, da einerseits B keine Kenntnis von den Eigentumsverhältnissen hatte, und andererseits A kein Vertreter ist und nicht am Rechtsgeschäft aufseiten der Gesellschaft beteiligt war. Jedoch wohl § 166 II BGB (analog) **(+)**: A hat letztlich durch das Versprechen, die Sache in das Ges.-Vermögen einzubringen den B zur Vornahme des Geschäfts veranlasst und damit "angewiesen" iSd. § 166 II BGB. Daher also Gutgläubigkeit **(-)**!

Warum ist die Anwendung des Leistungsstörungsrechts auf einen Gesellschaftsvertrag problematisch?

Welche grundsätzlichen Meinungen werden zur Anwendbarkeit der §§ 320 ff. BGB auf den Gesellschaftsvertrag vertreten?

↳ GesR, Rn. 305; Karteikarte 78

Problem: *Doppelnatur des Ges.-Vertrages*

Schuldvertrag: Begründung von *Rechten* und *Pflichten* (§ 241 BGB) für die Gesellschafter

Organisationsvertrag: Verfolgung gem. Interessen durch die Bildung einer besonderen *Organisation*

e.A.: Anwendbarkeit der §§ 320 ff. BGB **(-)**: diese Normen gälten nur für *Austauschverträge*, während beim Ges.-Vertrag die Gesellschafter nicht Leistungen austauschen, sondern solche einem gem. Zweck unterordnen (*Leistungsvereinigungsvertrag*).

h.M.: Anwendbarkeit der §§ 320 ff. BGB *grds.* **(+)** da auch Leistungsvereinigungsverträge „gegenseitige Verträge" seien. Allerdings sollten nach dieser Ansicht die Besonderheiten des Ges.-Rechts berücksichtigt werden, insbes. ob die Anwendung der §§ 320 ff. BGB den Ges.-Zweck gefährdeten.

Wann sind die §§ 320 ff. BGB nach der h.M. konkret anwendbar?

Sind die §§ 275 ff., 280 ff. BGB auf den Gesellschaftsvertrag anwendbar?

↳ GesR, Rn. 307; Karteikarte 78

Anwendbarkeit der §§ 320 ff. BGB nach der h.M.:

§ 320 BGB nur dann anwendbar, wenn die Gesellschaft aus zwei Mitgliedern besteht oder alle Mitglieder nicht leisten.

§§ 323 ff. BGB grds. nur dann anwendbar, wenn die Gesellschaft noch nicht in Vollzug gesetzt worden ist. Ist dies schon geschehen, tritt an die Stelle des *Rücktrittsrechts* ein Recht zur außerordentl. Kündigung, § 723 I S.2 BGB bzw. gerichtl. Auflösung, § 133 I HGB.

Anwendbarkeit der §§ 275 ff. BGB:

§§ 281 ff. BGB grds. anwendbar. Nach der h.M. zum alten Schuldrecht tritt nach Invollzugsetzung der Gesellschaft an die Stelle des SE statt der Leistung ein Anspruch wg. schuldhafter Herbeiführung der Auflösung (früher gem. § 628 II BGB analog, heute wohl gem. §§ 280 I, 241 II BGB).

Was ist Grundlage und Inhalt der allgemeinen gesellschafterlichen Treuepflicht?

Welche Sozialansprüche folgen grds. aus dieser Treuepflicht?

GesR, Rn. 311; Karteikarte 79

Grundlage: Ges.-Vertrag i.V.m. § 242 BGB. **Inhalt**: Die Treuepflicht wirkt zw. den Gesellschaftern und zw. Gesellschaft und Gesellschaftern. Die Gesellschafter sind verpflichtet, die Interessen der Gesellschaft zu wahren und ihnen nicht zuwiderzuhandeln (**Sonderfall**: Wettbewerbsverbot, §§ 112, 165 HGB). Diese Pflicht ist begrenzt durch berechtigte Interessen des Gesellschafters.

Sozialansprüche

- Unbeachtlichkeit der treuepflichtwidriger Rechtsausübung
- Bei Handlungspflichten: Erfüllungsanspruch
- SE-Anspruch, §§ 280 ff. BGB
- SE bzw. Eintrittsrecht gem. §§ 112, 113 HGB

Was ist im Rahmen von Schadenersatzansprüchen der Gesellschaft gegen einen Gesellschafter aufgrund der Verletzung gesellschaftsrechtlicher Pflichten zu beachten?

↳ GesR, Rn. 313; Karteikarte 80

Grds. nur Haftung für die eigenübl. Sorgfalt, §§ 708 BGB.

Ausnahmen

Teleologische Reduktion: § 708 BGB gilt nicht bei kapitalistisch ausgestalteten Gesellschaften

BGH: § 708 BGB ist nicht im Straßenverkehr anwendbar. (**str.!**)

Problem: Anwendbarkeit des § 708 BGB bei Pflichtverletzung durch Überschreitung der Geschäftsführungsbefugnis; **h.M.:** Auch die Prüfung, ob ein Handeln sich im Rahmen der Geschäftsführungsbefugnis hält, gehöre zu den vertragl. Pflichten. *Insoweit* sei § 708 BGB anwendbar.

Welche Gruppen von Rechten unterscheidet man bei Sozialverbindlichkeiten und welcher wichtige Unterschied besteht zwischen diesen Gruppen? Welche konkreten Sozialverbindlichkeiten existieren?

Personengesellschaften, Innenverhältnis

↳ GesR, Rn. 319 Karteikarten 81, 82, 83

Mitverwaltungsrechte: Untrennbar mit der Mitgliedschaft des Gesellschafters verbunden; nicht isoliert übertragbar, § 717 S. 1 BGB

⇔

Vermögensrechte: isoliert übertragbar, § 717 S.2 BGB

Mitverwaltungsrechte – Bsp.:

- Geschäftsführung, § 709 I BGB, 114 I HGB
- Information und Kontrolle, § 716 BGB, §§ 118, 166 HGB
- Stimmrecht

Vermögensrechte – Bsp.:

- Gewinnauszahlung, § 721 f. BGB, §§ 120 ff., 167 ff. HGB
- Erstattung von Aufwendungen, §§ 713, 670 BGB, § 110 HGB
- Abfindung, § 738 I S.2 BGB
- Auseinandersetzungsguthaben, § 734 BGB, § 155 HGB

Wie ist das Recht auf Gewinnauszahlung bei der Personengesellschaft geregelt?

Personengesellschaften, Innenverhältnis

↳ GesR, Rn. 322; Karteikarte 81

GbR

Der Gewinn- und Verlustanteil ergibt sich grds. aus dem Ges.-Vertrag. Ist dort nichts bestimmt, erfolgt die Verteilung **nach Köpfen**, § 722 I BGB.

↓

Zeitpunkt der Anspruchsentstehung:

- **Dauergesellschaft:** am Schluss des Geschäftsjahres, § 721 II BGB
- **Gelegenheitsgesellschaft:** nach Auflösung der Ges., § 721 I BGB

OHG/KG

Der Gewinn- und Verlustanteil ergibt sich grds. aus dem Ges.-Vertrag. Ist dort nichts geregelt, greifen die §§ 120 II, 121 HGB (⇨ Gewinnverteilung nach Köpfen, § 121 III HGB). **Beachte**: Entnahmerecht, § 122 HGB!

↓

Für den Kommanditisten gelten die §§ 167 ff. HGB. **Beachte**: Entnahmerecht **(-)**!

Unter welchen Voraussetzungen kann bei der GbR Aufwendungsersatz verlangt werden?

Kann ein GbR-Gesellschafter Vergütung verlangen, wenn er seine ganze Arbeitskraft zur Geschäftsführung einsetzt?

↳ GesR, Rn. 324; Karteikarte 82

Geschäftsführender Gesellschafter: Anspruch gem. §§ 713, 670 BGB

Nicht geschäftsführender Gesellschafter: Anspruch nur unter den Voraussetzungen der berechtigten GoA, §§ 683 S.1, 670 BGB

Einsatz der **gesamten Arbeitskraft** zur Geschäftsführung:

Anspruch aus **§§ 713, 670 BGB**? Grds. Arbeitskraft ≠ Aufwendung, da der Auftrag grds. unentgeltlich ist (*allerdings*: insoweit § 1835 III BGB analog denkbar!). Jedenfalls ist aber das Vermögensopfer nicht freiwillig, da der Gesellschafter aufgrund des Ges.-Vertrags zur Geschäftsführung verpflichtet ist. §§ 713, 670 BGB daher **(-)**!

Anspruch nur dann **(+)**, wenn ein solcher im **Ges.-Vertrag** festgeschrieben ist

Wie kann der Gesellschafter einer Personenhandelsgesellschaft Aufwendungsersatz verlangen?

GesR, Rn. 325, 292; Karteikarte 82

§ 110 I Alt.1 HGB

Jeder (auch der *nicht geschäftsführungsbefugte*!) Gesellschafter kann Aufwendungsersatz verlangen. Eine Vergütung für Dienste ist hiervon *nicht* erfasst. **Beachte**: Ein Vermögensopfer ist dann freiwillig i.S.d. § 110 I HGB, wenn es im Verhältnis der Gesellschafter untereinander aus der Ges.-Kasse hätte erbracht werden müssen!

§ 110 I Alt.2 HGB

Jeder Gesellschafter kann auch Ersatz für im Zusammenhang mit der Geschäftsführung erlittene **Verluste** verlangen.

Wird ein Gesellschafter gem. § 128 HGB pers. in Anspruch genommen, kann er hierfür Ersatz gem. § 110 I Alt.1 HGB verlangen!

Wann entsteht der Abfindungsanspruch gem. § 738 I S.2 BGB und welchen Inhalt hat er?

Personengesellschaften, Innenverhältnis — GesR 110

GesR, Rn. 326; Karteikarte 83

Inhalt

- Rückgabe der zur Nutzung überlassenen Gegenstände
- Fiktives Auseinandersetzungsguthaben (vgl. § 734 BGB)
- Freistellung von gemeinschaftl. Schulden

Zeitpunkt

Der Anspruch entsteht grds. mit dem Ausscheiden des Gesellschafters aus der Gesellschaft, § 738 I S.2 BGB

Grds. kann § 738 I S 2 BGB im Ges.-Vertrag **modifiziert** werden, z.B.: Ausschluss des Abfindungsanspruches für den Fall des Todes des Gesellschafters. **Grenzen der Modifikation:** §§ 134, 138 BGB, z.B.: der Ausschluss des Abfindungsanspruches für den Fall der Insolvenz eines Gesellschafters ist wg. Vereitelung des Gläubigerzugriffes nichtig, § 138 BGB.

Wie kann ein GbR-Gesellschafter bzw. ein persönlich haftender Gesellschafter einer OHG/KG von der Geschäftsführung ausgeschlossen werden? Können auch die Informations- und Kontrollrechte ausgeschlossen werden?

Personengesellschaften, Innenverhältnis GesR 111

GesR, Rn. 330; Karteikarte 84

Ausschluss von der Geschäftsführung

- **GbR-Gesellschafter**: durch Vereinbarung im Ges.-Vertrag (vgl. § 710 BGB) oder gg. den Willen des betroffenen Gesellschafters gem. § 712 BGB.
- Pers. haftender **OHG/KG-Gesellschafter**: durch Vereinbarung im Ges.-Vertrag oder gg. den Willen des betroffenen Gesellschafters gem. § 117 HGB.

Ausschluss der Informations- und Kontrollrechte

- Durch Vereinbarung im Ges.-Vertrag, allerdings nur in den Grenzen der §§ 716 II BGB, 118 II HGB. **Beachte**: Das außerordentl. Kontrollrecht des Kommanditisten gem. § 166 III HGB ist unbeschränkbar!

Was ist Inhalt des gesellschafterlichen Stimmrechts?

In welchen Fällen sind Gesellschafterbeschlüsse erforderlich?

↪ GesR, Rn. 332; Karteikarte 85

Stimmrecht = Befugnis der Gesellschafter, durch **Beschlüsse** (= mehrseitige Rechtsgeschäfte nichtvertragl. Art) an der Willensbildung in der Gesellschaft teilzunehmen

Beschluss erforderlich:

- Im Ges.-Vertrag bestimmte Fälle
- Änderung des Ges.-Vertrags
- Auflösung der Gesellschaft, § 131 I Nr. 2 HGB
- Ausschluss eines Gesellschafters, § 131 II Nr. 6 HGB
- Sonstige gesetzl. bestimmte Fälle, vgl. §§ 709, 712 BGB, 113 II, 116 II, III HGB

Müssen Gesellschafterbeschlüsse einstimmig gefasst werden oder gilt das Prinzip der Mehrheitsentscheidung? Was gilt bei Änderungen des Gesellschaftsvertrags?

↳ GesR, Rn. 332; Karteikarten 85, 86

Grds. müssen Beschlüsse **einstimmig** gefasst werden, §§ 709 BGB, 119 II HGB

⇨

Der Ges.-Vertrag kann aber auch bestimmen, dass **Stimmenmehrheit** entscheidet, vgl. §§ 709 II BGB, 119 II HGB.

⇩

Auch bei *Beschlüssen zur Änderung des Ges.-Vertrags* ist eine Mehrheitsentscheidung möglich. Allerdings darf wg. § 138 BGB der einzelne Gesellschafter nicht der Willkür der Mehrheit ausgesetzt sein ⇨ der **Bestimmtheitsgrundsatz** besagt daher, dass sich die Zulässigkeit von Mehrheitsentscheidungen bei ungewöhnl. Vertragsänderungen *eindeutig* aus dem Ges.-Vertrag ergeben muss. Daneben ist auch bei Wahrung des Bestimmtheitsgrundsatzes ein Eingriff in den **Kernbereich** der Rechte des Gesellschafters nur mit dessen Zustimmung mgl. U.U. aber vorab erteilte Zustimmung in einer eindeutigen Regelung im Ges.-Vertrag zu sehen.

Wann ist das Stimmrecht ausgeschlossen?

GesR, Rn. 332; Karteikarte 85

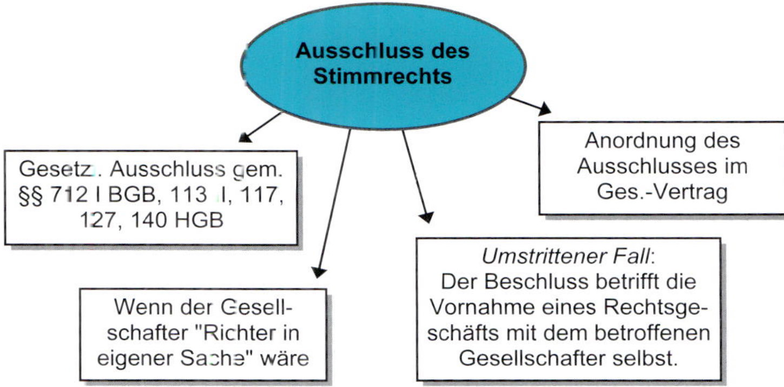

Worin besteht die Besonderheit einer Innengesellschaft?

Nennen Sie Beispiele für Gelegenheitsgesellschaften des täglichen Lebens.

Innengesellschaften

↳ GesR, Rn. 333; Karteikarten 87, 90

Innengesellschaft

- **Str.**: Anwendung der Grundsätze der fehlerhaften Gesellschaft
- Keine (Teil-)Rechtsfähigkeit
- Vollbeendigung mit Auflösung
- Weder Erscheinen noch Vertretung der Gesellschaft nach außen hin ⇨ Geschäfte werden **nach außen** im Namen *eines* Gesellschafters und **intern** für Rechnung *aller* Gesellschafter geschlossen
- Keine Gesamthandsgemeinschaft, da keine Bildung von Gesamthandsvermögen

Beispiele

- Gemeinsame Ferienreise
- Fahrgemeinschaft
- Lottogemeinschaft

Wann besteht zwischen Ehegatten eine Innengesellschaft?

Innengesellschaften

↳ GesR, Rn. 335; Karteikarten 87, 88

Problem: wurde ein Ges.-Vertrag (konkludent) abgeschlossen?

Zwar kann auch zw. Eheleuten ein Ges.-Vertrag konkl. abgeschlossen werden. Allerdings müssen hierfür konkrete Anhaltspunkte vorliegen. Bei Ehegatten reicht hierfür nicht jede Zusammenarbeit aus, vielmehr müssen diese einen über die Verwirklichung der ehel. Lebensgemeinschaft hinausgehenden Zweck verfolgen (**Bsp.**: gem. Ausübung einer gewerbl. Tätigkeit).

Beachte: Annahme einer GbR ist unabhängig vom Güterstand. Keine Einschränkung beim geseztl. Güterstand wegen Konkurrenz mit §§ 1372 ff. BGB. Ausgleichsansprüche stehen nebeneinander, BGH, Life&Law 2006, 528 ff.

Welche besondere Innengesellschaft besteht im Handelsrecht? Wovon ist sie abzugrenzen?

Innengesellschaften

↳ GesR, Rn. 337; Karteikarte 89

Stille Gesellschaft i.S.d. § 230 ff. HGB	**Partiarisches Darlehen**
Die stille Gesellschaft *selbst* betreibt kein Gewerbe (dies tut lediglich einer ihrer Gesellschafter) und ist somit *keine Handelsgesellschaft*. Sie ist jedoch ein Mittel, um den Stillen *im Innenverhältnis* am Handelsgewerbe zu beteiligen.	Im Darlehensvertrag wird vereinbart, dass für die Darlehensgewährung keine festen Zinsen zu zahlen sind, sondern der Darlehensgeber an dem vom Darlehensnehmer mit Hilfe des Darlehens erwirtschafteten Gewinn beteiligt wird.

Im Unterschied zur stillen Gesellschaft wird beim partiarischen Darlehen **kein gem. Zweck** verfolgt!

Welche besonderen Entstehungsvoraussetzungen bestehen für die Stille Gesellschaft?

Ist § 1822 Nr. 3 BGB anwendbar, wenn eine in der Geschäftsfähigkeit beschränkte Person stiller Gesellschafter werden soll?

GesR, Rn. 338; Karteikarte 89

§ 230 I HGB

Ges.-Vertrag zw. **zwei** Personen: Inhaber eines Handelsgeschäfts (**Beachte**: *Formkaufleute* müssen *tatsächl.* ein Handelsgewerbe betreiben!) + Stiller Gesellschafter

Gem. Zweck: Beteiligung des Stillen am Betrieb des Handelsgewerbes ⇨ Zweckförderung durch den Stillen durch seine Einlage, durch den Inhaber des Handelsgeschäfts durch den Betrieb seines Gewerbes

Genehmigung gem. § 1822 Nr. 3 BGB erforderlich?

Die Genehmigung ist nur dann *nicht* erforderlich, wenn der Stille sich nur zu einer einmaligen Einlage verpflichtet, aber von Geschäftsführung und Verlustbeteiligung ausgeschlossen wird.

Welche Rechte und Pflichten haben der Inhaber des Handelsgeschäfts und der stille Gesellschafter?

Innengesellschaften

↳ GesR, Rn. 338; Karteikarte 89

Stiller Gesellschafter

- Einlagepflicht, § 230 I HGB
- Kontrollpflicht, § 233 HGB
- Gewinn- bzw. Verlustbeteiligung, § 231 HGB
- Kündigungsrecht, § 234 I HGB, § 723 BGB
- Gesellschafterliche Treuepflicht

Inhaber des Handelsgeschäfts

- Grds. alleiniges Geschäftsführungspflicht und -recht
- Kein Recht, das Unternehmen ohne Zustimmung des Stillen zu veräußern bzw. aufzugeben
- Gesellschafterliche Treuepflicht

In welchem Verhältnis zueinander stehen die Körperschaft und ihre Mitglieder?

Inwiefern ist die Körperschaft hochgradig organisiert?

↬ GesR, Rn. 342; Karteikarten 91, 99

Die Körperschaft hat Rechtsfähigkeit und ist daher ggü. ihren Mitgliedern rechtl. verselbständigt. Ihre Mitglieder treten daher hinter sie zurück. Aus diesem Grund sind die Körperschaft einerseits und ihre Mitglieder andererseits rechtl. voneinander zu trennen (**Trennungsprinzip**).

Organisation der Körperschaft

Organisationsakt in Form der **Satzung**, die das Funktionieren der Körperschaft nach innen und außen regelt.

Bestellung von **Organen**, die die an sich handlungsunfähige jur. Person "Körperschaft" handlungsfähig machen: *Vorstand* für das Handeln nach außen, § 26 BGB, *Mitgliederversammlung* für die Willensbildung, § 32 BGB. **Beachte**: Organwalter können hier auch Nichtgesellschafter sein (Grds. der Fremd- bzw. Drittorganschaft)!

Wie wird der rechtsfähige Verein gegründet?

Der rechtsfähige Verein

↳ GesR, Rn. 343; Karteikarte 92

Abschluss eines Gründungsvertrages

↓

Einigung über den Zusammenschluss zu einer rechtl. selbständigen Organisation zur Erreichung eines bestimmten Zweckes

Einigung über die Satzung als Teil der Vereinsverfassung

↓

Mit Abschluss des Gründungsvertrages und Inkraftsetzung der Satzung ist der Verein entstanden und kann nun gem. §§ 21 ff., 55 ff. BGB **Rechtsfähigkeit** erlangen.

Wie wird der rechtsfähige Verein beendet?

↳ GesR, Karteikarte 92

Die juristische Person „Verein" geht unter, wenn der Verein **aufgelöst** wird oder seine **Rechtsfähigkeit verliert**.

Auflösung

1. Auflösung (z.B. gem. Mitgliederbeschluss, vgl. § 41 BGB)
2. Liquidation
3. Vollbeendigung (Abschluss der Vollbeendigung)

Entzug der Rechtsfähigkeit

Gründe für den Entzug der Rechtsfähigkeit ergeben sich aus §§ 42, 43 BGB.

Beachte: Bis zur Beendigung der Liquidation gilt der Verein als fortbestehend, § 49 II BGB.

Was ist ein Verein i.S.d. BGB?

Wie wird der rechtsfähige Verein i.S.d. §§ 21 ff. BGB rechtsfähig?

Der rechtsfähige Verein

↳ GesR, Rn. 344; Karteikarte 93

Verein = auf Dauer angelegter Zusammenschluss von Personen zur Verwirklichung eines gem. Zwecks mit körperschaftl. Verfassung.

Rechtsfähigkeit des rechtsfähigen Vereins

Idealverein: nimmt zumindest nicht im Hauptzweck wie ein Unternehmer am Wirtschafts- bzw. Rechtsverkehr teil.

Erlangen der Rechtsfähigkeit mit **Eintragung ins Vereinsregister**, §§ 21, 55 ff. BGB („e.V.") ⇨ *Voraussetzungen v.a.:* mind. 7 Mitglieder, § 56 BGB; Vorliegen einer Satzung, § 57 BGB; Bestellung eines Vorstandes, vgl. § 59 BGB.

Wirtschaftl. Verein

Erlangen der Rechtsfähigkeit durch **staatlichen Verleihungsakt**, § 22 BGB.

Welche Stellung hat der rechtsfähige Verein im Außenverhältnis?

Der rechtsfähige Verein

↬ GesR, Rn. 347

Rechtsfähiger Verein = Jur. Person

Rechtsfähigkeit: der rechtsfähige Verein kann als solcher Gläubiger und Schuldner sein.

Parteifähigkeit: der Verein kann als solcher Partei im Prozess sein, § 50 I ZPO.

Als **Haftungsmasse** für Vereinsverbindlichkeiten steht *ausschließl.* das Vereinsvermögen zur Verfügung, nicht auch die Privatvermögen der Vereinsmitglieder (*Trennungsprinzip*).

Organschaftl. Vertretung: Da der Verein als solcher nicht handlungsfähig ist, wird er von seinem Vorstand nach außen hin vertreten, § 26 BGB.

Was ist bzgl. des Umfangs der Vertretungsmacht des Vorstands eines rechtsfähigen Vereins zu beachten?

Wie ist die Vertretungsmacht bei einem mehrköpfigen Vorstand verteilt?

Der rechtsfähige Verein

↳ GesR, Rn. 347, Karteikarte 94

Grds.: die Vertr.-Macht ist unbeschränkt

Ausnahme 1: Die Vertr.-Macht umfasst nicht solche Geschäfte, die auch für Dritte erkennbar völlig außerhalb des Vereinszwecks liegen (*str.*) oder die das Grundverhältnis betreffen.

Ausnahme 2: Der Umfang der Vertr.-Macht kann mit Wirkung nach außen beschränkt werden, § 26 I S.2 BGB.

Mehrköpfiger Vorstand

Passivvertretung

§ 26 II S.2 BGB: Jedes Mitglied hat **Einzelvertretungsmacht.**

Aktivvertretung

Füher str.! heute: Gesetzl. Regelung **mit § 26 II S.1 BGB**⇨ wie schon früher **h.M.: Mehrheitsvertretungsmacht**, da so sowohl gegenseitige Kontrolle als auch die Handlungsfähigkeit des Vereins gewahrt ist.

Wie wird dem rechtsfähigen Verein nicht-rechtsgeschäftliches Handeln zugerechnet?

Der rechtsfähige Verein

↳ GesR, Rn. 352, Karteikarte 95

§ 31 BGB ⇨ ein rechtsfähiger Verein als eigenständiger Rechtsträger muss für deliktisches Handeln innerhalb seines Rechtskreises haften.

Sachl. Umfang des § 31 BGB

Unstrittig: Anwendbarkeit bei deliktischen Handlungen. **Str.**: Anwendbarkeit bei nichtdeliktischen Handlungen im vertragl. Bereich ⇨ **e.A.:** § 278 BGB vorzugswürdig; **h.M.:** § 31 BGB anwendbar. **Beachte**: Das Organ muss in Ausübung der ihm zustehenden Verrichtungen gehandelt haben!

Pers. Umfang des § 31 BGB

„*Andere verfassungsmäßig berufene Vertreter*": **(1)** besondere Vertreter i.S.d. § 30 BGB; **(2) h.M.:** alle Personen, denen innerhalb des Vereins bedeutsame Funktionen zur selbständigen und eigenverantwortl. Erledigung zugewiesen worden sind.

Welche Rechtsnatur hat die Satzung i.S.d. § 25 BGB des rechtsfähigen Vereins?

Der rechtsfähige Verein

↳ GesR, Rn. 362, Karteikarte 96

Satzung

Zur Zeit der Gründung des Vereins: Satzung = mehrseitiger, grds. formfreier (Ges.-) Vertrag zw. den Gründern.

Nach der Gründung: Satzung = ähnlich einer Rechtsnorm: sie bildet unabhängig vom konkreten Mitgliederbestand die rechtl. Grundlage des Vereins.

Wichtige Folgen der besonderen Rechtsnatur der Vereinssatzung:

- § 133, 157 BGB nicht anwendbar ⇨ die Satzung wird am Vereinszweck orientiert einheitl. ausgelegt.
- § 139 BGB nicht anwendbar.
- (Wg. der Vereinsautonomie) begrenzte Inhaltskontrolle gem. §§ 242, 315 BGB.

Was ist das Wesen der Mitgliedschaft in einem rechtsfähigen Verein?

Wie wird die Mitgliedschaft in einem rechtsfähigen Verein erworben bzw. verloren?

Der rechtsfähige Verein

↳ GesR, Rn. 365, Karteikarte 97

Mitgliedschaft = personal geprägtes Rechtsverhältnis ⇨ ist grds. (ebenso wie die Ausübung von Mitgliedschaftsrechten, § 38 S. 2 BGB) als **höchstpersönl. Recht** weder übertragbar noch vererbl., § 38 S. 1 BGB.

Erwerb der Mitgliedschaft

Beteiligung an der Gründung oder Beitritt zu einem bestehenden Verein ⇨ *Beachten*: **Grds.** kann der Verein die Aufnahme eines Bewerbers nach Belieben verweigern. **Ausnahmsweise** aber: Aufnahmezwang!

Verlust der Mitgliedschaft

Auflösung des Vereins, Tod des Mitglieds, zwangsweiser Ausschluss (**Beachte**: *willkürl.* Ausschluss ist unzulässig!), freiwilliger Austritt (§ 39 II BGB beachten).

Welche mitgliedschaftlichen Rechte und Pflichten hat das Mitglied eines rechtsfähigen Vereins?

Der rechtsfähige Verein

↳ GesR, Rn. 370, Karteikarte 99

Rechte

- Teilnahme an der Vereinsverwaltung mit Stimmrecht
- aktives/passives Wahlrecht zu Vereinsämtern
- Benutzung von Sachen, die vom Verein zum Gebrauch bestimmt sind
- sonstige in der Satzung vorgesehene Rechte
- Treuepflicht des Vereins

Pflichten

- Beitragsleistung
- Teilnahme an Vereinsveranstaltungen/-versammlungen
- Übernahme von Vereinsämtern
- Treuepflicht

Mitgliedschaft = **Sonderrechtsbeziehung** ⇨ Zw. Verein und Mitglied sind (in beiden Richtungen) Ansprüche aus §§ 280 I, 241 II BGB möglich!
Außerdem: Mitgliedschaft = sonstiges Recht i.S.d. § 823 BGB.

Welche Aufgaben hat die Mitgliederversammlung?

Welche Aufgabe hat der Vereinsvorstand?

Wonach bestimmen sich die Beziehungen zwischen Mitgliederversammlung und Vorstand?

↳ GesR, Rn. 370, Karteikarte 99

Mitgliederversammlung: zuständig für die Willensbildung des Vereins

- Beschluss der Satzung, § 33 BGB
- Bestellung und Überwachung des Vorstandes, § 27 BGB
- Auflösung des Vereins, § 41 BGB
- Grundsätzl. Zuständigkeit, § 32 I S.1 BGB

Vorstand: Handelt für den Verein nach außen, insbes. Vertretung, § 26 BGB

- Die Rechtsbeziehungen zw. Mitgliederversammlung und Vorstand richten sich nach Auftragsrecht, § 27 III BGB (**Insbes.:** §§ 667, 670 BGB!).
- Von der Bestellung i.S.d. § 27 BGB ist grds. der Abschluss des Anstellungsvertrages (*Dienstvertrag*) mit dem Vorstandsmitglied zu unterscheiden!

Inwiefern ist die Verweisung auf die §§ 705 ff. BGB in § 54 BGB problematisch?

Der nichtrechtsfähige Verein

↳ GesR, Rn. 373, Karteikarte 100

Motiv der Verfasser des BGB: Durch die Verweisung auf das Recht der GbR sollte die Rechtsform des nichtrechtsfähigen Vereins unattraktiv werden, um insbes. die damals unliebsamen politischen Parteien und Gewerkschaften in die Rechtsfähigkeit und damit staatl. Kontrolle zu drängen.

Probleme:

Der nichtrechtsfähige Verein ist **körperschaftl.** organisiert → die §§ 705 ff. BGB passen nicht!

Art. 9 GG verlangt eine für die Struktur des Vereins geeignete rechtl. Ausgestaltung → § 54 BGB ist aufgrund seines ursprüngl. Kontrollzwecks sachwidrig!

§ 54 BGB wird verfassungsgemäß dahingehend ausgelegt, dass auf den nichtrechtsfähigen Verein die **§§ 21 ff. BGB** angewendet werden, soweit diese nicht die Rechtsfähigkeit durch Eintragung voraussetzen.

Kann der nichtrechtsfähige Verein entgegen seiner Bezeichnung Träger von Rechten und Pflichten sein?

Ist der nichtrechtsfähige Verein parteifähig und grundbuchfähig?

Der nichtrechtsfähige Verein

↳ GesR, Rn. 373, Karteikarte 100

e.A.: Teilrechtsfähigkeit **(-)**; Träger von Rechten und Pflichten können grds. nur die Mitglieder in ihrer gesamthänderischen Verbundenheit sein.

⟷

a.A.: Teilrechtsfähigkeit **(+)**; **Arg.:** Der nichtrechtsfähige Verein ist stärker körperschaftl. organisiert als die GbR. Auch § 11 I S.2 InsO spricht hierfür. Jetzt auch Rspr. des BGH: Life&Law 2008, 206 ff.

Grundbuchfähigkeit

⇓

BGH: § 47 I GBO analog; Eintragung aller Mitglieder erforderlich (Life&Law 10/2016)

Parteifähigkeit

⇓

(+), §§ 50 II, 735 ZPO

Haften die Mitglieder eines nichtrechtsfähigen Vereins persönlich für Verbindlichkeiten der Gesamthand?

Welche Besonderheit ist bei der Haftung für Verbindlichkeiten der Gesamthand zu beachten?

Der nichtrechtsfähige Verein

↳ GesR, Rn. 379, Karteikarte 101

e.A. (*bei Ablehnung der Teilrechtsfähigkeit*): Für nichtrechtsfähige Idealvereine besteht eine Haftung der Mitglieder *nur* mit ihrem gesamthänderisch gebundenen Vermögen. Für *rechtsgeschäftl.* Handeln ergibt sich dies daraus, dass die Vertr.-Macht des Vorstandes insoweit begrenzt ist, für *nichtrechtsgeschäftl.* Handeln daraus, dass gem. § 31 BGB nur das Gesamthandsvermögen haftet.	**a.A.** (*bei Bejahung der Teilrechtsfähigkeit*): Konsequenterweise haftet nur das Vereinsvermögen. Mangels eines besonderen Verpflichtungsgrundes haften die Mitglieder nicht persönlich.

Beachte: Die Handelndenhaftung zum Schutz des Rechtsverkehrs, § 54 S.2 BGB! Diese erlischt nach h.M. beim sog. Vorverein (besteht zw. Satzungsbeschluss und Eintragung), sobald der Verein eingetragen wird.

Welcher Natur ist die Gesellschaft mit beschränkter Haftung (GmbH)?

Unter welchen Voraussetzungen entsteht eine GmbH?

↳ GesR, Rn. 383, Karteikarte 102

GmbH

- Körperschaft und damit jur. Person, § 13 I GmbHG
- Formkaufmann (unabhängig vom Geschäftsgegenstand!), §§ 13 III, 1 GmbHG

Entstehungsvoraussetzungen (vgl. § 9c I GmbHG)

- **Satzung** (Ges.-Vertrag), vgl. §§ 2, 3 GmbHG
- Ein oder mehrere **Gesellschafter**, vgl. § 1 GmbHG
- **Stammkapital**, vgl. insbes. §§ 5, 7 II, III, GmbHG und §§ 5 IV, 9 I S.1, 19 GmbHG
- **Anmeldung**, §§ 7, 8 GmbHG

Welche Phasen sind bei der Gründung einer GmbH zu unterscheiden?
Welche rechtliche Stellung hat sie in jeder dieser Phasen?

Die GmbH

↳ GesR, Rn. 392, Karteikarte 103

Vorgründungsgesellschaft	Sie ist eine **GbR/OHG** (= Personengesellschaft!). Sie entsteht mit der Vereinbarung, eine GmbH zu gründen und endet mit dem wirksamen Abschluss des Ges.-Vertrags (§§ 2, 3 GmbHG) wg. Zweckerreichung, § 726 BGB, bzw. § 131 I Nr. 1 HGB.
Vorgesellschaft bzw. Vor-GmbH	Die Vor-GmbH entsteht mit dem wirksamen Abschluss des Ges.-Vertrags (§§ 2, 3 GmbHG). Sie ist (anders als die *Vorgründungsgesellschaft*) bereits eine **Körperschaft** und mit der späteren GmbH *identisch*. Nach **h.M.** ist sie teilrechtsfähig (**arg.:** § 7 II GmbHG, körperschaftl. Verfassung).
GmbH	Die GmbH als solche entsteht erst mit der Eintragung (§ 7 GmbHG), § 11 I GmbHG.

Welche Stellung hat die Vor-GmbH im Rechtsverkehr?

Wie wird die Vor-GmbH vertreten?

GesR, Rn. 393, Karteikarte 103

Vor-GmbH

(Teil-)Rechtsfähigkeit nach **h.M. (+)** ⇨ Die Vor-GmbH kann Inhaberin von Rechten und Pflichten sein. Außerdem wird sie als grundbuch-, firmen- und (aktiv und passiv) parteifähig betrachtet. Sie selbst ist auch Trägerin des Ges.-Vermögens.

Inhaber der Vertr.-Macht

Auch bei der Vor-GmbH wird insoweit § 35 I GmbHG angewendet: Stellvertreter ist daher der **Geschäftsführer**.

Umfang der Vertr.-Macht

Rspr.: Grds. ist die *organschaftl.* Vertr.-Macht auf die Vornahme von Gründungsgeschäften beschränkt. Weitergehende Vertr.-Macht kann allerdings von den Gesellschaftern *rechtsgeschäftl.* (auch konkludent)! erteilt werden.

Wer haftet den Gläubigern vor Eintragung der GmbH für die Verbindlichkeiten der Vor-GmbH?

GesR, Rn. 396, Karteikarte 104

Haftung der Vor-GmbH → Da die Vor-GmbH (teil-)rechtsfähig ist, haftet sie mit ihrem Vermögen für ihre Verbindlichkeiten.

Haftung der Handelnden → Die Handelnden haften nach § 11 II GmbHG. Handelnder i.d.S. ist nach der **Rspr.** nur, wer als Organ oder wie ein Organ für die Gesellschaft nach außen aufgetreten ist.

Haftung der Gesellschafter → Nach **e.A.** ist eine pers. Haftung ganz ausgeschlossen, während nach **a.A.** eine unbeschränkte pers. Haftung anzunehmen ist. Da erstere Ansicht § 13 II GmbHG vorwegnimmt und gegen § 11 I GmbHG verstößt und letztere Ansicht den Gesellschafter unzumutbar belastet, vertritt der **BGH** eine vermittelnde Ansicht (siehe nächste Karte).

Wie haften nach Meinung des BGH die Gesellschafter vor Eintragung der GmbH für die Verbindlichkeiten der Vor-GmbH?

↳ GesR, Rn. 402, Karteikarte 104

Grundsatz

Volle Haftung entsprechend Anteil bis zur Höhe des Stammkapitals, aber: beschränkt auf das Innenverhältnis, **sog. Innenhaftung** ggü. der *Gesellschaft* (Verlustdeckungshaftung): Gläubiger der Vor-GmbH können also diese verklagen und deren Ansprüche gegen die Gesellschafter gem. §§ 828 ff. ZPO pfänden und dann geltend machen.

Beachten:

Ausnahme: Außenhaftung

- Vermögenslosigkeit der Vor-GmbH
- Nur ein Gläubiger vorhanden
- Ein-Personen-GmbH
- Masselose Insolvenz

Wer haftet den Gläubigern nach Eintragung der GmbH für die Verbindlichkeiten, die vor der Eintragung durch die Vor-GmbH begründet wurden?

➭ GesR, Rn. 403, Karteikarten 104, 105

Haftung der **GmbH**	Mit Eintragung wurde die Vor-GmbH zur (als jur. Person identischen) GmbH. Diese haftet konsequenterweise mit ihrem Vermögen für ihre eigenen Verbindlichkeiten.
Haftung der **Handelnden**	Da die Handelndenhaftung gem. § 11 II GmbHG gem. ihrem Zweck subsidiär sein soll, erlischt grds die Handelndenhaftung mit *Eintragung der GmbH*.
Haftung der **Gesellschafter**	Grds. greift § 13 II GmbHG ⇨ **Außenhaftung** *ggü. den Ges.-Gläubigern* **(-)**. Allerdings sind die Gesellschafter *ggü. der GmbH* verpflichtet, für die Fehlbeträge des Stammkapitals aufzukommen, die wegen der Verbindlichkeiten der Vor-GmbH nicht durch das Ges.-Vermögen gedeckt sind ⇨ **Innenhaftung (+)**, sog. *Vorbelastungshaftung*.

Wie ist die Stellvertretung bei der GmbH ausgestaltet?

Wie wird der GmbH Verschulden bzw. Wissen zugerechnet?

↳ GesR, Rn. 414, Karteikarte 106

Inhaber der Vertr.-Macht	**Umfang** der Vertr.-Macht	**Ausübung** der Vertretung
Der/die Geschäftsführer, § 35 I GmbHG	Im Außenverhältnis nicht beschränkbar, § 37 II GmbHG; im Innenverhältnis SE-Pflicht gem. §§ 37 I, 43 I, II GmbHG möglich.	Grds. Gesamtvertretung bei der Aktivvertretung und Einzelvertretung bei der Passivvertretung, § 35 II S.2, 3 GmbHG; **Beachte**: §§ 35 III GmbHG, 181 BGB.

Verschulden wird gem. § 31 BGB (direkt) zugerechnet, **Wissen** nach den allg. Grundsätzen, vgl. Karten 46 ff.

Welche Organe hat die GmbH und welche Funktionen haben diese?

↳ GesR, Rn. 416, Karteikarte 106

Geschäftsführer

Die **Geschäftsführer** werden durch die Satzung oder durch die Ges.-Versammlung bestellt, §§ 6 III S.2, 46 Nr. 5 GmbHG, und können jederzeit abberufen werden, § 38 GmbHG. Sie müssen nicht selbst Gesellschafter sein (*Drittorganschaft*), § 6 III S.1 GmbHG. **Beachte**: Von der Bestellung des Geschäftsführers ist dessen Anstellung (§ 611 BGB) zu trennen. **Funktionen**: Vertretung der GmbH und laufende Verwaltung.

Gesellschafterversammlung

Die **Ges.-Versammlung** bestimmt die **Grundlagen des Ges.-Verhältnisses**, §§ 48, 46 GmbHG, *v.a.:* Bestellung, Abberufung und Kontrolle der Geschäftsführer, Satzungsänderungen (§ 53 GmbHG).

Welche Rechte und Pflichten haben die Gesellschafter einer GmbH?

GesR, Rn. 416, Karteikarte 107

Pflichten der Gesellschafter

- Erbringung der übernommenen Stammeinlage, § 19 GmbHG
- Nebenpflichten aus dem Gesellschaftsvertrag, § 3 II GmbHG
- Ausfallhaftung, § 24 GmbHG
- Auswahlhaftung, § 6 V GmbHG
- Treuepflicht ggü. Gesellschaft und (insbesondere bei personalistisch strukturierten GmbHen) auch ggü. Mitgesellschaftern

Rechte der Gesellschafter

- Teilnahme an Ges.-Versammlungen
- Stimmrecht, § 47 GmbHG
- Minderheiten- und Auskunftsrechte, §§ 50, 51a, 61 II, 66 II GmbHG
- Gewinnbeteiligung, § 29 GmbHG
- Liquidationserlös, § 72 GmbHG
- Bezugsrecht, § 186 I AktG analog

Nennen Sie die Besonderheiten der UG (§ 5a GmbhG)?

§ 5a I, II GmbHG

- Stammkapital geringer als gem. § 5 I GmbHG, d.h. 1 bis 24.999 € (Gründungsvereinfachung)
- Zwingende Bezeichnung als „Unternehmergesellschaft (haftungsbeschränkt)“ oder „UG (haftungsbeschränkt)“
- Entgegen § 7 II GmbHG keine Eintragung vor vollständiger Einlageleistung
- Keine Sacheinlagen, § 5a II S.2 GmbHG

Verhältnis zur GmbH

- keine eigene Form, nur „Variante der GmbH“, d.h. bei Vorliegen der Voraussetzungen unmittelbare Geltung der GmbHG-Regelungen
- Besondere Rücklagenpflicht, § 5a III GmbHG
- Nur im Rahmen einer Erstgründung möglich
- Umwandlung in „normale“ GmbH automatisch gem. § 5a V GmbHG

Was sind die Merkmale einer Aktiengesellschaft (AG)?

GesR Karteikarte 108

AG = Auf Dauer angelegte private Organisation zur Erreichung jedes zulässigen Zwecks.

- Jur. Person, § 1 I S.1 AktG
- Formkaufmann, § 3 I AktG i.V.m. § 6 I HGB

Organe

Vorstand: zuständig für die Vertretung der Gesellschaft und die Geschäftsführung, §§ 76 ff. AktG

Aufsichtsrat: zuständig für die Bestellung und Überwachung des Vorstands, §§ 84, 111 AktG, und für die Vertretung der AG ggü. dem Vorstand, § 112 AktG

Hauptversammlung (Versammlung der Aktionäre): zuständig für grundlegende Entscheidungen innerhalb der AG, § 119 AktG, *v.a.:* Satzungsänderungen und Wahl des Aufsichtsrates

Beschreiben Sie die besondere Struktur der GmbH & Co KG.

Welches Recht ist auf die GmbH & Co KG anwendbar?

Kombinierte Gesellschaftsformen

↳ GesR, Rn. 422; Karteikarte 109

GmbH & Co KG

Die **GmbH & Co KG** ist eine *KG*, an der eine GmbH als Komplementärin beteiligt ist. Oft sind die Kommanditisten dieser KG auch Gesellschafter der GmbH, welche wiederum *alleiniger* Komplementär ist (sog. *personenidentische GmbH & Co KG*). **Beachte**: die GmbH & Co KG ist *keine* jur. Person!

Für die im Vordergrund stehende, das Unternehmen betreibende **KG** gilt das KG-Recht (HGB und BGB).

Für die **GmbH**, die Komplementärin ist, gilt das GmbHG.

Gründe des **Gläubigerschutzes** erfordern, wg. der besonderen Struktur der GmbH & Co KG bestimmte GmbHG-Vorschriften entspr. anzuwenden (vgl. hierzu auch §§ 19 II, 129a, 172a und 177a HGB).

Wie wird die GmbH & Co KG vertreten?

Wie ist die Haftung bei der GmbH & Co KG grundsätzlich ausgestaltet?

↬ GesR, Rn. 424; Karteikarte 110

Vertretung

Die GmbH & Co KG wird gem. § 161 II, 125 HGB durch ihren Komplementär vertreten. Wenn einziger Komplementär die GmbH ist, vertritt diese (wiederum vertreten durch ihren Geschäftsführer, § 35 I GmbHG) die KG (*zweistufige organschaftl. Vertretung*).

Haftung

Die GmbH & Co KG haftet mit ihrem Vermögen. Gem. §§ 161 II, 128 HGB haftet der **Komplementär**, dh. die GmbH mit ihrem Ges.-Vermögen. Die **Kommanditisten** haften wie üblich nach §§ 171 ff. HGB.

Wie wird bei der GmbH & Co KG Verschulden zugerechnet?

Welche Vorschriften sind auf das Innenverhältnis der GmbH & Co KG anwendbar?

↳ GesR, Rn. 428; Karteikarte 111

§ 31 BGB

Die GmbH & Co KG haftet gem. § 31 BGB für das Verschulden ihres Repräsentanten, also der **GmbH**, welche wiederum ebenfalls nach § 31 BGB für das Verschulden ihres **Geschäftsführers** haftet.

Innenverhältnis

Das **Innenverhältnis** richtet sich *grds.* nach den KG-Vorschriften (§§ 161 ff. HGB). Geschäftsführer ist demnach der Komplementär, §§ 161 II, 114 HGB, also die GmbH, für welche deren Geschäftsführer und Ges.-Versammlung handeln.

Wann müssen die bei einer GmbH & Co KG grds. im Innenverhältnis anzuwendenden §§ 161 ff. BGB modifiziert werden?

↳ GesR, Rn. 428; Karteikarte 111

Problem: Die Geschäftsführer, die mittelbar für die KG tätig werden, sind allein bei der GmbH angestellt und an Weisungen der Ges.-Versammlung der GmbH gebunden ⇨ Gefahr, dass die Rechte der Kommanditisten (v.a. §§ 164, 117, 127 HGB) leer laufen!

Mögliche Lösungen: §§ 117, 127 HGB analog für das Verhältnis zw. Kommanditisten und GmbH-Geschäftsführer bzw. Annahme einer entspr. besonderen Treuepflicht der GmbH zur KG.

Problem: Der GmbH-Geschäftsführer hat *keine direkten* vertragl. Beziehungen zur KG, diese kann jenen daher *nicht* für bei der Geschäftsführung entstandene Vermögensschäden in Anspruch nehmen.

Lösung: Die KG wird in den *Schutzbereich* des Anstellungsvertrages zwischen GmbH und deren Geschäftsführer einbezogen.

Was ist eine Publikumsgesellschaft?

Welches Problem besteht bei Publikumgesellschaften? Wie versucht die Rspr. dieses Problem zu lösen?

Kombinierte Gesellschaftsformen

↳ GesR, Rn. 289; Karteikarte 56

Publikumsgesellschaft

Publikumsgesellschaft = Personengesellschaft, die auf den Beitritt zahlreicher Kapitalgeber angelegt ist. Sie ist i.d.R. als GmbH & Co KG organisiert, wobei die Kapitalgeber regelmäßig Kommanditisten sind.

Problem: die Publikumsgesellschafter sind im Innenverhältnis i.d.R. kapitalistisch organisiert ⇨ die Rechte der Kommanditisten sind meist stark beschränkt!

Der **BGH** führt zum Schutz der Kommanditisten eine Inhaltskontrolle bzgl. der Ges.-Verträge gem. § 242 BGB durch.

Fundiertes Wissen:
Die schon vorhandene Gedächtnisspur wird durch eine weitere Wiederholung vertieft. Wir empfehlen nach 1 Woche eine Wiederholung der hier einsortierten Karteikarten. So retten Sie das Gelernte in das Langzeitgedächtnis. Das Wiederholen geht jetzt schon viel schneller. Stichwortartig memorieren Sie die Hauptpunkte der Lösung.

Haben Sie sich an das Gelernte umfänglich erinnert?

✔ **Die Karteikarte darf vorrücken zu 5. Langzeitgedächtnis.**

✘ **Die Karteikarte wird noch nicht so sicher und schnell beherrscht wie gewünscht.**
Belassen Sie die Karte in Stufe 4.